教育部人文社會科學重點研究基地 四川大學中國俗文化研究所主辦

中國俗文化研究

第十九輯

主編◎項楚

四川大學出版社

項目策劃：毛張琳
責任編輯：黃蘊婷　毛張琳
責任校對：張宇琛
封面設計：嚴春艷
責任印製：王　煒

圖書在版編目（CIP）數據

中國俗文化研究．第十九輯／項楚主編．－ 成都：
四川大學出版社，2021.3
　ISBN 978-7-5614-6724-4

　Ⅰ．①中⋯　Ⅱ．①項⋯　Ⅲ．①俗文化－中國－文集
Ⅳ．① G122-53

　中國版本圖書館 CIP 數據核字（2021）第 026166 號

書　名　中國俗文化研究（第十九輯）
　　　　Zhongguo Suwenhua Yanjiu(Di-shijiu Ji)

主　　編　項　楚
出　　版　四川大學出版社
地　　址　成都市一環路南一段 24 號（610065）
發　　行　四川大學出版社
書　　號　ISBN 978-7-5614-6724-4
印前製作　四川勝翔數碼印務設計有限公司
印　　刷　郫縣犀浦印刷廠
成品尺寸　185mm×260mm
插　　頁　2
印　　張　9.5
字　　數　256 千字
版　　次　2021 年 4 月第 1 版
印　　次　2021 年 4 月第 1 次印刷
定　　價　58.00 圓

◈ 讀者郵購本書，請與本社發行科聯繫。
　電話：(028)85408408/(028)85401670/
　(028)86408023　郵政編碼：610065
◈ 本社圖書如有印裝質量問題，請寄回出版社調換。
◈ 網址：http://press.scu.edu.cn

四川大學出版社
微信公衆號

目　録

俗文學研究

論兩宋詩僧與詩社的文學史意義	李小榮	3
叢林七僧與竹林七賢：從《世說新語》談起	王琛懿	29
漢譯佛典中羅睺羅"密行第一"形象的塑造	薛芸秀	41

俗信仰研究

神靈、支配與信仰：宗教人類學視野下印度佛教咒語從禁止到盛行	白　冰	63
"靈鵲兆喜"觀念考論	李妍斐	71
以黃佐《廣東通志》看瓊州府的舞醉龍	譚美玲	81

俗文獻研究

六朝時期散樂百戲論略	王福利　徐　婷	91
《玉燭寶典》緯書研究價值述論	姜復寧　李金澤	108
絲綢古道上的鮮卑歷史及佛教	才吾加甫	120

新書評介

| 柳宗元儒佛道思想的全方位展現
——評張勇教授《柳宗元儒佛道三教觀新論》 | 王玉姝 | 143 |

CONTENTS

Studies on Folk Literature

Li Xiaorong

Discussion on Significance of Literary History about Monk Poets and
Poetry Society in the Northern Song Dynasty and the Southern
Song Dynasty ·· (3)

Wang Chenyi

Seven Monks of Buddhist Monastery and Seven Sages of the Bamboo
Forest: The Anecdotes of Famous Monks in *Shishuoxinyu* ············ (29)

Xue Yunxiu

The Consctraction of Rāhula No. 1 of Esoteric Practice Image in
Chinese Translation of Buddhist Scriptures ························· (41)

Studies on Folk Beliefs

Bai Bing

Gods, Domination and Belief: Indian Buddhist Mantras From Prohibition
to Prevalence in the Perspective of Religious Anthropology ·········· (63)

Li Yanfei

On the Concept of "Magpie Forecast Good Things" ·················· (71)

Tan Meiling

The Narrative of Druken Dragon Dance on Qiongzhou Prefecture
in Huang Zuo *Guangdong Chronicle* ···························· (81)

Studies on Folk Documents

Wang Fuli and Xu Ting

Brief Discussion on Sangaku and Acrobatics in Six Dynasties ··········· （91）

Jiang Funing and Li Jinze

On the Research Value of Weishu in *Yuzhubaodian* ····················· （108）

Caiwujiafu

History and Buddhism of Xianbei in Ancient "Silk Road" ··········· （120）

Book Reviews

Wang Yushu

Liu Zongyuan's Thought of Confucianism，Buddhism and Taoism
in All Its Aspects—Comment on Professor Zhang Yong's *A New
Study of Liu Zongyuan's Views on Confucianism，Buddhism and
Taoism* ·· （143）

Studies on Folk Literature

俗文學研究

論兩宋詩僧與詩社的文學史意義[*]

李小榮

　　提　要：兩宋是古代詩社發展成熟的重要階段，其間有一現象很值得探討，即不少詩僧主持或參與相關詩社的活動。此舉至少具有三方面的文學史意義：一者密切了教内外詩人的思想交流，有助於佛教題材的生活化、社會化和藝術化；二者促進了佛教詩學與教外詩學的匯通；三者僧俗共磋詩藝、詩法，在一定程度上促成了宋詩特殊品格的定型。因此，從詩僧角度來檢討宋代詩社的發展歷程，可以更全面地揭示宋詩的特色和成因。

　　關鍵詞：詩僧　兩宋詩社　文學史意義

　　有關中國古代詩社的研究，近 30 年來，成果相當豐碩，既有郭鵬、尹變英《中國古代的詩社與詩學》（北京：商務印書館，2015 年）這樣的通史性專著，也有歐陽光《宋元詩社研究叢稿》（廣州：廣東高等教育出版社，1996 年）、陳小輝《宋代詩社研究》（南昌：江西人民出版社，2014 年）等斷代史專著，更有吳晶《西溪與蕉園詩社》（杭州：杭州出版社，2012 年）、鄒豔《月泉吟社研究》（北京：人民出版社，2013 年）、戴松嶽《清初甬上詩社和詩人研究》（杭州：浙江古籍出版社，2015 年）、張登高（主編）《吕本中與宿州符離詩社》（合肥：合肥工業大學出版社，2017 年）一類的詩社個案研究。然通觀這些著作，其研究對象多以世俗詩人爲主，總體説來，較少系統分析詩僧在詩社中的獨特作用及其詩學史意義。有鑒於此，本文擬在已有相關研究成果的基礎上^②，以兩宋詩僧主持或參與的詩社爲例略論相關問題。

---

　　* 本文爲國家社科基金重點項目“禪宗語録文學特色之綜合研究”（項目編號：16AZW007）階段性研究成果。

　　② 相關成果除了歐陽光、陳小輝等的著作，還有成明明《北宋詩僧研究》（揚州大學碩士學位論文，2003 年）、許紅霞《南宋詩僧叢考》（北京大學博士學位論文，2003 年）、周揚波《宋代士紳結社研究》（北京：中華書局，2008 年）等。

一、兩宋詩僧與詩社關聯情況舉隅

雖然唐五代就有一些詩僧參與詩社並進行零星創作及理論探討，但詩僧真正有組織、較普遍地參加或主持詩社活動則始於北宋。爲清眉目，先擇要列一簡表介紹兩宋情況：

表 1　兩宋詩僧主持或參與詩社情況

詩社及其存續時間	詩僧	世俗詩人	結社詩集
西湖白蓮社（990—1020）[①]	省常（社主）、慈雲、式净、覺岳、智圓、虚白、齊一、思齊、希社、然社等80位高僧[②]	王旦、向敏中、宋白、孫何、蘇易簡、錢若水、宋湜、朱昂、吕祐之、陳堯叟、梁灝、王禹偁、王化基、張去華、林逋等123人[③]	《杭州西湖昭慶寺結蓮社集》（又稱《西湖昭慶寺結净行社集》《西湖蓮社集》《西湖結社詩》）[④]
歷陽詩社（約1005）[⑤]	然社（是否爲社主，俟考）、金陵衍上人	林逋、朱仲方、馬仲文、李建中、某（字茂才）等	不詳
九僧詩社（主要活動於真宗朝，即998—1022）[⑥]	希晝、保暹、文兆、行肇、簡長、惟鳳、惠崇、宇昭、懷古九僧爲中堅，社主俟考。另，參與唱和的詩僧還有契嵩、智圓、文光、居壽、夢真等	楊億、寇准、丁謂、宋白、陳堯叟、陳堯佐、王禹偁、陳充、柴成務、錢昭度、王德用、錢若水、田錫、梅堯臣、林逋、李堪、吕爲、吳黔等	專門結集釋家之唱和者，主要有《四釋聯唱詩集》《九僧詩集》；結集僧俗聯唱者，不詳

① 西湖白蓮社，又稱錢唐白蓮社、西湖蓮社、湖上蓮華社、白蓮社、華嚴净行社、净行社、華嚴社等，由杭州昭慶寺省常法師（959—1020）創立。大概天禧四年（1020）正月十二日省常圓寂後不久，該社就隨之消亡。相關研究成果參祝尚書《宋初西湖白蓮社考論》（《文獻》1999年第3期，第83~93頁）、鄭雲鵬《宋初杭州華嚴净行社研究》（《北京大學研究生學志》2011年第2期，第46~55頁）、劉方《從杭州西湖白蓮社結社詩歌看北宋佛教新變——以〈杭州西湖昭慶寺結蓮社集〉爲核心的考察》（《宗教學研究》2014年第2期，第103~108頁）等。

② 吳樹虚纂修、曹中孚標點《大昭慶律寺志》，杭州：杭州出版社，2007年，第68頁。

③ 南宋以後教内文獻，往往把王旦作爲净行社的社長、社首（如《佛祖統紀》卷二十六、《廬山蓮宗寶鑒》卷四、《净土指歸集》卷下等），大概是王旦俗世地位尊貴且有深切佛教信仰的緣故。而當時俗世詩人則明確指出省常才是社主，如王禹偁（954—1001）有詩曰《寄杭州昭慶寺華嚴社主省常上人》（北京大學古文獻研究所編：《全宋詩》第2册，北京：北京大學出版社，1998年，第757頁）。

④ 按，是集中土早佚，後來韓國發現殘本，存《相國向公諸賢入社詩》，共收録向敏中等90位官員的詩作。相關校録參金程宇《韓國所藏〈杭州西湖昭慶寺結蓮社集〉及其文獻價值》（載《稀見唐宋文獻叢考》，北京：中華書局，2009年，第129~153頁）。另，《宋史·藝文志》載省常有"《錢塘西湖净社録》三卷"，其中可能涵蓋了《相國向公諸賢入社詩》。

⑤ 關於歷陽詩社的結社時間及參加人員，此處綜合陳小輝《宋代安徽詩社概論》（《淮北師範大學學報》2013年第4期，第68頁）、李一飛《林逋早年行踪及生卒考异》（《中國韻文學刊》2000年第1期，第61頁）的觀點而成。

⑥ 張辰《九僧詩名兩宋流傳辨析》（《新國學》第13卷，第34~47頁）指出：九僧借助汴京譯經院爲平臺而結社吟詩，參與的詩僧雖然不止九位，但以"九僧"爲中堅，筆者據此命名爲"九僧詩社"。

續表1

詩社及其存續時間	詩僧	世俗詩人	結社詩集
知禮汴京詩社 （1020）	知禮（社主）、在京社員簡長、行肇、希白等23人①，京外社員有釋本如、釋遇昌	楊億、李遵勖	其釋家之作後被輯爲《紀贈法智大師詩》（又稱《東京僧職紀贈法智詩二十三首》）②
梵才汴京詩社 （1024—1032）③	梵才（社主）、契嵩、遵式、惟净等	宋祁、宋庠、刁約、元絳、孔淘、張友道、葉清臣、李宗諤、楊侃、趙概、梅堯臣、章得象、呂夷簡、傅瑩、錢惟演等145人④	不詳
清宿九華詩社 （約1036）⑤	清宿（是否社主，俟考）	張扶，其他人姓名不詳⑥	不詳
契嵩杭州詩會 （1058—1059）⑦	契嵩（會首）、惟晤、沖晦	楊蟠、强至	《山遊唱和詩集》
釋法輝泉州詩社 （約1023—1063）	釋法輝（社主）、釋居億、釋居全	呂夏卿、石庚、陳原道⑧	不詳

① 天禧四年（1020）宋真宗御賜知禮（960—1028）"法智大師"，當時京城23位僧人寫詩稱美此事，如希白《謹成律詩寄四明禮公法師》尾聯説"翻念觀光歸計晩，詠詩先寄社中名"（《四明尊者教行録》卷六，《大正新修大藏經》第46册，臺北：新文豐出版公司，1983年，第914頁上欄），從中可見23位詩僧的聯唱具有詩社的性質。不過，知禮當時並不在京城，他可算是該詩社的精神領袖。另外，京外的釋本如有《呈法智大師》、釋遇昌有《上法智大師》，疑二詩受京城詩社聯唱影響而作，故把二人視作京外成員。

② 政和元年（1111）晁説之受知禮三世孫明智之請，作《紀贈法智大師詩序》（《大正新修大藏經》第46册，第913頁下欄），宗曉編《四明尊者教行録》時則把唱和詩稱作《東京僧職紀贈法智二十三首》（同前，第913頁下欄～915頁下欄）。另，諸詩寫作時間不一，或作於天禧四年八月二十八日，或作於天禧四年九月十五日。

③ 胡宿《臨海梵才大師真贊》説"梵才大師以實性會道，以餘力工詩，天聖中，至自臺山，館於肇寺，朝之名臣勝士，莫不欣挹其風，日至於室，參評雅道，間印禪理。尋被詔譯館，訂正智者、慈恩二教，及同編《釋教總録》三十七卷。七年，書成奏御，賜紫方袍。未幾，歸臨海北山，掃病名庵居之"（《全宋文》第22册，上海：上海辭書出版社；合肥：安徽教育出版社，2006年，第211頁），所謂《釋教總録》，是指天聖五年（1027）惟净所編《天聖釋教録》，由此大致推斷梵才詩社建立時間在天聖二年（1024）至明道元年（1032）之間。

④ 按陳耆卿撰《（嘉定）赤城志》卷二十七謂梵才長吉離京時"得宋參政庠以下一百四十五人所書《般若經》，建臺以實之"，結合張瓘（1004—1073）《送梵才上人歸天台》"往問維摩疾，來探般若心"之自注"經云：'行深般若'"（《全宋詩》第5册，第3364頁），則知當年汴京送别梵才者當有145人之多，他們極可能是詩社成員。尤其刁約（994—1077）《送梵才大師歸天台》頷聯"綴盂應供王城久，鏤管庚吟友社餘"（《全宋詩》第3册，第2023頁）點明了此次送别的詩社性質。

⑤ 陳小輝《宋代安徽詩社概論》，《淮北師範大學學報》2013年第4期，第68頁。

⑥ 按，王十朋《東坡詩集注》卷十七《汪覃秀才久留山中以詩見寄次其韻》"投名入社有新詩"句下引敬夫《九華山録》曰"龍池庵僧清宿與張扶爲詩社，四方景慕趨者如歸，皆宗九華扶詩社"，據此可知，當時和清宿、張扶唱和者甚衆。

⑦ 該詩會持續時間此依鞏本棟之説（參《唱和詩詞研究——以唐宋爲中心》，北京：中華書局，2013年，第46頁）。另，曾惠芬《契嵩唱和詩研究》（屏東：屏東教育大學中國語文學系碩士學位論文，2013年）對《山遊唱和詩集》有箋注。不過，鞏、曾二人都未認定諸人之間的唱和活動具有詩社性質。

⑧ 陳小輝《宋代福建詩社略論》，《廈門廣播電視大學學報》2013年第4期，第40頁。

續表 1

詩社及其存續時間	詩僧	世俗詩人	結社詩集
釋慧照潭州詩社 （約 1041—1052）①	慧照（社主）	余靖、宋祁	不詳
刁約白蓮詩社 （約 1059—1077）②	惟晤、説上人（詩僧）、曇穎	刁約（社主）、蘇頌	不詳
佛印廬山青松社 （1061—1063）③	佛印（社主）、常總、真净克文等	周敦頤、潘興嗣④	不詳
陳舜俞南康詩社 （1072—1075）⑤	虔州惠長老、通慧大師净務等	陳舜俞（社主）、李常等	不詳
陳師道杭州詩社 （1078—1085）⑥	西湖某僧（成員）	陳師道（社主）	不詳

---

① 據余靖（1000—1064）《慧照大師》云"已向南宗悟，尤於外學精；士林傳字法，僧國主詩盟"（《全宋詩》第 4 册，第 2660 頁），則知慧照（即福嚴惠照，"惠""慧"通）建立過詩社。宋祁（998—1061）《寄藥山長老省賢》中的省賢與慧照是同一人，"社約慚成負，霜蓮落幾秋"（《全宋詩》第 4 册，第 2401 頁）表明，慧照也邀約宋祁入社。宋祁慶曆元年（1041）作《衡山福嚴禪院二泉記》還叙及二人交往之事。曹士冕《法帖譜系》卷上"慶曆長沙帖"載劉沆慶曆五年至八年（1045—1048）帥潭時令慧照大師摹刻淳化官帖，余靖"士林傳字法"應指此事。但余靖知潭州時在皇祐四年（1052），故詩社前後持續的時間將近 12 年。

② 蘇頌（1020—1101）《和刁節推〈郊居寄説、晤二詩僧〉》云"瓶錫時邀高士駕，臺緇多學野人衣。白蓮詩社方求友，喜得支公與共歸"（《全宋詩》第 10 册，第 6349 頁），刁節推指刁約（字景純，993—1077），則知刁約建有白蓮詩社，其時間下限暫定刁之卒年。蘇頌《和惟晤師〈遊鶴林寺寄穎長老〉》（同前，第 6349 頁）之穎長老，指達觀曇穎（989—1060），其人至遲嘉祐四年（1059）就與刁約相識（參《禪林僧寶傳》卷二十七，《大藏新纂卍續藏經》第 79 册，石家莊：河北省佛教協會，2006 年，第 546 頁中欄），故詩社時間上限暫定嘉祐四年。

③ 是社可能又叫逍遥社。周敦頤妹夫蒲宗孟熙寧六年（1073）撰《濂溪先生墓碣銘》説周氏"酷愛廬阜，買田其旁，築室以居，號曰'濂溪書堂'。乘興結客，與高僧道人跨松蘿，躡雲嶺，放肆於山巔水涯，彈琴吟詩，經月不返……語其友曰：'今日出處無累，正可與公等爲逍遥社，但愧以病來耳。'"（曾棗莊、劉琳主編《全宋文》第 75 册，第 38 頁），所謂"公等"一類的人物，定然也包括廬山僧人。

④ 在廬山與周敦頤結社的僧人，史書有不同記載，如釋曉瑩《雲卧紀譚》卷上謂是佛印（1032—1098）（《大藏新纂卍續藏經》第 86 册，第 661 頁上～中欄），結社時在"嘉祐中"，結合度正《周敦頤年譜》可則知具體當在嘉祐六年至八年（1061—1063）。譜中又謂周敦頤"與其友潘興嗣訂异時溪上詠歌之約"，似潘興嗣也是詩社成員之一。黄宗羲《宋元學案》卷十二引《性學指要》説周敦頤"初與東林總遊，久之無所入。總教之静坐，月餘忽有得，以詩呈曰：'書堂兀坐萬事休，日暖風和草自幽。誰道二千年遠事，而今只在眼睛頭。'總肯之，即與結青松社。"此處"總"，指東林常總禪師（1025—1091），若其説不誤，則常總也是社中成員之一。毛德琦撰《廬山志》卷四又載"宋元豐間，真净文禪師住歸宗，時濂溪周先生自南康歸老蓮花之麓，黄太史以書勸先生與之游甚力，故先生數至歸宗，因結青松社，若以踵白蓮社者"（康熙五十九年順德堂刻本），"真净文"指克文禪師（1025—1102），"黄太史"指黄庭堅，其書名《答濂溪居士》，作於熙寧五年至六年間（1072—1073，參萬里《周敦頤與佛教關係再考證》，《船山學刊》2018 年第 1 期，第 93 頁）。而周敦頤卒於 1073 年，故知毛德琦所説結社時間在元豐間（1078—1085）定然有誤。

⑤ 此依據的是陳舜俞監南康税之經歷及其詩作《寄虔州東禪惠長老》《贈通慧大師净務》（《全宋詩》第 8 册，第 4949、4956 頁）等材料。

⑥ 周揚波《宋代士紳結社研究》，第 130 頁。

續表1

詩社及其存續時間	詩僧	世俗詩人	結社詩集
彭汝礪詩社 （1065—1095）①	安師（具體法名不詳）	彭汝礪（社主）、梅秀才	不詳
清涼和上人金陵詩社 （約1088—1097）②	清涼和上人（社主）、僧彥、泉師、僧訥等	賀鑄、王拙、孫安之、王克慎、楊介等	不詳
蘇軾杭州詩社 （1089—1091）③	道潛、懷璉、慧辯、元淨、清順、法穎、維琳等	蘇軾（社主）、蘇敦、劉景文、周次元、林希、蘇邁、蘇迨、蘇過（三人爲兄弟）、王瑜等	不詳
郭祥正當塗詩社 （1089—1113）④	僧白、知白、清璉上人	郭祥正（社主）、徐子美、徐子山（兄弟）、楊君倚、李元翰、湯君材等	不詳
徐俯豫章詩社 （1091—1123）⑤	釋如璧（饒節）、瑛上人、寶智上人、慶上人、環上人、通上人等	徐俯（社主）、洪芻、洪炎、洪朋、蘇堅、蘇庠、向子諲、張元幹、潘錞、汪藻、呂本中、謝逸、謝薖、李彭、李元亮、李肜、高荷等⑥	不詳
毛滂武康詩社 （約1097—1101）⑦	徑山維琳、法海道人、廣鑒大師、仲殊等	毛滂（社主）、湖州太守余中、鄭君瑞、蔡成允、王明之、莫師文等	不詳

---

① 彭汝礪《與梅秀才遊安師池亭賦詩》首聯曰"炎天自欲沈朱李，詩社初欣見素梅"（《全宋詩》第16冊，第10604頁），據此可知彭與梅秀才建有詩社，結社地點俟考，結社時間暫定爲彭考中進士至辭世之間。

② 有關本詩社的得名及其持續時間主要依據賀鑄（1052—1125）元祐四年（1089）所作《東華馬上懷寄清涼和公兼簡社中王拙居士》（《全宋詩》第19冊，第12501頁）、紹聖三年（1096）所作《留別王閑叟》（同前，第12600頁）等詩及其題注所示寫作時間綜合而成。又，蘇軾《贈清涼和長老》《次舊韻贈清涼長老》（蘇軾著，馮應榴輯注，黃任軻、朱懷春校點《蘇軾詩集合注》，上海：上海古籍出版社，2001年，第1930、2299頁）所說清涼長老與賀鑄所說清涼和公、清涼和上人，是同一人。

③ 按，蘇軾先於熙寧四年至七年（1071—1074）爲杭州通判，後於元祐四年至六年（1089—1091）爲杭州太守，其間都廣交詩僧。據道潛（參寥子）《再哭東坡》其四"當年吳會友名緇，盡是人天大導師……籃輿行處依然在，蓮社風流固已衰"（高慎濤、張昌紅《參寥子詩集校注》，鄭州：中州古籍出版社，2014年，第275頁）分析，蘇軾與道潛等結蓮社唱和主要是在元祐時期。

④ 郭祥正元祐四年（1089）致仕回鄉，故定詩社成立於此時，詩社可能止於其辭世之時。

⑤ 結社時間依周子翼《北宋豫章詩社考論》，《江西社會科學》2012年第6期，第98頁。

⑥ 成員構成，依吳肖丹、戴偉華《江西詩派主脉——豫章詩社考述》（《南昌大學學報》2011年第1期，第126頁）之說。

⑦ 毛滂爲武康縣令的時間，此據曹辛華、李世紅《毛滂年譜》（《河南師範大學學報》1998年第2期，第65~66頁）。

續表 1

詩社及其存續時間	詩僧	世俗詩人	結社詩集
王銍廬山詩社 （約 1107—1110）①	釋祖可、善權、善機、惠洪、蘊常等	王銍（社主）、李彭、向子諲、張元幹等	不詳
許景衡羅源護國寺詩社 （約 1115—1118）②	羅源護國寺僧	許景衡（社主）、危簿等人③	不詳
鄧肅沙縣詩社 （1119—1120）④	釋丹霞、釋了璨	鄧肅（社主）、李綱、羅疇老、鄧成彦、陳興宗	不詳
僧雲逸蘇州吟梅社 （1119—1130）⑤	僧雲逸（社主）	梅采南、張詠華	不詳
彭景醇湘陰詩社 （約 1123）⑥	釋德洪（惠洪）	彭景醇（社主）、季長見等	不詳
劉謙仲樂清鹿岩詩社 （1125—1130）⑦	覺無象（詩僧）	劉謙仲（社主）、賈太孺、潘翼、王十朋	不詳
歐陽澈崇仁紅樹詩社 （？—1127）⑧	瓊上人	歐陽澈（社主）、吳朝宗、陳欽若、敦仁、德秀等	不詳
李處權崇安詩社 （約 1127—1132）⑨	妙智上人、巽老、高老、密老、仁山海老	李處權（社主）、翁養源、翁士特、李似表等	不詳
侯元進涇溪詩社 （約 1129—1130）⑩	道常（詩僧，字元明）	侯元進（社主）、周紫芝	不詳

---

① 有關本詩社的研究，參羅寧《廬山詩社小考》（《文學遺産》2012 年第 2 期，第 139～142 頁）、李小榮《廬山詩社與江西宗派關係略說》（《文學遺産》2013 年第 4 期，第 86～95 頁）、陳小輝《宋代詩社與江西詩派》（《西南交通大學學報》2016 年第 2 期，第 38～43 頁）等。

② 詩社建立時間，據胡寅《資政殿學士許公墓誌銘》所敘許景衡爲福州通判之履歷而作的大致判斷。

③ 詩社成員，據許景衡《羅源護國院危簿以爲大類廬山，因作兩絶句》其二"亦有遠公能好客，他年同作社中人"（《全宋詩》第 23 册，第 15581 頁）、《護國寺詩》其一"惡句多慚居唱首，高吟長許作遨頭"、其二"已愧高僧與摹刻，更煩諸老數賡酬"（《全宋詩》第 23 册，第 15552 頁）分析，除許景衡、危簿、護國寺僧外，還有福州當地其他官員。

④ 陳小輝《宋代福建詩社略論》，《厦門廣播電視大學學報》2013 年第 4 期，第 41 頁。

⑤ 歐陽光《宋元詩社研究叢稿》，第 211 頁。

⑥ 陳小輝《宋代湖南詩社概論》，《南華大學學報》2013 年第 4 期，第 114～115 頁。

⑦ 陳小輝《王十朋結社述論》，《綿陽師範學院學報》2013 年第 10 期，第 65 頁。

⑧ 詩社名，此依歐陽光意見（參《宋元詩社研究叢稿》，第 202～205 頁）而定。

⑨ 關於李處權詩社持續的時間，此折中陳小輝《宋代福建詩社略論》（《厦門廣播電視大學學報》2013 年第 4 期，第 41 頁）及王利民《武夷理學詩人群體與江西詩派》（《西南大學學報》2018 年第 1 期，第 142～143 頁）觀點而成。

⑩ 此據周紫芝生平及其詩作《次韻常元明寄侯元進》《送侯元進罷涇溪丞》（《全宋詩》第 26 册，第 17175、17177 頁）等材料。

續表 1

詩社及其存續時間	詩僧	世俗詩人	結社詩集
周紫芝無爲詩社 （1133—1134）	因上人、正師、笑庵道人、善應（醫僧晟）、懷禪師等	周紫芝（社主）、王之道、魏定甫、王覺民、徐昌言、黃子才等①	不詳
王灼成都詩社 （約 1136—1181）②	道凝、智源、宗演、了宗、祖月、净明、輝禪師等	王灼（社主）、勾龍伯、趙之源、陳崇青、尹俊卿、榮安中等	不詳
黃公度詩社 （1138—1144）③	守净禪師、端老、泉上人	黃公度（社主）④、黃泳、黃端、黃庚、黃廣文、黃朝吉、黃詢（以上爲黃氏家人）、陳俊卿、龔茂良、林嘉言（三人爲黃公度同年）、汪藻、呂用中（二人先後爲泉州太守）等	不詳
李彌遜連江筠溪詩社 （1138—1153）⑤	老禪上人、朴上人等	李彌遜（社主）、張元幹、蘇粹之、富文、邵暘叔等	不詳
郭印成都雲溪詩社 （約 1139—1169）⑥	世真上人、嵩師、智師等	劉韶美、趙彥和、宋南伯、王平叔、馮時行等	不詳

---

① 此處綜合陳小輝《宋代安徽詩社概論》（《淮北師範大學學報》2013 年第 4 期，第 69～70 頁）、徐海梅《周紫芝生平考述暨創作探源》（北京：中國社會科學出版社，2014 年，第 14、48～49 頁）的觀點而成，但對社員構成略有刪減。

② 據王灼《三和謝娛親堂扁》其一"閑却聖朝醫國手，來爲詩社作家人。尖新句子堪呈佛，峭拔毫端似有神。僕輩豈應陪唱和，却緣黠鼠發千鈞"（《全宋詩》第 37 冊，第 23329 頁），可知王灼結過詩社。王灼自紹興六年（1136）回川後，基本上生活在成都，故定結社時間始於紹興六年，下限暫依岳珍王灼卒於淳熙八年（1181）秋後説（《〈碧雞漫志〉作者王灼生卒補考》，《西華師範大學學報》2014 年第 1 期，第 33～35 頁）。

③ 據柯貞金、譚新紅《黃公度行年考》（《雲南大學學報》2014 年第 4 期，第 59～62 頁），紹興八年至十四年（1138—1144）黃公度在莆田、泉州爲官，多有唱和，但並不固定在一地，故籠統稱爲黃公度詩社。

④ 據黃公度《次韻宋永兄感舊五首》其三"利鎖名韁身半老，酒徒詩社意偏濃"（《全宋詩》第 36 冊，第 22496 頁）及《和宋永四兄集句（泳）》（《全宋詩》第 36 冊，第 22462 頁）。又，陳小輝《宋代福建詩社略論》指出"宗永"當作"黃泳"，是），可知黃公度與四兄黃泳結有詩社。

⑤ 據李彌遜《仲宗訪我筠溪，出〈陪富文、粹之遊天宮詩〉見索和，次韻》"作伴仙翁覓轉春，净坊俱現宰官身。蘭亭夢想如三月，蓮社追遊少一人"（《全宋詩》第 30 冊，第 19310 頁，仲宗即張元幹），知其歸隱福建連江後的 16 年間，與人唱和並建有詩社性質的蓮社。

⑥ 據郭印《再和用南伯韻》其三"寄語社中人友"（《全宋詩》第 29 冊，第 18652 頁）、《次韻宋南伯感懷三首》其三"衰年今五十"（同前，第 18651 頁），則知郭印五十歲時與宋南伯等人結有詩社。錢建狀、王兆鵬指出郭印生於元祐五年（1090），卒於乾道五年（1169）以後（錢建狀、王兆鵬《宋詩人莊綽、郭印、林季仲和曹勳生卒年考》，《文獻》2004 年第 1 期，第 101～102 頁），故定詩社存續時間約在 1139—1169。另，郭印紹興四年（1134）即退老回故鄉成都雲溪別業，此後再未出仕。

續表 1

詩社及其存續時間	詩僧	世俗詩人	結社詩集
曾幾茶山詩社 （約 1148—1155）①	道規、宗杲、空禪師等	曾幾（社主）、趙表之、韓元吉、汪洋、鄭禹功等	不詳
張元明廬山詩社 （1151—1154）②	廬山僧	張元明、羅仲共、方德修、周紫芝、雷飛卿等	不詳
馮時行成都梅林詩社 （1160）③	釋寶印	馮時行（社主）、于格、呂商隱、李流謙等 14 人	不詳
楊萬里零陵詩社 （1160—1163）④	照上人（詩僧）	楊萬里（社主）、張仲良、唐人鑒、黃才叔等	不詳
葛立方金溪詩社 （約 1160—1164）⑤	具上人	葛立方（社主）、陳元述等	不詳
陸游山陰詩社 （約 1165—1169）⑥	山陰數僧、黃龍慧升	陸游（社主）、曾幾	不詳

---

① 按，曾幾紹興十八年至二十五年（1148—1155）隱居上饒茶山，據其《寄泉南守趙表之》"曹植詩篇疏入社，裴休參問遠同風。蕭然丈室維摩詰，何日文殊對此翁"（《全宋詩》第 29 冊，第 18551 頁）可知，曾幾建有詩社。趙表之，即紹興二十一年（1151）任泉州太守的宋太祖五世孫趙令衿。

② 按周揚波《宋代士紳結社研究》（第 132 頁）擬詩社名爲"周紫芝詩社"，意謂周紫芝是社主；然據周紫芝《張元明、羅仲共賦〈郡池白蓮〉，僕時在淮西，方德修始出巨軸，追和》"人在匡廬新結社，詩傳淮楚夢還鄉"（《全宋詩》第 26 冊，第 17210 頁），則知此時廬山詩社的社主不是時在淮西的周紫芝，而可能是身在廬山的張元明、羅仲共（羅靖）。又據周紫芝《次韻雷飛卿〈遊山〉，時余以病不住》"老喜社中多臭味，夢思方外有躋攀"（《全宋詩》第 26 冊，第 17253 頁）判斷，後來周紫芝正式歸隱廬山後，社中唱和者當有廬山僧人。

③ 陳小輝《宋代巴蜀詩社略論》，《成都師範學院學報》2013 年第 12 期，第 49～50 頁。

④ 據楊萬里紹興三十二年（1162）所作《東寺詩僧照上人訪予於普門寺，贈以詩》"故人深住白雲隈，欲到何因只寄梅……轉頭不覺三年別，病眼相看一笑開"（辛更儒《楊萬里集箋校》第 1 冊，北京：中華書局，2007 年，第 23 頁），則知楊萬里、照上人早在三年前就相識，故定二人唱和始於 1160 年，隆興元年楊萬里零陵縣丞秩滿回鄉，似爲唱和結束之年。另據《和司法張仲良醉中論詩二首》其二"此生詩社裏，三折或知醫"（《楊萬里集箋校》第 1 冊，第 38 頁）等詩句，當時參與唱和者還有張仲良等人。

⑤ 據葛立方《次韻陳元述見寄謝茶》其二"睡魔已戰三竿日，詩社聊嘗一信春"（《全宋詩》第 34 冊，第 21806 頁）、《具上人以詩相別，復和之》"遠師今日宜同社，彌勒它年可共龕"（《全宋詩》第 34 冊，第 21816 頁），可知葛立方與僧人結過詩社，時間暫定爲紹興三十年（1160）葛退隱家鄉湖州至其辭世之間。又依《余居吳興，泛金溪上，暇日率同志拿小舟載魚鱉蝦蟹……坐間有請作詩以紀一時事者，余輒爲書云》（《全宋詩》第 34 冊，第 21826～21827 頁），把詩社暫擬名金溪。

⑥ 據陸游紹熙元年（1190）作《故山四首》其三"陸生於此寓棋局（予二十年前嘗寓居），曾丈時來開酒樽（曾丈，謂文清公）。淼淼帆檣遙見海，冥冥蒲葦不知村。數僧也復投詩社，零落今無一二存"（錢仲聯、馬亞中主編《陸游全集校注》第 3 冊，杭州：浙江教育出版社，2011 年，第 366 頁），可知陸游乾道元年至五年（1165—1169）貶居山陰時結過詩社。

續表 1

詩社及其存續時間	詩僧	世俗詩人	結社詩集
王十朋夔州詩社 (1166)①	釋寶印、聞上人、札上人、俊上人	王十朋（社主）、趙若拙、閭惠夫、梁子紹等	不詳
楊萬里杭州詩社 (1184—1188)②	德麟（詩僧）、德輪行者、悟空道人	楊萬里（社主）、顏幾聖、沈虞卿、尤延之、田清叔、王順伯、林景思、朱少卿、陸游、張鎡、林子方等	不詳
許及之杭州詩社 (約 1193—1196)③	天竺寺圭僧録、契師等	許及之（社主）、陳同年、潘檉、謝夢得、洪樗野、趙昌甫、翁常之等	不詳
周必大廬陵詩社 (1195—1204)④	智超、祖燈、慈濟、净皋等	周必大（社主）、楊萬里、劉仙才、孫從之、胡季亨、李達可、歐陽宅之、胡伯信、胡仲威、胡叔賢（四人爲兄弟）等	不詳
韓淲杭州詩社 (約 1199—1208)⑤	銛師（葛天民，先爲僧，後還俗）、傑上人等	韓淲（社主）、劉叔驥、蓋稀之、姜夔（堯章）、潘檉（德久）、余子任等	不詳

---

① 陳小輝《王十朋結社述論》，《綿陽師範學院學報》2013 年第 10 期，第 66 頁。但未論及詩僧。

② 陳小輝《宋代杭州詩社略論》，《寧波教育學院學報》2013 年第 6 期，第 41 頁。又，楊萬里多次於杭州結社，此主要據楊萬里《朝天集》所載唱和詩。

③ 據許及之《九月十一日龍華寺齋宿，禮部陳同年見余嵬字韻詩，寵和惠示，復用韻奉酬》（《全宋詩》第 46 册，第 28344），可知許及之與陳同年唱和之時在其任職禮部之時，而據白金《南宋詩人許及之生平事迹考補》（《河南教育學院學報》2012 年第 3 期，第 114 頁），許任權禮部侍郎、禮部侍郎是在紹熙四年（1193）至慶元二年（1196）之間。

④ 周必大慶元元年（1195）致仕回鄉後建有詩社，活動持續到嘉泰四年（1204），其間與楊萬里等人多有唱和。

⑤ 據韓淲《送趙推官衡州》"著眼塵網外，納身詩社中。樂哉萬好庵，劉驥尊酒同"（《全宋詩》第 52 册，第 32422 頁。劉驥，即劉叔驥）、《次韻蓋友》云"交遊盡詩社，名譽得蘇端"（《全宋詩》第 52 册，第 32553 頁，蓋友當指蓋稀之。稀又作希），可知韓、劉、蓋等人在杭州結有詩社。韓淲《蓋稀之作烏程縣》又曰"十年重入長安市，常把西林倒載人……三賢久覺兩無有，千首何如一已真"（《全宋詩》第 52 册，第 32642~32643 頁），詩人自注曰"己未秋，潘德久、蓋希之、姜堯章同往西林看木犀"，己未即慶元五年（1199），下推十年，知本詩作於嘉定元年（1208）。韓淲同年寫給葛天民（朴翁銛師）的《寄抱樸君》其一曰"曾約西林看木犀……十年又見秋風好"，其二曰"姜、蓋、潘同看木犀，故交零落竟何之。如何花江西林樹，猶有無懷可寄詩"（《全宋詩》第 52 册，第 32733 頁。按，葛天民字無懷），這一組與前引韓詩所述内容可互相印證。另，葛天民嘉定元年（1208）則有《戊辰夏五過抱樸岩》，似是與韓唱和之作。

續表 1

詩社及其存續時間	詩僧	世俗詩人	結社詩集
陳造詩社 （約 1200—1203）①	净慈肯堂、銛師（葛天民）、隱静寺堂老	陳造（社主）、楊伯時、張仲思、潘檉、潘茂和（二人爲兄弟）等	不詳
華嶽詩社 （？—1221）②	瑛上人、正宗上人（詩僧）	華嶽（社主）、趙及父、趙希逢等	不詳
真德秀福州詩社 （1234）③	鼓山明師	真德秀（社主）、劉克莊等	不詳
釋文珦杭州詩社 （約 1241—1265）④	釋文珦（社主）、釋元肇、襄上人、錦上人、日本禪上人等	馮去非、趙汝回、周弼、李彭老、李萊老、李雪林、葛慶龍等	不詳
李昂英廬山詩社 （約 1252—1254）⑤	廬山東林寺僧	李昂英（社主）、顧景冲	不詳
胡仲弓泉州詩社 （？—1256）⑥	枯崖悟上人、東竹院孚上人、原上人、生上人、際書記等	胡仲弓、胡仲參（二人兄弟關係）、馮深居、蒲壽宬、倪梅村等	不詳
劉克莊杭州净慈詩社 （1261）⑦	綱上人、善先長老	劉克莊（社主）	不詳

---

① 陳造紹熙二年（1191）七月至五年（1194）七月（參《寶慶四明志》卷十八，中華書局編輯部編：《宋元方志叢刊》第 5 册，北京：中華書局，1990 年，第 5228 頁）任定海縣令後，又任房州通判權知事（秩滿，1194—1197）、浙西路安撫司參議改淮南西路安撫司參議（約 1197—1200），此後歸隱。故其晚年結社時間大致在慶元六年（1200）至其辭世的嘉泰三年（1203）。但詩社名稱不能遽定。

② 據華嶽《寄趙及父》"欲邀詩社同蓮社，爲築將壇並杏壇"（《全宋詩》第 55 册，第 34420 頁）可知其建有詩社，但結社地點俟考，結社時間暫以華嶽卒年爲下限。

③ 陳小輝《宋代福建詩社略論》，《厦門廣播電視大學學報》2013 年第 4 期，第 42~43 頁。

④ 釋文珦《寄社人》曰"居士性無染，栽蓮遍芳洲……尚友千載間，宗雷亦君儔"（《全宋詩》第 63 册，第 39674 頁），據此他與居士曾結蓮社性質的詩社。其《馮深居長余二十三歲，趙東閣長余二十二歲，周汶陽長余十七歲，皆折行輩，與余交。淳祐辛丑同訪余於竺山，有會宿詩。距咸淳乙丑已二十五年矣。痛先覺之凋零，感吾生之既老，因成十韻，以寫死生之情》（《全宋詩》第 63 册，第 39536 頁）詩題所涉人物爲馮去非、趙汝回、周弼，淳祐辛丑指淳祐元年（1241），咸淳乙丑指咸淳元年（1265），故暫定此際爲詩社的持續時間。

⑤ 按，李昂英《賀新郎·同年顧君景冲雲翼經屬官舍白蓮盛開招飲水亭》謂"只東林、社友追遊熟"（唐圭璋編纂《全宋詞》第 4 册，北京：中華書局，1999 年，第 3639 頁），此用廬山東林蓮社之典，李昂英起爲江西提刑兼知贛州時在淳祐十二年（1252）至寶祐二年（1254），其間有機會巡禮東林寺。

⑥ 結社時間參周揚波《宋代士紳結社研究》第 135 頁。但結社地點是筆者所補，社員也有所增加，社主俟考。

⑦ 程章燦《劉克莊年譜》（貴陽：貴州人民出版社，1993 年，第 331 頁）指出，劉克莊景定二年（1261）和净慈寺僧綱上人、洛浦善先長老有詩唱和。據劉詩《酬净慈綱上人三首》其三"社友携詩訪，憐予滿面塵"（《全宋詩》第 58 册，第 36553 頁），則知劉克莊與綱上人等結有詩社，此姑且名爲"净慈詩社"。

續表 1

詩社及其存續時間	詩僧	世俗詩人	結社詩集
劉克莊莆田真率會 （1267—1269）①	瑩上人、廣師等	林希逸、湯漢、林泳等	不詳
釋夢真四明詩社 （約 1276—1278）②	夢真（社主）、雁蕩柳下師、古愚淳侍者	樓絜矩、陳西麓、楊左丞、王修竹、許南坡、林伯元、周牧蟾等	不詳
吳惟信詩社 （南宋末）③	妙上人（吳惟信之兄）、意上人、巴上人、宛上人、廣淳、意書記、札書記等	吳惟信（社主）、毛時可、范仲約、俞進（晉）可、何洪、季聞實、趙寒泉、趙芸窗等	不詳
方回詩社（南宋末）④	嚴州南山寺如川無竭禪師	方回（社主）、朱用和、羅弘道、呂元方、師好古、何夢桂、傲窗等	不詳
陳著杭州詩社 （約 1280—1296）⑤	杭州凈慈寺主、慈雲寺主法椿（號齡叟）、凈慈寺主僧嵿上人等	陳著（社主）、陳達觀（陳著之弟）、俞叔可（社主）⑥兄弟二人、張子華兄弟二人、吳景年、石秀叔等	不詳

從上表所舉 56 個詩社中，我們可以發現一個非常有趣的現象，即無論詩僧、文士主持的詩社，僧俗唱和都十分頻繁。若從歷史階段性看，太宗、真宗、仁宗三朝，在僧俗互動的詩社中僧人做社主的情況更爲常見，而且天台宗詩僧的影響更大⑦；神宗以

① 劉克莊致仕回鄉後建有詩會，《丁卯元日十首》其一即説"真率會居同社長，屠蘇酒讓一家先"（《全宋詩》第 58 册，第 36656 頁），丁卯即咸淳三年（1267），詩社約至劉克莊辭世時結束。

② 據釋夢真《籟鳴續集》之《許真坡歸永嘉》"東來首結歲寒盟"、《歲晚會盟分韻得皇字》"風雪歲雲莫，文遊集我堂"、《約諸友吟社會盟》"毋事八極遊，結社青蓮池"及《分韻得社字》（許紅霞輯著《珍本宋集五種：日藏宋僧詩文集整理與研究》，北京：北京大學出版社，2013 年，第 192、200~201 頁），可知釋夢真宋末元初避四明時曾結過詩社。社中成員皆據《籟鳴續集》所載詩題所示。

③ 吳惟信生平事迹不詳，生活於宋末元初，據其詩《寄毛時可》"命書平日窮幽眇，詩社多年説老成"（《全宋詩》第 59 册，第 37072~37073 頁）可知，他和毛時可結過詩社。《贈毛時可》又謂毛"傳道與童蒙""自喜精詩律"（同前，第 37068 頁），則毛時可是精通詩律的私塾教師。

④ 結社時間參周揚波《宋代士紳結社研究》第 136 頁，但筆者對社員多有增補。

⑤ 按，陳著生於嘉定七年（1214），其《正月二日遊慈雲爲齡叟作》（《全宋詩》第 64 册，第 40293 頁）有句曰"我年今已七十六，師五十二亦多病"，則知本詩作於至元二十六年（1289），逆推 51 年，知慈雲寺主法椿生於嘉熙二年（1238）。結合作於 1296 年（據"我老不覺八十三，師今亦且半百强"）的《似法椿長老還住凈慈》（同前，第 40306 頁）及《壽法椿長老》其一説法椿"慈雲一坐十年過"（同前，第 40257 頁），則似法椿任慈雲寺主在 1286 年左右。綜合判斷，法椿第一次任凈慈寺主在 1280 年左右。

⑥ 據陳著《載酒過俞叔可運幹夜話》"何幸詩壇有盟主，狎相來往亦何嫌"（《全宋詩》第 64 册，第 40205 頁）判斷，俞叔可（俞蔬墅，名雷）也是社主之一。

⑦ 對此問題，張良有系列論文展開了討論，如《宋初天台宗僧詩芻論》（《河南師範大學學報》2012 年第 6 期，第 158~161 頁）、《宋初九僧宗派考》（《暨南學報》2014 年第 3 期，第 67~73 頁）、《天台宗僧詩創作傳統考論》（《中南大學學報》2018 年第 4 期，第 171~181 頁）等。

後，雖然禪宗詩僧人數驟增，但禪僧做社主者遠少於著名的居士型文士。而無論僧人、居士，都可以同時參加多個詩社，所以，各詩社成員互見的情況很常見。尤其在南宋，一生主持多個詩社的文士相當普遍，如陸游、周必大、楊萬里、王十朋、劉克莊等。若從結社性質看，有的是一次性主題相對集中的群體詩歌唱和活動，如知禮汴京詩社；有的人數眾多，持續時間長達幾十年，如西湖白蓮社、九僧詩社；有的後人爲之結集作品，如契嵩杭州詩會，但多數成員散見於各家別集。若從結社地點看，大多在佛教名山（如廬山、九華山、鼓山等）和佛教文化發達的都市（如汴京、杭州、金陵、成都、福州、泉州等），並且多在南方（南宋全在南方，另當別論）。

前表雖未列出北宋大詩人歐陽修、王安石、黃庭堅和僧人以詩社名義進行的唱和之作，但並非他們與詩僧没有交遊。其實，即便是堅決弘儒辟佛的歐陽修也與不少高僧保持了良好的個人情誼，多有詩文酬唱①，如雲門宗高僧圓通居訥、佛日契嵩，净慧大師慧崇，余杭詩僧慧（惠）勤等。至於王、黃兩大家，本身就與佛教關係密切，各自都有多首僧俗唱和詩傳世，此爲佛教詩歌史常識，研究成果甚多，我們就不再列舉相關作品及具體詩僧名字了。

此外，兩宋理學家中即使是反對佛教者，大多也和禪僧保持了密切的個人關係，詩歌唱和較爲頻繁，特別是北宋後期以來，如二程門人許景衡、楊時和南宋的朱熹、張栻等。佛教方面，北宋後期的道潛、惠洪和兩宋之際的正覺、宗杲等，他們交遊廣泛，和文人居士的唱酬之作内容較豐富，而且也是影響當時禪宗詩歌審美風尚走向的關鍵人物，其詩歌史、文化史意義值得深入挖掘。

二、詩僧與詩社的文學史意義

兩宋詩僧主持、參與相關詩社活動，在宋代佛教文學史、佛教詩歌史及文學批評史方面具有多重意義，最突出的有三點：

（一）密切了教内外詩人的思想交流，有助於佛教題材的生活化、社會化和藝術化

兩宋時期，無論教内外人士，大多持三教合一思想，如宋孝宗撰於淳熙八年（1180）的《原道論》總結的"以佛修心，以道養生，以儒治世"②便是當世共識。而兩宋詩歌描述三教人士在交遊中互學經典、共用人文藝術的場景十分常見，如孤山智圓《寄〈瑞應經疏〉及〈注陰符經〉與體元上人》③，説明僧人除了研習釋家經典以外，也

---

① 劉德清、顧寶林、歐陽明亮《歐陽修詩文編年箋注》，北京：中華書局，2012 年，第 375 頁。
② 釋志磐《佛祖統紀》第 47 册，《大正新修大藏經》第 49 册第 429 頁下欄。
③ 《大藏新纂卍續藏經》第 56 册，第 944 頁下欄。

對道教經典《陰符經》頗有興趣；釋惠洪《贈蔡儒效》自述"我讀《孝經》如轉磨"①；葛勝仲《送同郡識上人遊圓常見問道慈受》稱讚識上人"專門《施氏易》"②；趙蕃《贈龍王山庵秀上人》說秀上人"道人學易更參禪"③；陳文蔚《縱步過資福寺，僧留飲，出示〈淨度文〉三教一理論，戲書，時寺門桂花爛開》"一編《淨度》出玄文，因懇書窗醉酒尊。儒釋未須談一二，且於花下立黃昏"④，表明釋家自身也在闡發三教一致的理論；道士白玉蟾《〈金剛經偈〉寄示西林總長老》"以字不成，八字不是。如是我聞，早落第二"⑤，則把自己研讀《金剛經》偈頌的心得寄呈西林寺總長老；郭印《閑看佛書》"煌煌五千卷，披讀未易終。《楞嚴》明根塵，《金剛》了色空，《圓覺》袪禪病，《維摩》現神通。四書皆等教，真可發愚蒙。我常日寓目，清晨課其功。油然會心處，喜樂浩無窮。寄語看經人，勿墮文字中"⑥，顯然是詩人讀佛教《大藏經》的肺腑之言，並獨具匠心地提出了佛教"四書"說。此外，單就交遊空間言，表現三教同處一室的詩作也不少，如理學家邵雍治平四年（1067）作《治平丁未仲秋遊伊洛二川，六日晚出洛城西門，宿奉親僧舍，聽張道人彈琴》⑦，就展現了儒、道、釋三教人士在奉親寺共賞琴藝的生活場景；蘇軾《吳子野絕粒不睡，過作詩戲之，芝上人、陸道士皆和，予亦次其韻》⑧，旨趣相近。而蓮社傳說和《虎溪三笑》圖的流行，更是兩宋三教合一的見證。

　　眾所周知，東晉以降，無論山林都市，佛寺都是重要的文化藝術活動中心之一，兩宋於此，也不例外。士僧交遊於佛寺，賞花、賞畫、納涼、讀書、寺壁題詩、分韻唱和之類的事情（諸事常相容），在詩社中不勝枚舉，作品在詩人別集中俯拾皆是。賞花者如司馬光《又和安國寺及諸園賞牡丹》⑨、王洋《鄰僧送桃花》⑩ 等；賞畫者如徐俯《春日登眺遊寶勝諸寺且觀名畫》、⑪ 鄒浩《寬夫率同諸公謁大悲寺觀所畫聖像，以"回向心初地"分韻賦詩，得初字》⑫ 等；納涼者如晁補之《同楊希仲、吳子進、李希孝、張景良北關納涼，晚過大安寺》⑬、李廌《史次仲、錢子武與余在報恩寺納涼，分題，各

---

① 釋惠洪著，釋廓門貫徹注，張伯偉等點校《注石門文字禪》，北京：中華書局，2012 年，第 45 頁。
② 《全宋詩》第 24 冊，第 15615 頁。
③ 《全宋詩》第 49 冊，第 30825 頁。
④ 《全宋詩》第 51 冊，第 31968 頁。
⑤ 《全宋詩》第 60 冊，第 37637 頁。
⑥ 《全宋詩》第 29 冊，第 18655 頁。
⑦ 《全宋詩》第 7 冊，第 4495 頁。
⑧ 《蘇軾詩集合注》，第 2086 頁。
⑨ 《全宋詩》第 9 冊，第 6194 頁。
⑩ 《全宋詩》第 30 冊，第 19041 頁。
⑪ 《全宋詩》第 24 冊，第 15835 頁。
⑫ 《全宋詩》第 21 冊，第 13955 頁。
⑬ 《全宋詩》第 19 冊，第 12796 頁。又，詩謂"古藏《大般若》，中天立華廈。同遊得吳李，張子亦予社"，則知此次在大安寺的詩社創作，其主旨和佛教《大般若經》有較大的關聯性。

以姓爲韻》① 等；讀書者如姜特立《余壯歲嘗假居塔山寺，後三十年重到，賦二絶》②、趙孟堅《萬壽寺避暑讀書》③ 等；寺壁題詩者如孫覿《題臨川孝義寺壁二首》④、廖行之《醉中紀事題辰州净因寺》"壁間有佳句，一誦喜且愕……揮毫屬同遊，聊共題新堊"⑤ 等；分韻唱和者如賀鑄元豐七年（1184）《田園樂》題注所示"甲子八月，與彭城詩社諸君會南臺佛祠，望田畝秋成，農有喜色，誦王摩詰《田園樂》，因分韻擬之，余得春字"⑥、謝逸《遊西塔寺分韻詠雙蓮，以"太華峰頭玉井蓮"爲韻，探得華字》⑦、朱熹《遊密庵分韻賦詩，得還字》⑧ 等，特別是在寺院聚會、送別、題贈等場合，士僧分韻賦詩而形成的作品，在大多數人的詩文集中觸目可及，如王禹偁、蘇舜欽、梅堯臣、歐陽修、王安石、蘇軾、蘇轍、黃庭堅、陳師道、陳與義、張耒、范成大、陸游、楊萬里、道潛、惠洪等教内外名家，悉如此。

所謂佛教題材的生活化，是指寺院舉辦的日常佛事活動、民俗節慶、國家行香（三者經常結合在一塊），常常置於詩家筆端而成爲佛教文學中的普遍題材。如晏殊《盂蘭盆》⑨、田況《成都遨樂詩二十一首·七月十八日太慈寺觀施盂蘭盆會》⑩、余靖《和王子元〈重陽日千善寺會飲〉》⑪、王安石《相國寺啓同天節道場行香觀戲者》⑫、秦觀《同子瞻端午日遊諸寺，賦得深字》⑬、沈與求《正月十四夜觀燈南寺，子虛有詩，次其韻，兼呈駿發、次顔》⑭、葛勝仲《二月十五日遊謝村福田院觀涅槃會，寺乃靈運故宅，呈道祖》《戊午次吳山解空院，乃端師子道場，是日上巳，呈法中禪老》《五月望日會食普滿院，夜歸，作詩二首呈文中縣丞、玉老禪師、江敦、王彧》⑮、王洋《觀僧作藏會》⑯、趙彦瑞《與諸公會飲昆山放生池亭》⑰、陸游《天中節前三日大聖慈寺華嚴閣燃燈甚盛，遊人過於元夕》⑱、范成大《丙申元日安福寺禮塔》《會慶節大慈寺茶酒》⑲、袁説友《慈

① 《全宋詩》第 20 册，第 13593 頁。
② 《全宋詩》第 38 册，第 24113 頁。
③ 《全宋詩》第 61 册，第 38663～38664 頁。
④ 《全宋詩》第 26 册，第 16908 頁。
⑤ 《全宋詩》第 47 册，第 29157 頁。又，詩既云"同遊""共題"，顯然其活動屬於結社創作。
⑥ 《全宋詩》第 19 册，第 12520 七月十八日～12521 頁。據序，彭城詩社的此次唱和活動就在寺院舉行。
⑦ 《全宋詩》第 22 册，第 14825 頁。
⑧ 《全宋詩》第 44 册，第 27575 頁。
⑨ 《全宋詩》第 3 册，第 1944 頁。
⑩ 《全宋詩》第 5 册，第 3448 頁。
⑪ 《全宋詩》第 4 册，第 2669 頁。
⑫ 《全宋詩》第 10 册，第 6543 頁。
⑬ 《全宋詩》第 18 册，第 12073～12074 頁。
⑭ 《全宋詩》第 29 册，第 18802 頁。
⑮ 《全宋詩》第 24 册，第 15675、15618、15657 頁。
⑯ 《全宋詩》第 30 册，第 18982 頁。
⑰ 《全宋詩》第 38 册，第 23745～23746 頁。
⑱ 《陸游全集校注》第 1 册，第 398 頁。又，是詩淳熙二年（1175）作於成都。
⑲ 《全宋詩》第 41 册，第 25905、25911 頁。

感寺放生》《慈感寺四月八日浴佛會》①、林同《目連會》② 等，舉凡元旦、上元、立春、清明、上巳、端午、中元、中秋、重陽、冬至、臘八、除夕、佛誕日等重要時日，無一不有佛事活動，而它們在詩中的藝術表現，既有一般題材的審美特徵，同時又蘊含了佛教題材特有的理趣之美。比如，王安石《相國寺啓同天節道場行香觀戲者》只有寥寥 20 字，"侏優戲場中，一貴復一賤。心知本自同，所以無欣怨"③，卻以議論見長，夢幻真如的感慨不言而喻；胡宏《四月八日示澄照大師》"今朝浴佛事如何，清净心田也洗麽？塵垢不知何處得，古來明月照江波"④，則借浴佛之事來闡發心性本净的南宗思想。

若就僧人的文化素養看，他們與世俗文士的交往常以琴、棋、書、畫、詩爲媒介，無不洋溢著藝術氣息。如林逋《送然上人南還》説然上人"囊携琴譜與詩稿"⑤，其顯然兼具詩僧、琴僧之雙重身份；蘇頌《道元上人累示禪偈詩筆並諸賢賡唱，見索鄙作，因成短句奉酬》"釋子南宗秀，囊文數見過。燈分壁觀後，詩學寶書多。摘句心游刃，談空辯注河。儒林盛推挹，風勢張雲柯"⑥，説明道元詩文俱佳，儒林與他多有唱和；郭祥正《吊黄塘寺知白上人》稱贊知白"悟禪兼悟律，能畫亦能詩"⑦；王洋《元夕夜與戎、琳、殊三老僧對棋，琳請作詩，賦之》⑧，則展示了僧俗在上元節對弈而不分晝夜的生活場景；釋雲岫《賀苕書記》"筆底鍾王通草聖，胸中郊島富唐吟。竺仙去後無文佛，今日喜逢僧翰林"⑨ 所述苕書記，又是詩書俱佳的文學僧。當然，最常見的媒介還是詩歌。其中，既有詩僧指導文士者，如宋祁《天台梵才師長吉在都，數以詩筆見授，因答以轉句》（九首）⑩ 就反映了宋祁從天台詩僧梵吉學詩的經歷和感悟；又有世俗大家評騭僧詩者，如蘇軾對杭州道潛、道通、清順等人的教導。而詩僧進呈詩卷於當世名家之事貫穿於兩宋，如梅堯臣《答中上人卷》、李覯《回明上人詩卷》、邵雍《謝圓益上人惠詩一卷》《還圓益上人詩卷》、毛滂《普寧寺歲寒庵面江山之勝，令人欲賦，而長老因公出詩集相示，作此詩謝之》、李彭《演上人以權詩示余，歸其卷，演師系以長句》、汪藻《還璉上人詩卷》、王之道《還通上人卷》、汪應辰《題表上人卷舒軒》、袁説友《題瑞上人詩卷》、顧逢《題良玉上人十老詩卷》、劉克莊《題倪上人詩卷》《題晤上人詩卷》，等等，不一而足。

若就歷史文化淵源看，兩宋詩僧承襲東晋蓮社（或稱白蓮社、虎溪社等）風流，常

---

① 《全宋詩》第 48 册，第 29919 頁。
② 《全宋詩》第 65 册，第 40634 頁。
③ 王水照主編《王安石全集》第 5 册，上海：復旦大學出版社，2017 年，第 273 頁。
④ 《全宋詩》第 35 册，第 22107 頁。
⑤ 《全宋詩》第 2 册，第 1240 頁。
⑥ 《全宋詩》第 10 册，第 6356 頁。
⑦ 《全宋詩》第 13 册，第 8901 頁。
⑧ 《全宋詩》第 30 册，第 18999 頁。
⑨ 《雲外雲岫禪師語録》，《大藏新纂卍續藏經》第 72 册，第 175 頁。
⑩ 《全宋詩》第 4 册，第 2358 頁。

常把他們主持或參與的詩社比附成蓮社①；與此同時，世俗文士主持的詩社，若有僧人參與，也可以蓮社稱之。前者如釋正覺《再和朱朝奉見寄》"欲學陶淵明，高情異浮俗。白雲無定心，青山有奇骨。肯從蓮社賓，共奏無弦曲"②、《蔣新臣秀才告別作句送之》"不慳屈宋楚人語，來試宗雷蓮社科。後會說盟如有以，此行洗念入無可"③，即把與自己唱和的朱朝奉比作陶淵明，把蔣新臣比成宗炳、雷次宗；後者則更加普遍，如賈黃中《吟貽宣議大師英上人》"莫怪伊余苦珍重，白蓮花社有心期"④、范仲淹《送真、元二上人歸吳中》"願結虎溪社，休休老此身"⑤、蘇頌《和刁節推〈郊居〉寄說、晤二詩僧》"白蓮詩社方求友，喜得支公與共歸"⑥、郭祥正《送僧白》"我有高世想，喜逢高世人。談詩何所極，元化浩無垠……問我別來久，請吟佳句新。便欲結幽社，靜栖還本真。陶潛須一醉，寧起遠公嗔"⑦、楊時《含雲晚歸寄真師》"虎溪舊社知重約，陶令如今已息機"⑧、裴萬頃《宿翠岩寺呈李弘齋簽判》"匡廬勝處君曾到，誰是淵明與遠公。幸有和陶詩卷在，好依蓮社此山中"⑨、黃希武《龜山禪寺贈僧柏庭》"東林蓮社詩盟在，相送河橋夕已曛"⑩、董嗣杲《東林寺贈宣上人》"禪高何待音聲悟，詩好爭傳格律嚴。誰浼我師重主社，社中休更外陶潛"⑪ 等，特別是蘇頌、郭祥正、黃希武、董嗣杲四人之作，展示了詩歌唱和在蓮社中的特殊作用，換言之，兩宋僧俗所結蓮社，從詩歌方面看，大多可定性爲詩社，但其創作題材、主旨又與蓮社的法社性質息息相關，正如李綱《次韻志宏見示〈山居〉二首》其二"溪山勝處陪詩社，文字空中見法王"⑫、曹勛《用李參政韻並録寄舟峰師四首》其四"蓮社經徒能摘句，玉川茶興自開緘。從來筏喻今饒益，杯渡須知鄙鐵帆"⑬ 所説的那樣，詩社之作是要表現"法王""筏喻"等佛教思想或佛禪理念的。或者説，蓮社是詩性的法社，是僧俗將佛教生活題材藝術化、審美化的社團組織。正因爲有這一組織的廣泛存在，才使佛教詩學與教外詩學的匯通及僧俗詩藝的交流變得更直接、更有效。

---

① 有關兩宋詩歌"蓮社"用例之分類，參張鈺婧《論宋詩中"蓮社"用語新變》，《法音》2017 年第 12 期，第 38～44 頁。
② 《大正新修大藏經》第 48 冊，第 92 頁上欄。
③ 《大正藏》第 48 冊，第 92 頁中～下欄。
④ 《全宋詩》第 1 冊，第 498 頁。又，英上人指釋夢英。
⑤ 《全宋詩》第 3 冊，第 1887 頁。
⑥ 《全宋詩》第 10 冊，第 6349 頁。
⑦ 《全宋詩》第 13 冊，第 8842 頁。
⑧ 《全宋詩》第 19 冊，第 12941 頁。
⑨ 《全宋詩》第 52 冊，第 32299 頁。
⑩ 《全宋詩》第 72 冊，第 45636～45637 頁。
⑪ 《全宋詩》第 68 冊，第 42660 頁。又，董嗣杲宋亡入山爲道士。
⑫ 《全宋詩》第 27 冊，第 17590 頁。
⑬ 《全宋詩》第 33 冊，第 21137 頁。

（二）促進了佛教詩學觀與教外詩學觀的匯通

雖說兩宋佛教詩學自成體系，但也深受教外詩學觀的影響。從詩僧方面看，我們認爲，其匯通教外詩學觀最突出的表現有三點。

一是不少詩僧繼承詩騷傳統，也關注時政、關心民瘼、忠君愛國，托物言志之作較爲常見。這從詩僧好用風騷、風雅等詩學術語，好讀《離騷》之類的行爲表現就可看出。

詩僧相關詩學術語之用例如：

（1）孤山智圓《松江重祐〈和李白姑熟十詠詩〉序》曰："松江重祐師學佛之外，於風騷頗工，嘗愛李謫仙《姑熟十詠》，因賡而和之。錢唐僧智圓，字無外，序曰：夫詩之道，本於三百篇也，所以正君臣、明父子、辨得喪、示邪正而已。"① 顯而易見，一方面，智圓稱贊了重祐上人善於作詩；另一方面，則強調了儒家詩教觀同樣適用於詩僧之創作。其《言志》又自述"疇昔學爲詩，模範風雅詞。立言多諷喻，反爲時人嗤"②，可知其學詩是從儒家入手的，雖然一開始遭時人嘲笑，後來却得到了教內人士的普遍支持。

（2）宋初"九僧"之一的釋惟鳳《與行肇師宿廬山栖賢寺》云"詩心全大雅，祖意會諸方"③，則把僧詩的創作宗旨和儒家詩教之"大雅"傳統相提並論。

（3）釋清了《偈頌十首》其三"意句難分別，風騷格外求"④、釋懷深《擬寒山詩》其二"拾得詩清苦，風騷道自存"⑤ 等，則表明風騷傳統也是詩僧自覺的詩學追求。

（4）釋印肅《移五瘟出市心》曰"助佛揚名化俗徒，遣邪歸正沃心枯。國風雅泰民歡樂，只這和瘟大丈夫"⑥，此處強調了佛教詩歌和儒家詩教一樣具有移風易俗的教化之用。

（5）釋元肇《梅月》（爲陳碧澗題）曰"堂上傳風雅，高標一段奇。韻清梅蘸水，生白月來時"⑦，又把風雅標準引入釋家詠物詩。

至於兩宋詩僧好讀《離騷》的事例也較常見。如釋道潛《遠齋爲玉上人作》說玉上人"《離騷》楚詞亦謾讀"⑧，釋道璨《睡起》"庭院日長春睡足，幽蘭花底讀《離騷》"⑨、釋文珦《幽徑》"樵童更閑静，聽我讀《離騷》"⑩、《江樓寫望》其二"手把

---

① 《大藏新纂卍續藏經》第 56 册，第 914 頁中欄。
② 《大藏新纂卍續藏經》第 56 册，第 940 頁上欄。
③ 《全宋詩》第 3 册，第 1460 頁。
④ 《大藏新纂卍續藏經》第 71 册，第 777 頁上欄。
⑤ 《大藏新纂卍續藏經》第 73 册，第 117 頁上欄。
⑥ 《大藏新纂卍續藏經》第 69 册，第 407 頁上欄。
⑦ 《全宋詩》第 59 册，第 36895～36896 頁。
⑧ 《參寥子詩集校注》，第 183 頁。
⑨ 《全宋詩》第 65 册，第 41175 頁。
⑩ 《全宋詩》第 63 册，第 39625 頁。

《離騷經》，閑倚闌幹讀"① 等則是自述日常愛讀《離騷》的生活場景。而對楚騷香草美
人（詩僧主要以"香草"爲主）的象徵主義傳統，詩僧同樣有所繼承，如釋行海《梅
（十首）》其一"天下更無清可比，湘累不敢入《離騷》"②、釋寶曇《又和歸南湖喜成》
"許我杖藜來宿昔，觀公詩律自前生。藝蘭九畹辛夷百，續取《離騷》老更成"③ 所説的
梅、蘭等植物，都有其特定的象徵義，或象徵人格清高，或象徵品性高潔。

　　二是把杜甫確立爲詩歌典範。④ 一者，杜甫寫過不少佛教題材的詩作，杜甫與僧人
贊公的密切關係已成爲兩宋詩僧津津樂道的話題，如釋惠洪《余還自海外，至崇仁見思
禹，以四詩先焉，既别，又有太原之行，已而幸歸石門，復次前韻寄之，以致山中之信
云》其一"懸知他日君念我，定作少陵尋贊公"⑤、釋慧空《靜香軒》"如何杜陵老，獨
喜贊公房"⑥、釋居簡《破山》"水流山空春畫長，番令人憶贊公房"⑦ 等，無不把杜甫稱
譽過的贊公用來自比。二者，杜詩的詩史性質得到了兩宋詩僧的高度認可，如釋元肇
《海棠》"幾向春風憐薄命，少陵詩史不書名"⑧、釋居簡《移棕櫚次蓬山兄韻》"叢拍蒼
柄頂春寒，詩史題名勝得仙"⑨ 等，都直接以"詩史"二字入詩。三者，杜詩所述清苦
困窘的生活境遇引起了兩宋詩僧的共鳴，如釋道潛《和龍直夫秘校細雨》其三"少陵心
易感，詩句寫清衰"⑩、釋惠洪《復次元韻》"□云詩窮少陵老，飢寒正坐拜杜鵑"⑪、釋
元肇《題飲仙圖》"寒驢破帽少陵寒，吐出歌辭字字酸"⑫ 等，悉如此。四者，而且也是
最重要的一點就在於杜詩講究詩歌藝術、講究句法，特别是江西詩派把老杜推爲鼻祖之
後，他在詩僧中的影響越來越大。詩僧以禪喻詩時，老杜也是不可或缺的典型之一，如
釋惠洪《臨清閣二首》其一"時看稚子對浴，少陵詩眼長寒"⑬、釋紹曇上堂所説偈頌
"茆屋賦新詩，内院尋知識。身從勝境中來，句自活法中得。非身非句，絶毫絶釐，慈
氏少陵安得知？《法華》不敢輕饒舌，只恐山禽語帶徵"⑭ 中的"詩眼"與"活法"，都
和杜甫發生了不可思議的聯繫。⑮

---

① 《全宋詩》第 63 册，第 39694 頁。
② 《全宋詩》第 66 册，第 41375 頁。
③ 《全宋詩》第 43 册，第 27122～27123 頁。
④ 詳細分析參李小榮《禪宗語録杜詩崇拜綜論》，《杜甫研究學刊》2020 年第 3 期，第 1～21 頁。
⑤ 《注石門文字禪》，第 552 頁。
⑥ 《全宋詩》第 32 册，第 20606 頁。
⑦ 《全宋詩》第 53 册，第 33226 頁。
⑧ 《全宋詩》第 59 册，第 36925 頁。
⑨ 《全宋詩》第 53 册，第 33090 頁。
⑩ 《參寥子詩集校注》，第 46 頁。
⑪ 《注石門文字禪》，第 481 頁。
⑫ 《全宋詩》第 59 册，第 36924 頁。
⑬ 《注石門文字禪》，第 933 頁
⑭ 《大藏新纂卍續藏經》第 70 册，第 419 頁上欄。
⑮ 關於詩眼、活法的禪學語境分析，參周裕鍇《文字禪與宋代詩學》，上海：復旦大學出版社，2017 年，第
104～106、117～118 頁。

三是把陶淵明作爲人格典範。兩宋時期由於蓮社傳説及三教合一思潮的盛行，陶淵明作爲儒家隱士（心隱）的代表，既受蘇、黄等世俗士大夫特別是蘇軾的尊崇①，也深受詩僧的愛戴，有的甚至把他和杜甫並尊，如釋道潜《贈權上人兼簡其兄高致虚秀才》即説"翹然雙幹秀一門，儒釋殊科道無異……少陵彭澤造其真，運斤成風有餘地"②，少陵即杜甫，彭澤指陶淵明。更值得注意是，當時教内外人士都有不少和陶之作，袁行霈認爲："和陶這種文學活動所標示的主要是對清高人格的嚮往和追求，對節操的堅守，以及保持人之自然性情和真率生活的願望。"③換言之，陶淵明的高尚人格贏得了後世各文化階層的普遍尊重。成明明則以北宋爲例，指出詩僧釋子對陶淵明的接受，表現爲"從外在的語言形式到内在的精神實質"，"以鮮明的時代色彩，體現在實用工具性、日常審美性、文藝鑒賞性三個層面"④其論大體也適用於南宋詩僧，如釋文珦《夜興》"悠然發清興，朗誦淵明詩"⑤，是自述愛讀陶詩；釋廣聞《陶淵明》"和露鋤豆苗，不覺日又夜。飄然從何來，定在南山下"⑥，則化用陶詩《歸園田居》其三"種豆南山下……"之詩意；釋元肇《見海門韓宰》"淵明自是無爲者，能使懦夫懷凛然"⑦，意在頌揚陶潛偉大人格的感化之用；智朋禪師重陽上堂有云：

> 會則一似等閑，不會則千難萬難，豈不見陶淵明"采菊東籬下，悠然見南山"，到這裏轉身有路，不妨入塵垂手。⑧

智朋禪師結合重陽賞菊的風俗，自然引入陶淵明《飲酒》其五之名句，寓説法和日常審美於一體。當然，偶爾也有例外，像釋居簡《淵明畫像》曰"司馬家兒歷數窮，可能特地振孤踪。永懷東土清風遠，不把元嘉紀歲終"⑨，則重在頌揚陶淵明的忠晋之心。但歸根結底，無論北宋、南宋，詩僧都特別注重陶淵明特殊的人格魅力。江西詩派釋祖可《靖節祠》即曰：

> 靖節非傲世，帶耻爲人束。鬱然霜雪姿，受正如松獨。高歌《歸去來》，自種松與粟。寓意琴書間，處己審縲足。傾觴三徑醉，頹然忘寵辱。江山有遺迹，庶以

----

① 吕菊指出，陶淵明的形象經過了神化和聖化，帶頭的人物便是蘇軾（《陶淵明文化形象研究》，復旦大學博士學位論文，2007 年，第 52 頁）。

② 《參寥子詩集校注》，第 294 頁。

③ 袁行霈《論和陶詩及其文化意蘊》，《中國社會科學》2003 年第 6 期，第 149～161 頁。

④ 成明明《北宋釋子與陶淵明》，《安徽大學學報》2014 年第 5 期，第 49 頁"摘要"。

⑤ 《全宋詩》第 63 册，第 39527 頁。

⑥ 《大藏新纂卍續藏經》第 69 册，第 751 頁上欄。

⑦ 《全宋詩》第 59 册，第 36910 頁。

⑧ 《介石智朋禪師語錄》卷二，《大藏新纂卍續藏經》第 69 册，第 798 頁中欄。

⑨ 《全宋詩》第 53 册，第 33236 頁。

拯流俗。①

　　它主要贊頌的就是陶淵明的超然脱俗、人格獨立、安貧樂道和詩意的栖居，也可以作爲兩宋詩僧陶淵明文化形象建構之作的代表。

　　（三）僧俗共磋詩藝、詩法，在一定程度上促成了宋詩特殊品格的定型

　　兩宋詩僧主持或參與相關詩社，其間僧俗共磋詩藝、詩法乃至進行詩歌品評，是十分常見之事，此類文學活動在一定程度上也促成了宋詩學問化、議論化的特殊品格之定型。

　　一者從世俗士大夫方面看，與詩僧的交往有助於他們熟悉藏經，增進佛教知識，進而影響其創作。如黄庭堅元豐二年（1079）作《三月壬申同堯民、希孝觀净名寺經藏，得〈廣弘明集〉沈炯〈同庚肩吾諸人遊明慶寺詩〉，次韻奉呈二公》②，顯然，其創作緣自寺院讀藏；元祐五年（1090）二月二十五日，因道潜初得杭州智果院，蘇軾組織了一次 16 人詩會③，各人用《圓覺經》“以《大圓覺》爲我伽藍，身心安居，平等性智”④爲韻而唱和，其中，道潜得“以”字作《余初入智果院》⑤，東坡之作爲《參寥上人初得智果院，會者十六人，分韻賦詩，軾得“心”字》⑥，可見此次詩會活動深受《圓覺經》的影響。郭祥正《遊雲蓋寺》則自述遊寺之後的願望是“願言永栖此，讀盡寶藏經”⑦，難怪不少士大夫都熟悉《華嚴》《法華》《金剛》《楞嚴》《楞伽》《維摩》《圓覺》《無量壽》《心經》等大乘經典，而讀經感受或經驗交流也是僧俗間常見的創作題材，如夏竦《題〈華嚴經〉詩》⑧、王安石《讀〈維摩經〉有感》⑨、李之儀《讀〈華嚴經〉三絶》⑩、游九言《讀〈法華經〉示巽上人》⑪、釋懷深《因讀〈法華經〉至“火宅喻”不覺一笑，因書偈示孫主簿》⑫、張方平《讀〈楞伽經〉》⑬、郭印《讀〈維摩經〉》《讀〈金

---

　　① 《全宋詩》第 22 册，第 14612 頁。
　　② 黄庭堅撰、任淵等注、劉尚榮校點《黄庭堅詩集注》，北京：中華書局，2003 年，第 1697 頁。又，詩題之《廣弘明集》原缺“廣”字，考黄庭堅所引沈炯詩實出《廣弘明集》卷三十（參《大正新修大藏經》第 52 册，第 358 頁上欄），據補。另，沈炯詩題本作《同庚中庶肩吾周處士弘讓遊明慶寺》。
　　③ 詩會時間，此據李俊《釋道潜研究》（華東師範大學博士學位論文，2008 年，第 45 頁）。
　　④ 此句出唐佛陀多羅譯《大方廣修多羅圓覺了義經》，見《大正新修大藏經》第 17 册，第 921 頁上欄。
　　⑤ 《參寥子詩集校注》，第 134～135 頁。
　　⑥ 《蘇軾詩集合注》，第 1568～1569 頁。
　　⑦ 《全宋詩》第 13 册，第 8847 頁。
　　⑧ 《全宋詩》第 3 册，第 1819 頁。
　　⑨ 《全宋詩》第 10 册，第 6742 頁。
　　⑩ 《全宋詩》第 17 册，第 11282～11283 頁。
　　⑪ 《全宋詩》第 48 册，第 30126 頁。
　　⑫ 《大藏新纂卍續藏經》第 73 册，第 116 頁中欄。
　　⑬ 《全宋詩》第 6 册，第 3838 頁。

剛經〉》《讀〈楞嚴經〉》《讀〈圓覺經〉》①、張伯端《〈心經〉頌》② 等，舉不勝舉，特別
是宋末艾性夫《醫僧洪淡寮見示〈金剛經解〉、〈集驗方〉、村寺清規，皆自著也，詩以
歸之》曰：

> 不作人間肉食僧，霜髭苴苴骨棱棱。釋經妙在一轉語，療病良於三折肱。處
> 寺有規能縛律，即心是佛不傳燈。胸中歷歷前朝事，說到西頭氣拂膺。③

此詩特色在於寫鄉村醫僧的佛教生活，其人多才多藝，能講經，能看病，能管理，
還是個忠於南宋的遺民僧。與艾性夫性質相似者還有劉克莊《村居書事四首》其二：

> 新剃闍梨頂尚青，滿村看說《法華經》。安知世有彌天釋，萬衲如雲座下聽。④

此詩則描繪了民間講經的場景，看來自隋唐以來盛行的俗講活動在南宋鄉村仍有廣
闊的表演市場，像富於故事性、文學性的大乘佛典也深受庶民階層的歡迎。換言之，
艾、劉之作在一定程度上展示了兩宋佛教生活的社會化和佛教知識的普及化，說明宋詩
題材的擴大和細化。

二者僧俗唱和中的詩論、詩評多涉及詩風、審美、詩法技巧等內容，頗有助於後人
對宋詩特色的整體認識。單就兩宋最偉大的詩人蘇軾來說，其相關作品甚多。茲舉
兩例：

其一，《贈詩僧道通》曰：

> 雄豪而妙苦而腴，只有琴聰與蜜殊。語帶烟霞從古少，氣含蔬筍到公無。香
> 林乍喜聞薝卜，古井惟愁斷轆轤。爲報韓公莫輕許，從今島可是詩奴。⑤

蘇軾一方面以當代詩僧思聰、仲殊爲參照，從橫向角度贊揚了道通詩作的特色，無
論題材、風格都超越了僧詩的"蔬筍氣"，另一方面從縱向視角，稱許道通成就超越了
唐代詩僧賈島、可明⑥。而且，蘇軾"蔬筍氣"一語成了僧詩評價中頗有爭議的論題⑦，

---

① 《全宋詩》第 29 冊，第 18655～18656 頁。
② 《全宋詩》第 10 冊，第 6467 頁。
③ 《全宋詩》第 70 冊，第 44435 頁。
④ 《全宋詩》第 58 冊，第 36258 頁。
⑤ 《蘇軾詩集合注》，第 2293～2294 頁。
⑥ 按，王十朋《東坡詩集注》卷五謂"可，可明也"，然唐代詩僧只有可明，故疑"明"乃"朋"之誤。
⑦ 參許紅霞《"蔬筍氣"意義面面觀》（《中國典籍與文化》2005 年第 4 期，第 104～110 頁）、高慎濤《僧詩
之"蔬筍氣"與"酸餡氣"》（《古典文學知識》2008 年第 1 期，第 50～57 頁）等。

此是後話，此不細述。

其二，《僧惠勤初罷僧職》又説"新詩如洗出，不受外垢蒙……非詩能窮人，窮者詩乃工。此語信不妄，吾聞諸醉翁"①，其在歐陽修"詩窮而後工"的基礎上，宣導僧詩的清新之風，這點後人也有共識，如王庭珪《次韻贈隨上人》謂隨上人"便能作句吐新清"②，王之道《還通上人卷》説通上人"格清詞苦與誰論，携繞錢塘給事墳"。③

而作爲最具宋詩特色的江西詩派的開創者黃庭堅，他在詩禪關係上也有許多重要的論斷，如早在元祐三年（1088）就提出了"文字禪"，並把禪學術語如"句中眼""奪胎換骨"等轉化爲詩學術語，凡此，都深刻地影響了惠洪的《石門文字禪》④，進而對後世詩僧起了較好的示範作用。嗣後，作詩如參禪學佛、講究自（頓）悟的創作論十分流行，如王庭珪《贈曦上人二絶句》其一"學詩真似學參禪，水在瓶中月在天。夜半鳴鐘驚大眾，斬新得句忽成篇"⑤、李處權《戲贈巽老》"學詩如學佛，教外有別傳。室中要自悟，心地方廓然。悟了更須坐，壁下三十年。他時一瓣香，未可孤老禪"⑥ 等，尤其是李衡（1100—1178）《贈學者》曰：

> 學詩如參禪，初不在言句。傴僂巧承蜩，梓慶工削鐻。借問孰師承，妙處應自悟。向來大江西，洪徐暨韓呂。山谷擅其宗，諸子爲之輔。短句與長篇，一一皆奇語。卓爾自名家，無愧城南社……學詩如參禪，無舍亦無取。立雪謾齊要，斷臂徒自苦。君欲問活法，活法無覓處。⑦

此詩明確把"學詩如參禪"當作黃庭堅開創的江西詩派及其後學的一大法寶。即便對呂本中等人宣導的"活法"，李衡強調也要自悟。

正如陳造（1133—1203）《再次〈寄肯堂韻〉五首》其三"共譚詩律更譚禪"⑧ 所説的那樣，談詩論禪是僧俗酬唱最重要的内容之一。其中，參詩尤其是參前賢之作（包括佛典），對提高詩藝頗有助益，僧俗交遊時涉及此類題材的作品有不少，如汪藻（1079—1154）《萬上人將遊三吴，袖杼山居士贈言見過，戲成二絶送之二首》其一"參得湯休五字禪，一瓶一鉢去飄然"⑨ 即稱贊萬上人善參惠休五言詩；張元幹（1091—

---

① 《蘇軾詩集合注》，第 550 頁。
② 《全宋詩》第 25 册，第 16827 頁。
③ 《全宋詩》第 32 册，第 20239 頁。
④ 周裕鍇《文字禪與宋代詩學》，第 25 頁。
⑤ 《全宋詩》第 25 册，第 16857 頁。
⑥ 《全宋詩》第 32 册，第 20379 頁。
⑦ 《全宋詩》第 33 册，第 21280～21281 頁。
⑧ 《全宋詩》第 45 册，第 28234 頁。
⑨ 《全宋詩》第 25 册，第 16553 頁。

1161）《次韻奉酬楞伽室老人歌，寄懷雲門佛日，兼簡乾元老圭公，並叙鐘山二十年事，可謂趁韻也》“《楞伽》一句作麼生，請問同參俱本色”①，回憶了自己 20 年前與僧人同參《楞伽經》文句的場景；陳鬱（1184—1275）《贈僧玘長老》“詩篇熟誦如持咒，句法旁參若勘禪”②，旨在表揚玘長老善參前賢名篇名句。諸如此類，宋詩中觸目皆是。而且影響所及，甚至文人士大夫之間也如此，如王洋（1087—1154）《和曾吉父酬鄭顧道韻》“茶山參遍古今詩”③，即把曾幾作爲遍參古今詩的典範；陳造《十絕句呈章茂深安撫》其四，自述“白首猶參五字禪”④的寫作經歷；龐謙孺（1117—1167）《表姪趙文鼎監稅傳老拙所定九品杜詩説正宗，作詩告之》“平生竭力參詩句，久矣冥搜見機杼”⑤，則把杜詩作爲最正宗的參悟對象。雖然所參內容包羅萬象，但正像趙蕃（1143—1229）《寄陳擇之》“已自草堂參句法”⑥、方嶽（1199—1262）《次韻費司法》其三“誰向唐詩參句律”⑦所述，重點在參句法、句律。

若就詩僧所參對象來説，主要集中於杜甫、黄庭堅，前者如楊萬里《東寺詩僧照上人訪予於普明寺，贈以詩》“説似少陵真句法”⑧所表揚的照上人，後者如曾幾《寄空禪師》“江西句法空公得，一向逃禪挽不回。深密伽陀妙天下，無人知道派中來”⑨、楊萬里《題照軒上人迎翠軒二首》其二“參寥癲可去無還，詩踏詩僧最上關。欲具江西句中眼，猶須作禮問雲山”⑩之“江西”，實指黄庭堅。

僧俗交遊之談詩論禪，又有助於佛教禪學術語向詩學術語的轉化和運用，如“詩中三昧”“轉物”“妙方便”“轉語”“一味禪”等。而此類詩作一般具有好用佛典語彙、長於議論的特色，譬如王灼《懷安光孝寺觀空軒遺圓長老》云：

> 寶坊鬱鬱滿松檜，獨有小軒花數輩。榜以觀空作正觀，要識轉物大三昧。世間眩人萬紅紫，心君已落色界內。那知心境無异法，真見元非色塵外。色空雙忘未奇特，非非想處亦橫潰。誰因拈花發微笑，嚼蕊嗅香不相礙。吾儕跂鼇望千里，安得還都如歷塊？詩成懷藏擬不出，彼上人者難酬對。⑪

---

① 《全宋詩》第 31 册，第 19899 頁。
② 《全宋詩》第 57 册，第 35807 頁。
③ 《全宋詩》第 30 册，第 19038 頁。
④ 《全宋詩》第 45 册，第 28210 頁。
⑤ 《全宋詩》第 37 册，第 23397 頁。
⑥ 《全宋詩》第 49 册，第 30737 頁。
⑦ 《全宋詩》第 61 册，第 38345 頁。
⑧ 《楊萬里集校箋》，第 23 頁。
⑨ 《全宋詩》第 29 册，第 18597 頁。
⑩ 《楊萬里集校箋》，第 24 頁。
⑪ 《全宋詩》第 37 册，第 23302 頁。

　　本詩除開頭兩句在寫觀空軒的客觀環境外，其餘部分都是議論，議論中使用了觀空、正觀、轉物、三昧、色界、色塵、色空、非非想等佛教名相及禪宗拈花微笑的典故，若對佛教常識没有較多的了解，則根本不清楚王灼寫詩用意何在。

　　僧俗唱和之作也善於以學問爲詩：一方面是多借用、活用前賢名句入詩，如方嶽《贈詩僧》其一"瀑泉癲可能詩最，畢竟難爲本色僧。要識廬山真面目，一溪明月冷於冰"①，其第三句顯然反用蘇軾《題西林壁》第三句"不識廬山真面目"；另一方面，不少詩僧也像世俗文士一樣，好作集句詩，如釋紹嵩紹定二年（1229）所作《江浙紀行集句詩》7 卷 376 首，全是集句而成，其紹定五年（1232）八月《江浙紀行集句詩序》曰：

　　　　余以禪誦之暇，暢其性情，無出於詩。但每吟詠，信口而成，不工句法，故自作者隨得隨失。今所存集句也，乃紹定己丑之秋，自長沙發行，訪遊江浙，村行旅宿，感物寓意之所作⋯⋯永曰："禪，心慧也；詩，心志也。慧之所之，禪之所形；志之所之，詩之所形。談禪則禪，談詩則詩，是皆遊戲，師何媿乎！"予謝曰不敢。力請至再至三，又至於四，遂發囊與其編録。②

　　我們從紹嵩自述集句緣由及永上人對詩禪關係的一般看法中可以發現，詩僧的寫作與中國詩學的吟詠性情、感物寄興的傳統並無本質區別。而且，紹嵩近 400 首作品都是集唐宋詩句而成這一事實，本身就説明詩僧也有以學問爲詩的傾向。茲舉兩例如下：

　　第一，《次韻楊判院〈晚春〉》，其詩八句爲：

　　　　杏褪殘花點碧輕，殘花含恨脱紅英。樹連翠筱圍春晝，風入青山送雨聲。不辨扁舟訪安道，何妨蓮社醉淵明？如公自是夔坡具，盍與吾君致太平。③

　　據其自注提示的詩句作者，可知八句分別集自宋徽宗趙佶《宮詞》（其十九）、梁玉佚名詩、陳與義《晚步順陽門外》、曾鞏佚名詩、許玠佚名詩、陳克佚名詩、釋曉瑩佚名詩、張孝祥《次韻》其二，其中竟然有五句是宋人佚句，可見輯佚價值也不小。

　　第二，《酬王主簿示道中所作》曰：

　　　　蓼花紅淡葦條黄，洛岸秋晴夕照長。雪羽襪襪立倒影，酒旗搖曳出疏篁。雲

---

①《全宋詩》第 61 册，第 38269 頁。
②《全宋文》第 336 册，第 384 頁。
③《全宋詩》第 61 册，第 38642 頁。

邊雁斷湖邊月，圩上人牽水上航。輸與能詩王主簿，每行吟得好篇章。①

此八句，據作者提示，則分別集自鄭穀《雁》、韋莊《和集賢侯學士分司丁侍御秋日雨霽之作》、溫庭筠《溪上行》、林逋《池陽山店》（按："搖曳"或作"斜曳"）、溫庭筠《蘇武廟》（按："湖天"，溫詩原作"胡天"）、楊萬里《圩丁詞十解》其十、黃庭堅《觀王主簿家酴醾》、韋莊《題七步廊》。

總之，兩宋詩僧參與或主持相關詩社，這一文學活動具有多方面的文化史、文學史意義，以上談來挂一漏萬，希望日後能有更全面、更細緻的研討。同時，元、明、清三朝的相關史料也有待系統梳理。

---

① 《全宋詩》第 61 冊，第 38641 頁。

Discussion on Significance of Literary History about Monk Poets and Poetry Society in the Northern Song Dynasty and the Southern Song Dynasty

Li Xiaorong

Abstracts：The Northern Song Dynasty and the Southern Song Dynasty were important periods for ancient poetry society，in which it gradually matured. During the time，many poet monks emceed or took part in activities of poetry society，which was worth investigating. It had at least three aspects of significance in literary history. Firstly，it encouraged the exchange of ideas between monk poets and other poets，which helped Buddhist－themed poetry become close to life，socialized，and artistic. Moreover，it promoted the communication between Buddhist poetics and external poetics. Additionally，monk poets and other poets exchanged views on art and techniques of poetry，which partly contributed to the special character of Song poetry. Accordingly，analyzing the development of poetry society in Song Dynasty from the perspective of poet monks conduces to reveal features and contributing factors of Song Poetry more comprehensively.

Keywords：Monk Poets；Poetry Society in the Northern Song Dynasty and the Southern Song Dynasty；Significance of Cultural History；Significance of Literary History

［李小榮，福建師範大學文學院教授，教育部人文社會科學重點研究基地閩臺區域研究中心主任］

叢林七僧與竹林七賢：從《世説新語》談起

王琛懿

提　要：孫綽以叢林七僧方諸竹林七賢，以"名僧"比附"名士"，折射出兩晉玄佛合流的時代風貌。從《世説新語》所載的名僧軼事中可見，僧人常常兼具名士的形象特徵，放達任性，不拘小節，積極與名士交遊，促進了佛理與玄學的交融。但是，當佛教借助玄學而成爲顯學之後，名僧向"名士風流"的靠攏對佛教的穩定發展産生了不可避免的負面影響。故後出的正式僧傳不再著意提倡"名僧"，轉而以"高僧"爲尚。《高僧傳》在引用《世説新語》的記載時，有意識地對素材進行選擇、裁剪，巧妙地隱去了名僧"風流"的色彩。在逐步擺脱玄風籠罩的同時，"名僧""高僧"與"神僧"的並舉也推動了僧伽信仰的形成。

關鍵詞：《世説新語》　叢林七僧　《高僧傳》　玄佛合流

一、從竹林七賢到叢林七僧

"竹林七賢"之稱首見於《三國志》所附"嵇康"注下所引《魏氏春秋》①，亦見載於《世説新語》《晋書》②，戴逵《竹林七賢論》有輯本傳世。出土於丹阳胡桥吴家村墓、丹阳建山金家村墓、南京西善桥宫山墓等地的竹林七賢與榮啓期磚印壁畫也佐證了七賢之名在南北朝時期的廣泛流傳。"竹林七賢"含義穩定，明確指向魏末晋初的七位高士。七人以高潔放達的名士風範而爲世人所重，成爲"魏晋風流"的典型。《世説新語·任誕》曰：

---

① "《魏氏春秋》曰：康寓居河内之山陽縣，與之遊者，未嘗見其喜愠之色。與陳留阮籍、河内山濤、河南向秀、籍兄子咸、琅邪王戎、沛人劉伶相與友善，遊於竹林，號爲七賢。"《三國志·魏書·嵇康傳》，北京：中華書局，1982 年第 2 版，第 606 頁。

② "所與（嵇康）神交者惟陳留阮籍、河内山濤，豫其流者河内向秀、沛國劉伶、籍兄子咸、琅邪王戎，遂爲竹林之遊，世所謂'竹林七賢'也。"《晋書·嵇康傳》，中華書局，1974 年，第 1370 頁。以下簡稱《晋書》。唐人編纂《晋書》或取材於《世説新語》。

　　　陳留阮籍，譙國嵇康，河內山濤，三人年皆相比，康年少亞之。預此契者：沛國劉伶，陳留阮咸，河內向秀，琅邪王戎。七人常集於竹林之下，肆意酣暢，故世謂"竹林七賢"。①

　　關於"竹林七賢"名義的考辨，學界尚無定論，或認爲"竹林"依"格義"風尚而附會佛經，取自天竺精舍②之名③，交遊之事乃後人附會；或認爲"竹林七賢"名稱的流行推動了佛教翻譯由"竹園"向"竹林"的轉變，竹林之遊確有其事④。然而，從以上分歧中可見，魏晉南北朝之際，玄佛的交融互滲已成共識。

　　佛法東傳早期，僧人多兼通梵漢之學，譯經時常以中國傳統儒道經學的概念來解釋佛經名相，此之謂"格義"。隨著漢朝覆滅，儒教雖式微，但仍居正統，故魏晉時人常以周、孔喻佛；又兼清談玄理盛極一時，品藻人物蔚然成風，故將名僧比附名士。孫綽《道賢論》以竺法護、帛法祖、竺法乘、竺法深、支道林、于法蘭、于道邃爲叢林七僧⑤，方諸竹林七賢⑥，輯佚如下：

　　　護公德居物宗，巨源位登論道。二公風德高遠，足爲流輩矣。⑦

　　　帛祖釁起於管蕃，中散禍作於鍾會，二賢並以俊邁之氣，昧其圖身之慮，栖心事外，輕⑧世招患。殆不异也。

　　　法乘、安豐少有機悟之鑒，雖道俗殊操。阡陌可以相準。

　　　潛公⑨道素淵重，有遠大之量；劉伶肆意放蕩，以宇宙爲小。雖高栖之業，劉所不及，而曠大之體同焉。

---

① 余嘉錫《世説新語箋疏·任誕第二十三》，中華書局，2007年第2版，第853～854頁。

② 竹林精舍，又稱迦蘭陀竹園，即 Veṇuvana—vihāra，乃迦蘭陀長者所布施，是佛陀説法佈道的重要場所。

③ 陳寅恪《魏晉南北朝史講演錄》，合肥：黃山書社，1987年，第48頁。

④ 王曉毅《"竹林七賢"考》，《歷史研究》2001年第5期，第90～99頁。

⑤ 釋僧祐《出三藏記集》、釋慧皎《高僧傳》、釋道世《法苑珠林》、嚴可均所輯《道賢論》皆言"天竺七僧"，靈操《釋氏蒙求》謂之"西竺七僧"。"天竺"音譯自古伊朗語 hindukahindukh，又譯"身毒"，是古代中國對印度及印度次大陸國家的統稱，而實際上竺法護爲月支人，帛遠是河内郡人，竺法乘籍貫未詳，于道邃是敦煌人，竺道潛是琊琊人，支道林爲陳留人（或云河東林慮人），于法蘭爲高陽人。稱"天竺""西竺"並不確切，故文中以"叢林七僧"代之。叢林，通常指僧眾居處，後尤指禪宗寺院，以僧人居止之"叢林"比名士交遊之"竹林"。

⑥ （清）嚴可均《全上古三代秦漢三國六朝文·全晉文卷六十二·孫綽·道賢論》，北京：中華書局，1958年，第3624～3625頁。輯於《高僧傳》《出三藏記集》，以下所引皆與之對勘，如有出入，均在脚注中説明。引文句讀全從湯用彤校注之《高僧傳》。

⑦ 《出三藏記集》句末無語氣詞"矣"。[梁]釋僧祐撰，蘇晉仁、蕭鍊子點校《出三藏記集·竺法護傳第七》，中華書局，1995年，第519頁。

⑧ 《高僧傳》所援底本《大正藏》作"經"，而《金藏》（趙城藏）作"輕"。參見[梁]釋慧皎撰，湯用彤校注，湯一玄整理《高僧傳·晉長安竺曇摩羅刹（竺法護）》，北京：中華書局，1992年，第27頁，以及第28頁注[一五]。以下簡稱《高僧傳》。

⑨ 《高僧傳》作"深公"，竺道潛字法深。《高僧傳》第157頁。

支遁、向秀雅尚莊老。二子异時，風好玄同矣。

蘭公遺身，高尚妙迹，殆至人之流，阮步兵傲獨不群，亦蘭之儔也。

咸有累騎之譏，遽有清泠之譽，何得爲匹。雖迹有窊隆，高風一也。①

　　山濤年高德劭，故以竺法護匹之，强調其釋門領袖、傳法先驅之地位；孫綽以帛法祖、嵇康皆輕世遭禍，死於構陷而相類；取竺法乘、王戎之早慧聰穎而作比；以竺法深比劉伶，重其任情曠達，心量高遠；以支遁比向秀，取其風好玄同，雅尚莊老；以于法蘭、于道邃比阮籍、阮咸，是以師徒比類叔侄。

　　孫綽對諸僧的賞譽和比附多從品格氣質方面來談，却獨言支遁"雅尚莊老"，著眼於玄學愛好。由《世說新語》可見，名士論佛與僧人談玄皆爲一時風氣，孫綽乃崇佛的名士，支遁爲尚玄的僧人，二人相交相知，無怪乎孫公以"雅尚莊老"來稱贊道林。佛教需依托玄學來進入上流社會，玄學欲引入佛理以豐富自身體系，在佛教的主動靠攏和玄學的積極回應下，以支道林爲代表的兩晋中土僧人，在學養與氣質上大都具有尚莊老、重文學的趣向，反映出三教合流，尤其是玄佛合流的時代特徵。

二、魏晋沙門的僧—玄—文三重角色定位

　　臨川王劉義慶本爲佛教信徒，其所主持編纂的《世說新語》成書於南朝劉宋，雖爲筆記小說，却折射了魏晋南北朝時期的佛教風貌。爲了宣揚釋氏之學，僧人依附世俗政權，與豪族、名士相交，並積極援佛入玄、以佛釋玄。在《世說新語》的語境中，僧人與名士的界限常常是模糊的，二者具有相當程度上的一致性，玄理清談與佛法論辯已難分彼此，名僧亦爲名士，名士多通佛理。據筆者統計②，《世說新語》提及40多位僧人，載有僧俗交遊事迹56條，僧人語録16條，文人佛語12條，其中有20條涉及僧人與名士講經談玄，有49條皆與支道林有關。以支公③爲代表，《世說新語》所塑造的眾僧形象是鮮活而豐滿的，體現出魏晋時期中土沙門僧、玄、文三位一體的角色定位與形象特徵。

　　首先，僧人是支公固有的角色屬性，他不僅分判三乘，使之"炳然"④，而且常爲名士講說佛法，與僧人論辯經義，在宣揚般若之學上有大功於釋氏。支公曾在簡文帝座

---

① 嚴可均未輯此條，見載於《高僧傳·晋敦煌于道邃》，第170頁。
② 褒貶不論，且各類別之間並無明確界限。有的記述兼屬兩類，不重復統計。
③ 《世說新語》中關於支道林的稱呼不一，或稱"支公"，或稱"林公"。
④ 《世說新語箋疏·文學第四》，第246頁。

上擔任"都講"①，解說《維摩》經義②；又曾駁殷浩所作小品之籤③，答北來道人巧設之難，"辯答清析，辭氣俱爽"，使對手"每輒摧屈"④。

其次，道林在《世説新語》中的形象亦近於名士，一方面，他具有"器朗神俊"⑤的風流氣度：養馬重其神駿⑥，放鶴憐其折節⑦，登山則嘆坦迤⑧，喪友自陳哀慟⑨。另一方面，王濛稱其"尋微之功，不減輔嗣"⑩，在辯析微妙玄理上的貢獻不亞於魏晉玄學的代表人物王弼。支公精通老莊玄理，常常參與清談，且以論《莊子》而得譽：

> 《莊子·逍遥篇》，舊是難處，諸名賢所可鑽味，而不能拔理於郭、向之外。支道林在白馬寺中，將馮太常共語，因及逍遥。支卓然標新理於二家之表，立异義於衆賢之外，皆是諸名賢尋味之所不得。后遂用支理。⑪

> 後正值王當行，車已在門，支語王（羲之）曰："君未可去，貧道與君小語。"因論《莊子·逍遥遊》。支作數千言，才藻新奇，花爛映發。王遂披襟解帶，留連不能已。⑫

> 支道林先通（《莊子》），作七百許語，叙致精麗，才藻奇拔，衆咸稱善。⑬

羅宗强先生認爲，支道林所釋《逍遥》，是以佛釋莊而無疑。⑭劉孝標注引支遁《逍遥論》與傳世的郭象注基本相同，細味郭注，其中不乏釋家意味。支注很可能在流傳中雜入郭注，摻入今本《莊子》的外篇中。

最後，以支道林爲代表的中土名僧多具備較高的文學素養。在談玄講法時，支公解《南華》可"才藻新奇，花爛映發"，講經義則文雋辭秀，使"四坐莫不厭心"以至沉溺

---

① 《世説新語箋疏·文學第四》，第250頁。魏晉以後，凡和尚開講佛經，一人唱經，一人講解，主講者爲法師，唱經者爲都講。敦煌寫卷伯3849載有相關講經儀軌，"都講"的設置一直延續到唐。

② 劉孝標注引《高逸沙門傳》曰"道林時講《維摩詰經》"，見《世説新語箋疏》第250頁。

③ 《世説新語箋疏·文學第四》，第252頁。"小品"專指零散不完全的簡本佛經，與"大品"相對。劉孝標注曰："釋氏辨空經有詳者焉，有略者焉。詳者爲大品，略者爲小品。"

④ 《世説新語箋疏·文學第四》，第240頁。

⑤ 王羲之讚支公語，參見《世説新語箋疏·賞譽第八》，第520頁。

⑥ 《世説新語箋疏·言語第二》，第145頁。

⑦ 《世説新語箋疏·言語第二》，第161頁。

⑧ 《世説新語箋疏·言語第二》，第169頁。

⑨ 《世説新語箋疏·傷逝第十七》，第755頁。

⑩ 王濛對支公的稱譽，參見《世説新語箋疏·賞譽第八》，第525頁。

⑪ 《世説新語箋疏·文學第四》，第242頁。

⑫ 《世説新語箋疏·文學第四》，第245頁。

⑬ 《世説新語箋疏·文學第四》，第261頁。

⑭ 羅宗强《魏晉南北朝文學思想史》，北京：中華書局，1996年，第143頁。

於文字之美，"不辯其理之所在"。在言語對答上，支公辭鋒機警，曾以"海鷗鳥"① 之喻爲依附後趙的佛圖澄作辯②，借"匠石廢斤""牙生輟絃"③ 自抒喪友之哀，用典如鹽化水；又以"見一群白頸鳥，但聞唤啞啞聲"④ 射王子猷兄弟，以韻之今古變化，諷其取媚當時。⑤ 支公還是最早參與詩歌創作的僧人之一，故《唐才子傳》將他譽爲"方外工文者"，贊其"馳骤文苑，沈淫藻思，奇章偉什，綺錯星陳"⑥。

精於佛理、兼通老莊、雅好文學是兩晉中土僧人的獨特氣質。在佛法東流之初，經籍的大量傳譯入華主要依賴西域胡僧，東晉以來，佛教逐漸躋身文化主流，中土僧人劇增。除竺法護祖上爲月支人外，叢林七僧中的六位在俗時的文化經驗皆以華夏爲本位；《世説新語》中所載僧人姓名可考者有十七位，僅佛圖澄、帛尸黎密（高坐道人）及僧伽提婆是外來僧侶，康僧淵雖有西域血統，但生於長安，長於中原，其餘十三位皆爲漢人出家。胡僧對佛法的傳譯爲中土僧人深入佛教義理奠定了基礎，傳統儒、道思想構成了中土僧人固有的文化經驗，爲了使佛教進入社會上層，他們積極交往名士，參與清談："僧人立身行事都在與清談者契合。般若理趣，同符老莊。而名僧風格，酷肖清流……"⑦ 值得注意的是，這種"契合"並非單向度的，雖僧俗有別，但許多名士也在某種程度上分享了釋子的角色定位，如孫綽、謝安、殷浩、王濛、許詢等，他們精於佛理，長於玄談，不過是以文士而非沙門作爲其形象的底色罷了。

三、釋家與史家的調和：《高僧傳》對《世説新語》素材的取捨與改寫

漢魏以來，佛傳大量傳譯入華，僧人地位顯著提高，且太史公開史傳之先河，魏晉名士以品藻爲風氣，中國僧傳文學也隨之滋生發展。《高僧傳·序錄》云：

> 宋臨川康王義慶《宣驗記》及《幽冥錄》、太原王琰《冥祥記》、彭城劉俊《益部寺記》、沙門曇宗《京師寺記》、太原王延秀《感應傳》、朱君臺《徵應傳》、

---

① "海上之人有好漚鳥者，每旦之海上，從漚鳥游，漚鳥之至者百住而不止。其父曰：'吾聞漚鳥皆從汝游，汝取來，吾玩之。'明日之海上，漚鳥舞而不下也。"余嘉錫以爲此乃《莊子》軼文。楊伯峻《列子集釋·黃帝第二》，北京：中華書局，1979 年，第 67 頁。

② 《世説新語箋疏·言語第二》，第 116 頁。

③ 《世説新語箋疏·傷逝第十七》，第 708 頁。

④ 《世説新語箋疏·輕詆第二十六》，第 937 頁。

⑤ 劉盼遂曰："晉時烏讀魚韻，啞讀麻韻；魚、模變爲歌麻，行於南朝；時北人當不盡通行也。王丞相北韻，啞讀麻韻；魚、模變爲歌麻，形於南朝；時北人當不盡通行也。王丞相北人，喜吳語，其弟子多規效之。白驚烏，本讀魚韻，徑唤作啞，讀入麻韻，以取媚當時。林公詆之，蓋比於顏之推詆鮮卑語也。"見劉盼遂《世説新語校箋》，載於《國學論叢》，1928 年第 1 卷第 4 號，第 102 頁。

⑥ （元）辛文房《唐才子傳》，上海：古典文學出版社，1957 年，第 44 頁。

⑦ 湯用彤《漢魏兩晉南北朝佛教史》，上海：上海書店出版，1991 年，第 153 頁。

陶淵明《搜神録》，並傍出諸僧，叙其風素，而皆是附見，亚多疏闕。①

六朝志怪小説及各地寺記中已載有許多僧人事迹，然多録神異感應之事。《世説新語》的記載則更注重寫實，《晋書》亦對其多有摭拾："取劉義慶《世説新語》與劉孝標所注一一互勘，幾於全部收入。"② 劉孝標注引《高逸沙門傳》《名德沙門題目》等，雖已亡軼，但可與《世説新語》互證，反映出僧人已進入魏晋名士的品鑒視野。《世説新語》多在僧人的風度、言語上著墨，不涉及神異内容，對名僧的描寫更近乎名士。然而，僧人們的嬉笑怒駡、任情曠達並不完全符合佛教的道德規範，與世人對佛教沙門的固有期待也頗有出入。《高僧傳》雖爲僧傳文學，但與史家不同，不以嚴謹客觀爲目的，但求借人弘道，故而在"遇覽群作""搜檢雜録"之時，對《世説新語》的素材多取其褒者，對於可能損害名僧形象的素材，或不予采用，或改寫細節，或旁見側出以寓褒貶。

以《高僧傳·晋剡沃洲山支遁》爲例，所載支公事迹源出《世説新語》者逾半，其中又以對支公的稱贊推重之語爲最多。一方面，《高僧傳》通過對素材的編排來突出傳主的過人之處。如開篇簡述支公姓名籍貫之後，便用《世説新語·賞譽第八》王濛之贊語："尋微之功，不減輔嗣（王弼）。"此言應當是對支遁在成名后談玄理、注《南華》之卓越貢獻的總結，王濛不太可能在支遁"初至京師"時便貿然下此斷言。又如謝安論殷浩與支公之高下一則，《世説新語》載："謝曰：'正爾有超拔，支乃過殷。然亹亹論辯，恐殷欲制支。'"③ 慧皎將語序作了巧妙調整，改爲"亹亹論辯，恐殷制支，超拔直上淵源，浩實有慚德"④，這樣一來，言語上的"論辯"與神理上的"超拔"構成遞進關係，欲揚先抑，突出支道林風度思想之出衆，且其後緊跟郗超的書信，言"林法師神理所通，玄拔獨悟。實數百年來，紹明大法，令真理不絶，一人而已"⑤，進一步將支公的學養、貢獻、盛名都推尊到了極致。

另一方面，慧皎善於選擇更有利於傳主形象的角度來進入事件，改變側重點。如見於《世説新語·雅量第六》的"謝蔡争座"一事，支公歸隱，名流踐行僅作爲事件的背景，側重於表現謝安石與蔡子叔的涵養。而《高僧傳》則將此事件解讀爲"其（支道林）爲時賢所慕如此"⑥，以謝蔡二人争座失禮的行爲反襯支公受到名流的極大追捧。

當可以通過"編排"與"曲解"的方式來達到因人弘教的寫作目的時，《高僧傳》

---

① 《高僧傳》，第 523~524 頁。
② （清）永瑢等《四庫全書總目·史部·晋書一百三十卷》，中華書局，1965 年，第 405 頁。
③ 《世説新語箋疏·品藻第九》，第 591 頁。
④ 《高僧傳·晋剡沃洲山支遁》第 161 頁。
⑤ 《高僧傳·晋剡沃洲山支遁》第 161 頁。
⑥ 《高僧傳·晋剡沃洲山支遁》第 163 頁。

一般遵循史傳的體制，盡量保持《世説新語》所載的事件原貌。但是，當素材與傳主的"高僧"形象有衝突時，"良史"的原則常讓步於"高僧"的形象塑造。

首先，在《世説新語》中，名僧常以"名士"的形象出現，慧皎在此類素材的運用上十分謹慎，盡力調和名士風流與佛門戒律之間的關係，如支公養馬豢鶴之事就是典型的例子。這實際上並不符合佛教沙門"不畜私產"的規範，故而慧皎將支公養馬的時間設置爲隱居剡山之後，增加了他人送馬的背景，並删減了"支公好鶴""鎩其翮"等不符合高僧形象的内容，突出了支公"放鶴"的護生行爲。

其次，出於人物刻畫的需要，慧皎在揀擇素材時有意忽略了某些事實。如"（支公）年二十五出家，每至講肆，善標宗會，而章句或有所遺，時爲守文者所陋。謝安聞而善之，曰：'此乃九方堙之相馬也，略其玄黄，而取其駿逸。'"① 而在《世説新語》中，此言乃裴啓之轉述，謝公駁斥曰："都無此二語，裴自爲此辭耳！"② 劉孝標注引《支遁傳》沿襲此喻，但慧皎既然采用了《世説新語》的大量素材，也不太可能忽略此則，應當會與之互勘。《高僧傳》此處却明知其不實而用之，是爲了借謝安之名望和比喻之精妙給支公的遺漏章句作有力辯護。

最後，對於破壞"高僧"形象的内容，慧皎在創作時或刻意忽視某些事實，或旁見側出以寓褒貶。比如《高僧傳》云："王洽、劉恢、殷浩、許詢、郄超、孫綽、桓彦表、王敬仁、何次道、王文度、謝長遐、袁彦伯等，並一代名流，皆著塵外之狎。"③ 極寫支公與名士交遊之廣。但在《世説新語》中，王文度，即王坦之與支公的關係並不像《高僧傳》所暗示的那樣融洽。誠然，支公與王坦之在學理上也有平和的交流，爲後人留下"既無文殊，誰能見賞"④ 的妙語，但王坦之固輕林公，認爲他不能算作"高士"：

> 王僧恩（王祎之）輕林公，藍田（王述）曰："勿學汝兄（王坦之），汝兄自不如伊。"（《世説新語·品藻第九》）
> 王北中郎（王坦之）不爲林公所知，乃著論《沙門不得爲高士論》。大略云："高士必在於縱心調暢，沙門雖云俗外，反更束於教，非情性自得之謂也。"（《世説新語·輕詆第二十六》）

林公亦對王坦之語出譏諷，言辭相當尖鋭：

> 王中郎（王坦之）與林公絶不相得。王謂林公詭辯，林公道王云："箸膩顔

---

① 《高僧傳·晋剡沃洲山支遁》，第159頁。
② 《世説新語箋疏·輕詆第二十六》，第931頁。
③ 《高僧傳·晋剡沃洲山支遁》第159～160頁。
④ 《世説新語箋疏·文學第四》，第145頁。

帕，繪布單衣，挾《左傳》，逐鄭康成車後，問是何物塵垢囊？"（《世説新語·輕詆第二十六》）

佛教將人的身體視作"革囊盛眾穢""革囊盛血"。若"塵垢囊"尚可以經義解之，然支公將王坦之譏爲無真才實學，只能拾人牙慧的落魄學究，對於以文士自傲的王坦之來説，可謂十分刻薄，難免給人留下"希聞至道，徒資利口，嗔癡太重，我相未除"[①]的惡劣印象。故慧皎索性略去了二人"不相得"的内容，將文度列入與支公相交的"一代名流"之中，以"塵外之狎"籠統地一筆帶過。並且，與王坦之並列的其他名士皆與支公相友善，給人以正向的、積極的心理暗示，給讀者造成支公與文度亦相交甚篤的錯覺；而"塵外之狎"嚴格説來不帶明顯褒義，並不違背事實。

慧皎在追述前代高僧事迹時，既爲了弘教明道，也是出於自身的景仰，很少直言其過，而是采用旁見側出的筆法。以支道林因人就深公買印山之事爲例，在《世説新語》中，深公毫不客氣地回敬道："未聞巢、由買山而隱。"[②]劉孝標注引《高逸沙門傳》曰："遁得深公之言，慚恧而已。"此段明確傾向於揚法深而抑道林，故不入支道林本傳，而置於《晋剡東仰山竺法潛》中，並增加了法深"欲來輒給"以弱化矛盾，不寫道林之"慚恧"而引其與高麗道人書中稱讚法深之言以示其胸懷寬廣："體德貞峙，道俗綸綜。往在京邑，維持法網，内外具瞻，弘道之匠也。"[③] 又如于法開與支公爭名之事，因支公不敵，故不入支道林本傳，列於法開傳中。

四、"名僧""高僧"與"神僧"

"名士風流"是魏晋最重要的時代特色之一，從孫綽以"叢林七僧"比附當時頗具盛名的"竹林七賢"，可見"名僧"意識的形成源於時人對"名士"的追捧。僧人不事生產，南渡之後，處境極爲艱難，無論是維持生活還是弘法宣教，都必須借助一定的名望，最簡便的方式便是借名士以抬高身價，如竺法汰因王洽以揚名[④]，康僧淵借殷浩而登堂。[⑤]

僧人爲了引起名士興趣而投其所好，借佛論玄，以玄釋佛，"名僧"便是玄佛合流的獨特產物，推動了大乘般若之學的興盛。首先，本體意義上的"有無之辯"貫穿於玄

----

① 《世説新語箋疏·輕詆第二十六》，第 929 頁。
② 《世説新語箋疏·排調第二十五》，第 884 頁。
③ 《高僧傳·晋剡東仰山竺法潛》，第 157 頁。
④ "初，法汰北來未知名，王領軍供養之。每與周旋，行來往名勝許，輒與俱。不得汰，便停車不行。因此名遂重。"《世説新語箋疏·賞譽第八》，第 570 頁。
⑤ "康僧淵初過江，未有知者，恒周旋市肆，乞索以自營。忽往殷淵源許，值盛有賓客，殷使坐，粗與寒溫，遂及義理。語言辭旨，曾無愧色。領略粗舉，一往參詣。由是知之。"《世説新語箋疏·文學第四》，第 274 頁。

學興衰的始終，大乘般若之學的"空有之辯"恰與之相契，二者在貴無賤有、返本歸真的趣向上是一致的。且如《世說新語》載道林語曰："北人看書如顯處視月，南人學問如牖中窺日。"① 隨著文化中心的南移，北人綜博務實的經學學風漸衰，講求修行次第、坐禪訓練的小乘佛教也不爲時人所重，般若義理在南人的辯玄析微、揮麈清談中，與玄風並起，六家七宗，盛極一時。羅宗强先生指出："佛理進入清談，給清談帶來了新的生機，但同時也宣告著玄學理論發展的結束。"② 般若學的深妙精微極大吸引了魏晉士人的興趣，故"天下學術之大柄，蓋漸爲釋子所篡奪也"③。

然而，儘管佛與玄逐漸走向融合，但沙門與名士在身份上有著本質的不同，二者不可得兼。王坦之《沙門不得爲高士論》曰："高士必在於縱心調暢，沙門雖云俗外，反更束於教，非情性自得之謂也。"④ 其所攻訐之處並不在於戒律的日益鬆散，而在於沙門爲戒律所束縛，不能達到真正的"縱心調暢"。《世說新語》中的僧人談玄注玄，豢鶴養馬，置辦私産，對"不相得"的名士口出惡言，僧人之間也存在著緊張的競争關係，這可以説是某種"風流"，也是佛教原始教義與戒律"禮崩樂壞"的鮮明體現。名僧們"出入朱門"的行爲與"出世間"的教義之間的衝突也愈發尖鋭，支公"海鷗鳥"之喻與深公"如處蓬户"的辯白看似巧妙，實則蒼白。僧人求名的行爲甚至引發了世人對相關義理的信任危機：

> 愍度道人始欲過江，與一傖道人爲侣。謀曰："用舊義在江東，恐不辦得食。"便共立"心無義"。既而此道人不成渡，愍度果講義積年。後有傖人來，先道人寄語云："爲我致意愍度，無義那可立？治此計，權救饑爾，無爲遂負如來也！"⑤

信仰的動摇直接關乎佛教的根基，故而對"名僧"的提倡只能是權宜之計。當佛教借"名僧"而成爲顯教之後，爲了發展的獨立與穩定，慧皎《高僧傳》有意識地將贊頌的對象從"名僧"轉向了"高僧"：

> 自前代所撰，多曰名僧。然名者，本實之賓也。若實行潛光，則高而不名；寡德適時，則名而不高。名而不高，本非所紀；高而不名，則備今録。故省名音，代以高字。⑥

---

① 《世説新語箋疏·文學第四》，第 237 頁。
② 羅宗强《玄學與魏晉士人心態》，杭州：浙江人民出版社，1991 年，第 333 頁。
③ 湯用彤《玄學·佛學·理學》，北京：北京大學出版社，1991 年，第 173 頁。
④ 《世説新語箋疏·輕詆第二十六》，第 933 頁。
⑤ 《世説新語箋疏·假譎第二十七》，第 867 頁。
⑥ 《高僧傳·卷第十四》，第 525 頁。

　　但是，佛教對"名僧"的宣揚並未就此漸滅，畢竟中國佛教的基本路徑是走向世俗的，而名僧顯然更能够吸引信眾。《世説新語》中的"名"側重"風流"的一面，亦即僧人真實性情的自然流露，而《高僧傳》所保留的"名"則側重於僧人"因名弘教"的貢獻，其對於"高"的評價也是以佛教道德規範爲準則的。慧皎爲前代高僧作傳時，自覺地向這些準則靠攏，由此産生了一種符合世人期待的理想化的僧人的模型。正如許理和（Erik Zürcher）在《佛教征服中國》中所提出的：

　　　　《高僧傳》顯示出根據傳統的固定模式將傳主的生活模式化的傾向。理想的僧人總是貧窮的……他埋没了自己最初的生涯，直到一位有影響的居士或法師發現其非同尋常的才能。他的知識和智慧迅速增長，並似乎與他寒微的外表形成對照。他能在短時間内一字不差地記住數量驚人的經文。他練就神通，諸如先知、降服猛獸以及與鬼神或其他非人交流。他事先知道自己的死期；死時伴隨著祥瑞和其他超自然的事件。①

　　儘管原始教義否定"神通"，但對底層民眾而言，這些神異的故事在勸教上却極具説服力。從上文所述《高僧傳》煞費苦心的安排中可知，早期的中土僧傳尚盡力兼顧釋家的弘教目的與史家的求實原則，但是，隨著大乘佛教世俗化程度的逐漸加深，釋家很快壓過了史家，在佛傳文學的影響下，在後世僧傳的不斷書寫和民間藝術的再創作中，高僧的形象逐漸走向神聖化、神秘化，在"神通"的包裝下成爲"神僧"，促成了中國僧伽信仰體系的建立。唐代以來，僧伽信仰成爲一種普遍觀念，"神僧"的形象上可躋身官修正史，如《晋書》中列佛圖澄傳，極寫其神通之廣，以神僧身份參與後趙政權；下則活躍於民間俗文學中，以變文、話本等形式廣泛流傳於民間，比如《廬山遠公話》便糅合了多位高僧的事迹，並大量添加了源於想象的神異内容。正統僧傳的叙述中心也轉向了"神化萬變"②之事，如明成祖朱棣敕造《神僧傳》。

　　僧傳的神異化傾向也在某種程度上影響了史傳的書寫，如《晋書》所載王坦之之死，摻入了因果與感夢的佛教神異因素，可見佛教思想已經完全融入中國人的觀念：

　　　　坦之與沙門竺法師甚厚，每共論幽明報應，便要先死者當報其事。後經年，師忽來云："貧道已死，罪福皆不虛。惟當勤修道德，以升濟神明耳。"言訖不見。坦之尋亦卒，時年四十六。③

---

① （荷）許理和著，李四龍、裴勇等譯《佛教征服中國》，南京：江蘇人民出版社，2003年，第6～7頁。
② 《神僧傳》卷一，《大正新修大藏經》，第50冊，第948頁中。
③ 《晋書·王坦之傳》，北京：中華書局，1974年，第1969頁。

五、結語

從《世説新語》窺入"玄佛合流"，可知其不僅僅是一個簡單的時代標籤，而是由衆名僧名士所共同參與的動態過程。湯用彤先生曰："東晋孫綽以七道人與七賢人相比擬，作《道賢論》。名人釋子共入一流，世風之變，可知矣。"① 此前雖有孫權命支謙與韋昭共輔東宮的記載②，但並非信史。孫綽對竹林七賢與叢林七僧的創造性比附，標志著名僧與名士的正式並肩。

《世説新語》雖爲筆記小説，却較爲真實地反映了魏晋"名僧"的"風流"。佛教借僧人之"名"扎根於中土，在名士的選擇與名僧的推動下，大乘般若義理迅速發展，奠定了佛教中國化的基調，也爲玄與佛的再次融合——禪宗的興起奠定了基礎。而當佛教進入中土精英階層時，教團内部的注意力由"名僧"轉移至"高僧"乃至"神僧"，也爲佛教走向世俗化、大衆化提供了契機。

---

① 湯用彤《漢魏兩晋南北朝佛教史》，上海：上海書店，1991 年，第 153 頁。

② "漢獻（190—220）末亂，避地於吴。孫權聞其才慧，召見悦之，拜爲博士，使輔導東宮，與韋曜諸人共盡匡益。但生自外域，故吴志不載。"《高僧傳》魏吴建業建初寺康僧會支謙，第 15 頁。

Seven Monks of Buddhist Monastery and Seven Sages of the Bamboo Forest: The Anecdotes of Famous Monks in *Shishuoxinyu*

Wang Chenyi

Abstracts: Inspired by the "Seven Sages of the Bamboo Forest", Sun Chuo put forward the concept of the "Seven Monks of Buddhist Monastery". This comparison between celebrities and famous monks reflects the trend of the cultural blending of Buddhism and Metaphysics merged. From the anecdotes of famous monks in *Shishuoxinyu*, monks often took on the characteristics of famous nobles, they were broad－minded, displaying an unconstrained style. Buddhist doctrine and Metaphysics theory blended through the socializing of monks and celebrities. However, when Buddhism has entered the upper class and became widely accepted, the convergence of famous monks towards "well-known celebrities' personality" was becoming detrimental to the development of the religion. Thus the later formal monastic biographies praised "eminent monks" instead of "famous monks", and *Gaosengzhuan* deliberately selected and rewrote the material from *Shishuoxinyu*, which gradually shrugged off the influence of the Metaphysics. The esteem of "famous monks", "eminent monks" and "mysterious monks" greatly promoted the formation of the Sangha faith.

Keywords: *Shishuoxinyu*; Seven Monks of Buddhist monastery; *Gaosengzhuan*; Buddhism and Metaphysics

［王琛懿，四川大學中國俗文化研究所碩士研究生］

漢譯佛典中羅睺羅"密行第一"形象的塑造

薛芸秀

提　要：羅睺羅在佛教中有"密行第一"的美譽，即指他持戒守戒十分細微謹嚴。漢譯佛典在塑造他"密行第一"的光輝形象時，先以認父出家等情節來展示他懵懂天真、活潑可愛的孩童形象；待他剃度出家後，再以不敬佛陀、輕慢佛法和妄語等事件刻畫出他調皮頑劣、持戒不精的沙彌形象；最後通過主動修道、問法，以及佛陀的贊美與信衆的崇仰，渲染出他佛門持戒第一的大德比丘形象。羅睺羅形象的轉變主要源於時間和空間的轉變。從孩童到成人，從王宮到僧團，歲月和環境都對他最終性格、形象的形成產生了巨大影響。

關鍵詞：漢譯佛典　羅睺羅　密行　持戒

羅睺羅（梵名 Rāhula），又譯羅怙羅、羅云、羅雲等，或簡稱羅睺，在佛陀的十大弟子中號稱"密行第一"。"密行"的贊譽最早出自佛陀之口，後秦鳩摩羅什譯《妙法蓮華經》卷四《授學無學人記品》偈云："羅睺羅密行，唯我能知之。"[①] 但何爲"密行"，佛陀未明示，佛教諸家的解釋也就紛紜不一。

隋慧遠《維摩義記》卷二云："（羅睺羅）出家之後，喜多暴口，形名他人，佛於一時，以法誠約，於斯永斷，打罵不瞋。佛嘆其人，忍辱持戒，密行第一。"[②] 似乎是以忍辱持戒爲羅睺羅"密行第一"稱譽的由來。然唐窺基《阿彌陀經通贊疏》卷一云："此尊者（羅睺羅）聖凡莫測，因果難知，内修菩薩之心，外現聲聞之相，故云密行也。"[③] 稍後湛然《法華玄義釋籤》卷八則云：

"羅睺羅密行"者，小乘亦云羅睺羅密行，與《法華》何別？然大小不同，小

---

①　《大正藏》，第 9 册，第 30 頁上欄。
②　《大正藏》，第 38 册，第 457 頁下欄。
③　《大正藏》，第 37 册，第 336 頁上欄。

乘以微細護持爲密，如云羅云比丘不曾倚樹倚壁，不曾顧視，不曾與女人一言等。今《法華》中約其發迹，即以迹覆本名之爲密……引證意者，謂羅云比丘本持圓妙，迹示爲麁，故但屬判粗妙中攝。[1]

天台宗以《法華經》爲宗，爲標舉大乘，湛然在此對"密行"作了大小乘之分。據他理解，"密行"在小乘中即表現爲如羅睺羅持戒守戒，在大乘中則意爲羅睺羅本有無上德行，却示現粗淺的行迹。不難看出，這一解釋是整合了當時較爲流行的兩種説法。

事實上，湛然所説"密行"在小乘中是指持戒守戒。在漢譯佛典中，羅睺羅數次被佛陀稱贊"持戒第一"。因此，所謂"密行第一"原本是對羅睺羅持戒細微謹嚴的贊揚，"即微細護持戒行，亦即三千威儀、八萬細行等，悉能持守無缺"[2]，與"持戒第一"同義。後來中土義學僧人在闡釋時，或是出於宗派立場，或是望文生義，對"密行"産生了誤解或誤讀，於是不僅有了大小乘的區判，更是出現了一些千奇百怪的解釋。[3] 本文仍從漢譯佛典本身出發，試圖揭示佛典原文對羅睺羅"密行第一"形象的塑造。

一、認父出家時的懵懂天真

據佛典記述，佛陀成道六年後應邀回到净飯王宫中，度化了不少釋迦族的親眷，其中就有自己的兒子羅睺羅。從有關羅睺羅誕生故事的描述來看，佛陀離家時，羅睺羅要麽尚未出生，要麽十分幼小，十二年裹從未見過出家的父親，所以他對佛陀大抵是没什麽印象。[4] 正因如此，佛典中才會有大量關於他們父子相認的描寫。

（一）羅睺羅認父與主動出家

現存漢譯佛典中有十餘部描繪了羅睺羅與父親佛陀相認的情景。他們相認的方式可分爲兩種。一種與羅睺羅的誕生故事緊密相關。西晋竺法護譯《普曜經》、姚秦鳩摩羅什譯《大智度論》、北魏吉迦夜共曇曜譯《雜寶藏經》、隋闍那崛多譯《佛本行集經》、唐地婆訶羅譯《方廣大莊嚴經》和唐義净譯《根本説一切有部毗奈耶破僧事》，這五部佛典幾乎都曾將羅睺羅的出生時間延長，引發了釋迦族對羅睺羅母貞潔及羅睺羅身份的

---

① 《大正藏》，第 33 册，第 873 頁中欄。
② 慈怡主編《佛光大辭典》，高雄：佛光文化事業有限公司，1988 年，第 4475 頁。
③ 比如漢地注疏家們多愛在"密"字上下功夫。密有秘密、隱秘、藏密等義，引申爲不公開、不讓人知，所以就有了隋智顗《維摩經文疏》，宋允堪《净心誠觀法發真鈔》，明袾宏疏鈔、清徐槐廷撰《阿彌陀經疏鈔擷》，清真嵩《阿彌陀經摘要易解》等，將"密行"解釋爲秘密地修行、秘密地積累功德。羅睺羅"密行第一"，表明他平日里暗地行善，爲自己的修行積福，却從不在人前顯擺。更有甚者，唐栖復《法華經玄贊要集》云："羅睺未出家時，極是兇猛，出家已後，常於夜中，衆僧眠後，盗除糞穢，而遠送之。此之密意，唯佛能知，故名爲密。"（《卍續藏經》，第 34 册，第 378 頁中欄）
④ 參薛芸秀《漢譯佛典中羅睺羅誕生故事研究》，《世界宗教文化》2017 年第 4 期，第 99～104 頁。

懷疑。① 雖然在一些佛典中，羅睺羅母利用"神意裁判"的方式力證了自己的清白，但依然不能徹底洗脱自己的冤屈，所以趁著佛陀回宫時，她又向眾人證明了一次。

此次她所采用的方式是讓羅睺羅自己去辨認生父。如《佛本行集經》（摩訶僧祇師的説法）中，羅睺羅母將一枚大歡喜丸交與羅睺羅，讓他自往比丘僧眾之内，找到自己的父親，並施與歡喜丸。羅睺羅果然不負母望，遍觀在場的諸比丘後，手持歡喜丸，徑直走到佛陀身邊，對佛陀説："如是沙門！蔭凉快哉！如是沙門！蔭凉快哉！"羅睺羅在比丘僧眾間順利找出了自己的父親。佛陀也當場表示："其羅睺羅，真我之子。"②

羅睺羅母讓幼小的羅睺羅當眾認父，本就是一件難事。因爲此時的羅睺羅雖然已具備一定的辨識能力，但他與佛陀素未謀面，對這位父親可謂毫無印象，要準確辨識幾乎是不可能的。《佛本行集經》中，六歲的羅睺羅能在眾多的比丘僧中認出自己的父親，顯然是誇大了他的能力。然而，另外幾部佛典爲了凸顯羅睺羅的神異，增強結果的可信度，在羅睺羅認父的難度上還作了進一步的提升——在羅睺羅認父時，佛陀施展神通將在場的眾比丘變得和自己一模一樣。羅睺羅要在眾多的"佛陀"中辨認出真正的佛陀，找出自己的親生父親。表面上看，佛陀的這一舉動無疑是在給羅睺羅製造麻煩，讓認父的行動變得難上加難，無法完成，但實際上他是在暗助羅睺羅。因爲給羅睺羅設置的困難越大，就越能考驗他的能力，最終的結果也就越能讓人信服。果然，羅睺羅在眾多一模一樣的人中，毫不猶豫地走向了佛陀，贏得了眾人的贊嘆。如此困難的任務，幼小的羅睺羅居然輕而易舉地就完成了，可見羅睺羅與佛陀之間的父子感應是極其强烈的，兩人之間的親緣關係是不容懷疑的。

佛陀對羅睺羅認父的結果表示了認可和接納的態度。尤其是在《雜寶藏經》中，羅睺羅在一千二百五十位一模一樣的人中成功地找出父親後，佛陀即用手撫摩他的頭。這是一位父親表達對兒子疼愛的一種常見方式，因而引起了在座釋迦族人的懷疑，認爲佛陀此時仍有愛私之心。佛陀以他心通的神力洞曉了眾人心中所想，於是説偈道：

> 我於生眷屬，及以所生子，無有偏愛心，但以手摩頂。我盡諸結使，愛憎永除盡，汝等勿懷疑。於子生猶預，此亦當出家，重爲我法子。略言其功德，出家學真道，當成阿羅漢。③

佛陀表示自己早已斷盡愛恨煩惱，對自己的父母兒子都無有偏愛之心，所以眾人不用懷疑。與此同時，佛陀還以預叙的方式告訴眾人，羅睺羅將來也會出家，重新成爲他

---

① 參薛芸秀《漢譯佛典中羅睺羅誕生故事研究》，第 99~104 頁。
② 《大正藏》，第 3 册，第 906 頁下欄。
③ 《大正藏》，第 4 册，第 497 頁中欄。

的法子，修習佛法，成爲阿羅漢。

《佛本行集經》和《根本説一切有部毗奈耶破僧事》還簡潔地描述了羅睺羅出家的經過。前者記述佛陀講完羅睺羅母子的因緣故事後就準備起身回僧團，這時羅睺羅母便遣羅睺羅去向佛陀索要封邑。羅睺羅跟著佛陀邊走邊要，佛陀便讓羅睺羅拉著自己的手指。羅睺羅就這樣挨著佛陀行走，一直被帶到静修林中，佛陀便讓舍利弗度他出家。[1] 後者則云羅睺羅認父後，便"啼哭悲惱，願隨佛去"。佛陀見羅睺羅如此，心中便知"羅怙羅不受後有，當證聖果，不肯居俗"，於是便打算度他出家。[2]

很明顯，羅睺羅的這一認父方式帶有濃郁的神話色彩，與之相對的另一種方式則充滿了人間烟火的氣息。記述此事的經典有姚秦佛陀耶舍和竺佛念等譯《四分律》、南朝宋佛陀什和竺道生等譯《五分律》、南齊僧伽跋陀羅譯《善見律毗婆沙》、隋闍那崛多譯《佛本行集經》和失譯《毗尼母經》。

據《佛本行集經》中迦葉維部（即飲光部）的描述，净飯王爲了防止羅睺羅跟隨佛陀出家，在佛陀回宮時，特地囑咐宮内眷屬不要告訴羅睺羅佛陀是他的父親，並將羅睺羅和他的侍從譴入林中玩耍。羅睺羅趁著眾人玩樂之際自己偷偷地溜回了王宮，還去拜見了佛陀和眾比丘。羅睺羅見母親在樓閣上哭泣，便詢問其原因，羅睺羅母便將真相告訴了他：

> 其母報子羅睺羅言："身體金色，在沙門眾，即是汝父。"時羅睺羅復白母言："如是聖者，我生已來，未曾憶念，有如是等快樂之事。"作是語已，從樓閣上速疾而下，詣向佛所，入佛衣裏，隱藏而住。時，諸比丘即欲遮斷，佛告之言："汝諸比丘！莫復遮斷，但令入我衣内而住。"[3]

與前一種認父方式的明顯不同在於，此處是羅睺羅母直接告訴羅睺羅佛陀是他的生父，而没有以交給羅睺羅困難任務的方式來渲染他的神异。同時，此段經文對羅睺羅認父時的表現描繪得更加細緻、生動：當母親告訴羅睺羅佛陀是他的父親後，他對母親説自出生以來，從没想過還有這等快樂的事情，反映出他此刻内心的驚喜和激動。他的内心情緒表現在行動上，就是即刻從樓上疾速而下，跑到佛陀跟前，藏進佛陀的衣服裏。這些語言和行爲十分符合羅睺羅的年齡特徵，表現出他活潑可愛的一面。這種認父方式相比前一種具有平淡真實的美感。佛典讓羅睺羅與佛陀父子相認的情景在神話與"真實"之間搖擺，在一虛一實間形成了一種張力之美。

---

① 《大正藏》，第 3 册，第 908 頁中欄
② 《大正藏》，第 24 册，第 159 頁上欄。
③ 《大正藏》，第 3 册，第 908 頁下欄。

佛陀也對羅睺羅表現出接納的態度。當諸比丘打算阻止羅睺羅藏入佛陀的衣服中時，佛陀卻任他玩鬧。所以當佛陀離宮時，羅睺羅趁著祖父净飯王不注意，也跟著佛陀一起到了宮外。羅睺羅跟著佛陀離宮，表現出他對佛陀這位父親的喜愛和依戀。佛陀主動讓羅睺羅拉著他的手指，羅睺羅頓時感到身心安穩快樂，就像被繫足的鳥，再也捨不得離開半步。羅睺羅的這一身心反應，表明他從佛陀那裏感受到了父愛，這是多年情感缺失的彌補，因此他對佛陀的情感進一步加深。羅睺羅就這樣拉著佛陀的手稀里糊塗地到了佛陀居住的靜林中。佛陀便借此機會度化羅睺羅。羅睺羅也爽快地表示自己能够出家。於是，佛陀特別恩准羅睺羅不到規定年齡出家成爲沙彌，奉舍利弗爲和上。①

《四分律》和《毗尼母經》對羅睺羅認父出家的描述與之相似，只是文字簡略，《善見律毗婆沙》則與前三經稍有不同：

> 法師問曰："云何得度羅睺羅？"答曰："佛入城乞食，羅睺母將羅睺在閣上，羅睺母於窗牖遥見佛，語羅睺言：'此是汝父。'即以瓔珞與羅睺著，語言：'往汝父所乞珍寶，汝父在家時大有寶藏，今不知所在，汝可往乞。白多多言：'我欲竪傘作轉輪王，多多可賜我珍寶。'"羅睺受母語已，往至佛所，入佛影中，白佛："沙門影極清涼樂。"佛食已，訖還本處，羅睺即隨佛後，從佛乞珍寶。佛不應答，如是漸漸遂逐至寺。佛敷座坐已，語羅睺言："我於菩提樹下得此珍寶，此財寶於一切寶中最勝第一。汝欲樂得不？"羅睺答世尊言："甚樂！沙門。"佛即喚舍利弗。舍利弗來已，佛語舍利弗言："汝可度羅睺出家。"舍利弗答言："善哉世尊。"舍利弗即度羅睺出家。②

《五分律》中羅睺羅認父出家的方式與此經相似，也是向佛陀索要餘財。佛問："汝審欲得不？"羅睺答言："欲得！"佛陀即讓舍利弗度羅睺羅出家③。它們與《佛本行集經》中摩訶僧祇師所云羅睺羅向父索要封邑而出家略微相似。

這兩部佛典在刻畫羅睺羅的形象時，也主要是從行爲和語言方面著手，表現了羅睺羅天真幼稚的孩童形象。它們的獨特之處在於，對羅睺羅認父出家的叙述不像《佛本行集經》中迦葉維部所説以及《毗尼母經》和《四分律》中所記那樣樸素單純，而是有著特殊的寓意。羅睺羅母支使羅睺羅去向佛陀索要珍寶，除了促成他們父子相認外，是否還有其他的目的不得而知，但從羅睺羅與佛陀的互動中，我們可以窺測佛典所要表達的深層含義。兩部佛典都提到，羅睺羅站在佛影中感到清凉快樂，這是羅睺羅在用自己童

---

① 《大正藏》，第3冊，第909頁中欄。
② 《大正藏》，第24冊，第790頁中欄。
③ 《大正藏》，第22冊，第116頁下欄。

真無邪的語言表達他對佛陀這位父親的喜愛。同時，佛典也是用這樣的方式暗示羅睺羅對於佛法的特殊感情，爲他即將隨佛出家埋下伏筆。《善見律毗婆沙》中，羅睺羅向佛陀索要財寶，佛陀不作應答，他便一直跟到了佛陀的僧團中。佛陀對羅睺羅説自己在菩提樹下得到的財寶是最殊勝的，問他願不願意得。佛陀在菩提樹下所得即是無上至尊的佛法，確實是珍貴無比的財寶。但羅睺羅年幼無知，自然不知道佛陀所説珍寶的雙關含義，便高興地説自己想要，佛陀於是讓舍利弗度他出家。因此在這些佛典中，羅睺羅向佛陀索要財寶是具有象徵意義的。

（二）羅睺羅被迫出家

據上述多數佛典的描述來看，羅睺羅出於對父親佛陀的愛戀，在佛陀離宮時不由自主地跟著佛陀到了僧團，因此他的出家可以算得上是主動的。同時，從他與佛陀的對話來看，對於出家這件事情他其實並不是很了解，所以他又是在懵懂無知的狀態下答應出家的。這一點在南齊曇景譯《佛説未曾有因緣經》中更能體現出來。

該經與上述諸經的記述不同，羅睺羅出家是佛陀強令要求的。經云：

> 爾時，世尊告目犍連："汝今往彼迦毗羅城，問訊我父閲頭檀王並我姨母波闍波提，及三叔父斛飯王等，因復慰喻羅睺羅母耶輸陀羅，令割恩愛放羅睺羅，令作沙彌，修習聖道。所以者何？母子恩愛，歡樂須臾，死墮地獄，母之與子，各不相知，窈窈冥冥，永相離別，受苦萬端，後悔無及；羅睺得道，當還度母，永絕生老病死根本，得至涅槃，如我今也。"①

目連奉命，以神通之力到達净飯王所。羅睺羅母聽聞佛陀遣使來度羅睺羅出家，便帶著羅睺羅登上高樓，命令持守之人關閉門閤，牢牢守住入口，不讓目連到此。目連見此，便以神通之力飛上高樓，向羅睺羅母傳達佛陀旨令。羅睺羅母聽後，對目連説：

> 釋迦如來爲太子時，娶我爲妻，奉事太子，如事天神，曾無一失。共爲夫婦，未滿三年，捨五欲樂，騰越宮城，逃至王田。王身往迎，違戾不從，乃遣車匿白馬令還，自要道成，誓願當歸。披鹿皮衣，譬如狂人，隱居山澤，勤苦六年。得佛還國，都不見親，忘忽恩舊，劇於路人。遠離父母，寄居他邦，使我母子，守孤抱窮，無有生賴，唯死是從。人命至重，不能自刑，懷毒抱恨，強存性命。雖居人類，不如畜生，禍中之禍，豈有是哉？今復遣使，欲求我子爲其眷屬，何酷如之？太子成道，自言慈悲；慈悲之道，應安樂眾生，今反離別人之母子。苦中之甚，莫

---

① 《大正藏》，第 17 冊，第 575 頁中欄。

若恩愛離別之苦，以是推之，何慈之有？①

　　羅睺羅母從世俗人情的角度將佛陀控訴了一番，説得合情合理，感人肺腑，不放羅睺羅出家的態度十分堅決，目連反復諫喻都無濟於事。無奈之下，目連只好向净飯王求助。净飯王便命夫人波闍波提（Mahāprajāpatī，即佛陀姨母）前去相勸。羅睺羅母仍然不爲所動，並向波闍波提哭訴道：

　　　　我在家時，八國諸王競來見求，父母不許。所以者何？釋迦太子才藝過人，是故父母以我配之。太子爾時知不住世，出家學道，何故慇懃苦求我耶？夫人娶婦，正爲恩好，聚集歡樂，萬世相承，子孫相續，紹繼宗嗣，世之正禮。太子既去，復求羅睺欲令出家，永絶國嗣，有何義哉？②

　　羅睺羅母又從世俗禮法的角度將佛陀控訴了一番，説得波闍波提夫人啞口無言。羅睺羅母愛子心重，目連、净飯王和波闍波提夫人都對她無可奈何。這時，佛陀出場了。他遣化人在半空中對羅睺羅母説：

　　　　耶輪陀羅！汝頗憶念往古世時誓願事不？釋迦如來當爾之時爲菩薩道，以五百銀錢從汝買得五莖蓮華，上定光佛。時汝求我，世世所生共爲夫妻。我不欲受，即語汝言："我爲菩薩，累劫行願，一切布施，不逆人意。汝能爾者，聽爲我妻。"汝立誓言："世世所生，國城妻子及與我身，隨君施與，誓無悔心。"而今何故愛惜羅睺，不令出家學聖道耶？③

　　羅睺羅母聽了佛陀所説的宿世因緣後，豁然明了，愛子之情自然消歇。她隨即對目連表示懺悔辭謝，並自願將羅睺羅交給了他。

　　與兒子分離時，羅睺羅母涕泪交流，异常悲痛。羅睺羅見母親啼哭，便長跪合掌，辭謝母親説："願母莫愁，羅睺今往，定省世尊；尋爾當還，與母相見。"羅睺羅此語表明，他並不知道目連帶走自己所爲何事，以爲只是去看望佛陀，便出言安慰母親，説自己去去就回。羅睺羅的天真幼稚和對母親的孝順都在這小小的舉動中表現出來。净飯王爲了安慰羅睺羅母，便下令國中豪族各出一子，隨王子羅睺羅出家。此次一共集合了五十人。佛陀讓舍利弗、目犍連分别做羅睺羅的和上、阿闍梨。羅睺羅授十戒法，成爲僧

---

① 《大正藏》，第 17 册，第 575 頁下欄。
② 《大正藏》，第 17 册，第 576 頁上欄。
③ 《大正藏》，第 17 册，第 576 頁上欄。

團的首位沙彌。①

　　該經記載羅睺羅出家的經過可謂一波三折，與前文所述諸經形成鮮明對比。而且，該經著重對羅睺羅母的語言和行爲進行描繪，尤其是對她的情緒進行了大肆渲染，著力表現她對羅睺羅出家的抗拒以及愛子心切、肝腸寸斷却又無可奈何的悲痛心情。這樣，羅睺羅母的萬念俱灰便與羅睺羅的"冷静"形成了强烈的對比，更加突出了羅睺羅少不更事、天真幼稚的形象。

　　在大多數佛典中，羅睺羅的祖父净飯王對羅睺羅出家一事也是難以接受的。據《五分律》《四分律》《善見律毗婆沙》《佛本行集經》《十誦律》《根本説一切有部毗奈耶出家事》《毗尼母經》等佛典描述，净飯王在聽聞佛陀度羅睺羅出家後悲痛不已，甚至當場昏厥，而後他急忙趕到佛陀那裏，對佛陀哭訴。如《五分律》卷十七云：

　　　　時净飯王聞佛已度羅睺羅，便大懊惱，出詣佛所，白佛言："佛昔出家，尚有難陀，不能令我如今懊惱。難陀已復出家，余情所寄唯在此子。今復出家，家國大計永爲斷絕，未能忘情，何能自忍？"王又推己而白佛言："子孫之愛，徹過骨髓。如何諸比丘誘竊人子，而度爲道？願佛從今敕諸比丘，父母不聽不得爲道！"佛爲王説種種妙法，示教利喜已，辭退還宫；即以是事集比丘僧，問諸比丘："父母不聽，汝等實度與受具足戒不？"答言："實爾。世尊！"佛種種訶責已，告諸比丘："從今父母不聽不得度！"②

　　羅睺羅出家，净飯王作爲長輩自是不捨；同時，羅睺羅作爲王孫，出家意味著國無繼嗣。所以對於净飯王來説這是雙重打擊。在净飯王的哭訴和勸説下，佛陀制定了若要出家必須先請示父母的戒律，父母不聽則不許出家。

　　佛典對净飯王的激烈反應和悲痛情感的刻畫又和羅睺羅對待出家的態度形成强烈對比，也起到了反襯和突出羅睺羅年幼無知形象的作用。由此我們便不難發現，佛典在出家環節對羅睺羅形象的塑造實際上運用了一種出色的叙事策略。出家對一個人來説意味著一種生活方式和理想信念的選擇，這對普通人來説尚且是大事，更何況羅睺羅是釋迦族王子。當初身爲太子的佛陀想要出家，就遭到了净飯王的强烈反對和阻撓。所以不難得知，出家對羅睺羅來説也是人生的一件大事，是一次重要的抉擇，需要慎重考慮。況且我們看到在大多數佛典中，羅睺羅只不過是一個六七歲的孩童，讓他來做這樣的抉擇顯然不合適。然而羅睺羅在面臨出家的抉擇時，並没有經過深思熟慮，也没有跟自己的母親和祖父商量，所以他的決定不免顯得太過草率。事件的重大和抉擇的草率凸顯了羅

---

① 《大正藏》，第 17 册，第 576 頁中欄。
② 《大正藏》，第 22 册，第 117 頁上欄。

睺羅的天真幼稚和懵懂無知。此外，從净飯王和羅睺羅母的激烈反應和悲痛情感中也可以看出，出家並不是一件簡單的事。佛典正是利用他們的激烈反應和悲痛情感來與羅睺羅的草率行爲形成鮮明對比，以此進一步反襯和突出羅睺羅的年少無知與天真幼稚。這些對比和反襯使得佛典對羅睺羅出家的叙事取得了類似情境反諷的美學效果，它爲羅睺羅出家後的表現埋下了伏筆。

羅睺羅與佛陀父子相認，釋迦族對他身份的懷疑隨之解除，他作爲佛子的身份再次得到了肯定。與此同時，羅睺羅隨佛出家，又確立了他 "法子" 的身份。前文所叙《雜寶藏經》中，佛陀還只是預言羅睺羅將出家成爲 "法子"。羅睺羅出家後，佛陀在一些場合就公開宣説羅睺羅的 "法子" 身份，最著名的就是他在《妙法蓮華經》中的宣偈：

> 我爲太子時，羅睺爲長子。我今成佛道，受法爲法子。於未來世中，見無量億佛。皆爲其長子，一心求佛道。羅睺羅密行，唯我能知之。現爲我長子，以示諸衆生。無量億千萬，功德不可數，安住於佛法，以求無上道。[①]

佛陀此偈不僅肯定了他與羅睺羅作爲父子的世俗關係，還進一步將他倆的關係升華到出世的高度。同時，佛陀還説羅睺羅在來世都將與他保持這兩層特殊的關係。這樣，" '法子' 的確認，標志著佛陀與羅雲之間一種嶄新關係的建立，從而也排除了俗世是非非的糾纏"[②]。

二、出家後從不敬佛法到 "持戒第一"

羅睺羅出家成爲沙彌，意味著他要離開從小生活的舒適優渥的王宮，開始艱苦卓絕的修道生活。雖然在漢譯佛典中，羅睺羅認父出家的方式有主動和被迫兩種，但他在這一階段的性格形象是大體一致的：他的行爲、語言以及内心活動都表現出他還是一個懵懂無知、天真活潑的孩童。特別是羅睺羅的出家，即便多數佛典説他當時表現得十分樂意，但其實幾乎完全是出於對父親的依戀和小孩的好奇心，可以説是誤入僧團，況且還有佛典記述他是被佛陀强令出家的。換句話説，羅睺羅那時根本不懂出家是爲何事，他 "是在懵懂之中被剃度的"[③]。然而，僧團生活清苦無聊，居在静林，遠離城市，還有各種嚴苛的戒律，這些對一個六七歲的孩子來説簡直如同樊籠，自然會對其調皮貪玩、無拘無束的孩童天性形成束縛。所以，當羅睺羅在僧團生活了一段時間後，他身上的孩童天性就和拘束清苦的僧團生活産生了尖銳的衝突。

---

① 《大正藏》，第 9 册，第 30 頁上欄。
② 吳海勇《中古漢譯佛經叙事文學研究》，北京：學苑出版社，2004 年，第 332 頁。
③ 吳海勇《中古漢譯佛經叙事文學研究》，第 334 頁。

（一）羅睺羅對佛陀態度的轉變和對佛法的輕慢

據《佛本行集經》中摩訶僧祇師的説法，羅睺羅出家後的表現非常好。他在僧團中聽聞佛陀爲比丘制戒感到十分歡喜，於是也跟著受戒，奉行戒法，而且很快就證得解脱，得到了佛陀的誇獎：“當知我之聲聞弟子持戒之中，其羅睺羅，最爲第一。”① 然而在絶大部分佛典中，羅睺羅出家後的表現都與該經的記載形成强烈反差。

據不少佛典記述，羅睺羅在出家後的很長一段時間裏都表現了對佛陀和佛法不滿甚至不敬的態度。如失譯《分别功德論》卷五云：

> 昔羅云從佛行，佛以善權故，現脚蹸使羅云見。羅云見已，心念曰：“此老公持如此形貌，捨轉輪王位，著道行乞耶，何以不羞？我不能復行乞，且歸去。我祖父真净王故在，何能作是勤苦爲？”②

羅睺羅在心裏將佛陀喚作“老公”，很明顯，他對行乞的佛陀感到“嫌弃”，這與之前他對佛陀的喜愛和依戀形成鮮明對比，表現出他作爲孩童的幼稚情感和心理。對在路上行乞之事，他又感到羞耻和辛苦，因爲出家之前他生活在王宫，地位尊貴，錦衣玉食，奴僕成群，和現在的生活簡直是天壤之别，因此他生了退縮之心，動了回家的念頭。心理活動的描述有利於呈顯人物内心深處秘密的起伏與真相，使人物的浮雕由内而外更加清晰。③ 這則經文對羅睺羅心理活動的描繪風趣幽默，獨白也很符合他孩子式的語言，表現出他活潑可愛的性格特點。同時，經文以羅睺羅對待出家人行乞的態度再次表現出他對出家的懵懂無知。當初羅睺羅一路跟著佛陀到僧團出家，是出於對父親佛陀的戀戀不捨，他並不知道出家要過怎樣的生活。這也照應了羅睺羅出家之舉的草率，凸顯了他天真幼稚的孩童形象。

羅睺羅不僅對出家人行乞的這種生活方式感到不滿，以爲是有損顏面的羞耻之事，他對出家人須聽佛陀説法這件事也感到十分厭煩。如《佛説未曾有因緣經》云羅睺羅進入僧團後，整天傲慢貪玩，和跟他一起出家的童子沉溺於遊戲，不喜歡聽佛陀説法，佛

---

① 《大正藏》，第3册，第908頁中欄。按：據前摩訶僧祇師的説法，羅睺羅出家時才六歲，出家後如此迅速地融入僧團生活，實在與其孩童的天性不太相符。摩訶僧祇師如此宣説，大抵是出於部派歸屬的關係。據隋吉藏《三論玄義》卷一云：“三百年從薩婆多出一部，名可住子弟子部，即是舊犢子部也……舍利弗是羅睺羅和上，羅睺羅是可住子和上，此部復是可住子之弟子。”（《大正藏》，第45册，第9頁下欄）羅睺羅從舍利弗，他們傳承的一係形成了後來的犢子部。摩訶僧祇師，顧名思義指的就是以尊崇和宣講《摩訶僧祇律》爲主業的僧人。據林崇安考證，《摩訶僧祇律》爲原始大衆律，而“犢子部的律，其實就是《摩訶僧祇律》”（林崇安《印度部派佛教的分立與師資傳承的研究》，《中華佛學學報》1990年第3期，第10頁）。因此，摩訶僧祇師在説法時有維護羅睺羅的傾向，這情有可原。

② 《大正藏》，第25册，第49頁中欄。

③ 丁敏《佛教譬喻文學研究》，臺北：東初出版社，1996年，第475頁。

陀數次告誡都無濟於事，弄得佛陀這位父親也無可奈何。後波斯匿王聽聞佛陀之子出家爲沙彌，便領著群臣眷屬來看望羅睺羅。波斯匿王和他的大臣們因爲長期養尊處優，不堪久坐聽法，想要離開。佛陀見狀，覺得教育羅睺羅的機會來了，於是讓阿難把羅睺羅及其眷屬叫到跟前來。佛陀告誡羅睺羅 "佛世難值，法難得聞，人命難保，得道亦難"，不應懈怠不聽佛法。羅睺羅却回答説佛法精妙，自己還是小孩子，理解不了，不能聽受佛陀説法，之前聽過的，不久也都忘記了，白白地浪費精神，還一無所獲，趁著現在年少，暫且放情肆意，等到年齡大了，自會有所收斂，能够聽受佛法。佛陀告訴羅睺羅説，萬物無常，人命難保，怎麼能保證自己活得到年齡大的時候？羅睺羅説自己不能保證，但反問佛陀説佛難道不能保住自己兒子的命嗎？佛陀説他自己都不能保自己，又怎麼能够保住羅睺羅呢？羅睺羅聽後很不高興，認爲聽法無用。佛陀則説："聽法之功，雖於今身不能得道，五道受身多所利益。"經過佛陀的多番教導，羅睺羅才稍稍聽了進去。①

如前所述，《佛説未曾有因緣經》記述羅睺羅出家是佛陀强令的。羅睺羅當時還安慰母親説自己只是去看望世尊，不久即回，根本不知道出家即捨家。所以在此經中，羅睺羅出家後對修行生活表現出排斥、抵觸的態度。一者，佛陀對羅睺羅來説既是父親也是導師，羅睺羅作爲晚輩自當尊敬，但當佛陀教導他時，他却屢屢頂嘴，且言辭激烈。二者，羅睺羅對待佛法的態度極不端正。一方面表現在他爲自己不聽佛法尋找借口，説自己年幼，不能領悟佛法的精妙之處，聽過就忘，白費精神，不如現在恣情玩樂，等到大時再學習；另一方面表現爲他的實用主義，他認爲如果佛法沒有保人之功，那麼聽法也就毫無用處。羅睺羅對待佛陀和佛法的態度表現出他性格中頑劣、幼稚的一面，也反映了他進入僧團不久之後的心態。可以説羅睺羅傲慢貪玩的習氣一方面是他從王宮裏帶出來的，是他孩童天性的表現，但同時也是他對出家修行生活做出的一種天真幼稚的反抗。

這則經文除了利用羅睺羅的行爲、語言以及與佛陀的互動來揭示其性格形象以外，還利用了波斯匿王這個人物來與其形成正比。佛陀之所以利用波斯匿王來教導羅睺羅，是因爲他們兩人具有相似之處——雖然皈依佛門，但是因爲身份尊貴，還保留著世俗的傲慢和不願受苦的壞習氣。波斯匿王覺得久坐聽法是苦，佛陀認爲他在宮中過著養尊處優的生活，不能算苦，三界之中真正的苦莫過於地獄、畜生、餓鬼和諸難等。佛陀表面是在爲王説 "苦"，實際上是在爲羅睺羅説 "苦"。羅睺羅自小長在王宮，不出家的話即會繼承祖父的王位，身份高貴，所以進入僧團後，他依然保持著在王宮時的生活習氣，傲慢貪玩，不樂聽法。所不同的是，波斯匿王雖然憍傲習樂、不堪久坐聽法，但他作爲成年人和一位王者，對佛陀的態度至少還是恭敬的。如此，波斯匿王這個人物便對羅睺

_____

① 《大正藏》，第 17 册，第 576 頁中欄。

羅的形象起到了映襯、烘托作用，既表現了羅睺羅貴家子弟的傲慢習氣，也凸顯了他少小頑劣的性格特點。

該經卷二還記述了羅睺羅因畏法而生退心之事。經云波斯匿王夫人來聽佛陀説法，她手下有四名使女，名扇提羅（即石女）。一石女因過去遭到黃門的鞭打，不堪受痛，便逃到了佛陀的精舍中，喊冤痛哭。佛陀即爲眾人講述了扇提羅的惡報因緣。原來在過去時，有五個懶惰比丘僞裝成清净持戒的比丘騙取供養者的錢財飲食，所以今生有四人招報爲石女，一人招報爲廁所除糞者。羅睺羅和跟他一起出家的五十位沙彌聽聞佛陀説扇提羅的惡報因緣後感到十分害怕。他想到自己的師父舍利弗因爲有大智福德，所以國中豪族競相供養，贈送了許多上等的美味佳餚，他因爲是舍利弗的弟子，因此也吃了別人許多的妙甘飲食。但他覺得自己還是個愚癡小孩，没有真實的福德，便害怕自己也遭到跟扇提羅一樣的惡報。加之他見到僧團中有不堪修行的比丘捨道還俗，於是也求佛陀垂憐，放他還俗回家，以免遭受苦厄。[①]

據這則經文來看，羅睺羅不是像之前那樣因淘氣貪玩而不樂聽佛説法，而是在聽聞佛陀講説惡報因緣之後，因畏懼而生退道之心。這既表現出他想法和行爲的幼稚天真，又表現出他年少修道之心的不堅定。佛陀見機又對羅睺羅進行了一番教導。佛陀給他講了一個譬喻故事，説有兩個人因爲缺乏食物而飢餓不堪，忽然有人給了他們種種肥濃美味，二人因飢餓而吃得過飽。其中一個聰明人知道自己吃得太飽，惶恐送命，於是立馬尋醫，服藥吐食，最終得以保命。另外一個愚蠢的人不知道自己是因爲吃得太飽而身體不適，以爲是鬼魅纏身，於是消費家財、橫殺生命，祠祭鬼神欲求濟命，但最終却是白費功夫，不久就死去了，並墮入地獄之中。佛陀告誡羅睺羅，説他畏罪還家就好比無智慧的愚癡人，要想求福離罪，就應該"謙虛精勤，親近明師，修習智慧，悔惡罪業，改往修來"，而舍利弗就是這樣的明師。羅睺羅聽後又有擔心，他覺得自己幼稚的心承受不住如來的大智慧，佛陀則告誡他説，修習智慧要"從小微起，終成大器"。羅睺羅聽後心意開解，不再害怕憂慮，並奉行佛陀所説，不敢再有懷疑。[②] 可以説，佛典將羅睺羅作爲孩童的天真幼稚心理表現得惟妙惟肖而又恰到好處。

（二）羅睺羅"妄語"與其形象性格的轉變

經過佛陀的幾番教導，羅睺羅貪玩好樂的習性逐漸有所收斂。但佛門戒律繁苛，羅睺羅又值年少，自然無法樣樣遵守，所以免不了犯戒。羅睺羅所犯之戒，在佛典中廣見記述的是"妄語"，如西晉法炬和法立譯《法句譬喻經》卷三云："羅雲未得道時，心性粗獷，言少誠信。"[③] 這是他頑劣性格的又一表現。但在該經中，羅睺羅的性格明顯發

---

① 《大正藏》，第 17 冊，第 584 頁下欄。
② 《大正藏》，第 17 冊，第 585 頁上欄。
③ 《大正藏》，第 4 冊，第 599 頁下欄。

生了一些變化。

經云佛陀讓羅睺羅到賢提精舍中居住，守口攝意，勤修經戒。羅睺羅奉命在精舍中住了三個月，他晝夜反省，爲自己的言行感到慚愧懊悔。這與他之前對待佛法玩世不恭的態度形成鮮明對比。再者，佛陀去看望羅睺羅時對他進行了一番教誡，此時羅睺羅對佛陀教誨的態度也發生了巨大轉變。佛陀命羅睺羅用澡盤取水爲他洗脚，洗完之後，他問羅睺羅此水能否飲用或盥漱。羅睺羅答曰不能，因爲此水雖然原本清净，但現在已經用來洗脚，髒了便不能再用。佛陀對羅睺羅説他也一樣，雖然身爲佛子和王孫，但不思進取，不謹言慎行，貪嗔癡三毒充滿胸懷，也就和這髒了的洗脚水一樣。佛陀讓羅睺羅將盤中之水倒掉，羅睺羅照做。佛陀於是問他澡盤已空，可否用來盛食。羅睺羅答曰不能，因爲澡盤已經被弄髒了。佛陀告訴羅睺羅他也一樣，雖然身爲沙門，但口無誠信，心高氣傲，不思精進，身負惡名，也就和這髒了的澡盤一樣。佛陀又用脚踢翻澡盤，澡盤便在地上打轉，自跳自墮數個回合才停下來。佛陀便問羅睺羅是否愛惜澡盤，擔心它破損。羅睺羅回答説，洗脚之器不值錢，雖然有點愛惜，但並不十分在意。佛陀告誡羅睺羅説他也一樣，雖然身爲沙門，但管不住自己的言行，粗言惡語中傷他人，大家也就不會再愛惜他，等到死後他便會輪轉三塗（即畜生、惡鬼、地獄三惡道），自生自死，苦惱無量。羅睺羅聽後感到十分慚愧和害怕。佛陀緊接著又對羅睺羅講説了 "大象喻"。以前某國王有一頭猛象，它在戰鬥時，脚、尾、牙等武器都會用上，唯獨護住自己的鼻子不用。這是因爲大象的鼻子十分軟脆，中箭即死，所以護鼻即護命。當大象使出自己的鼻子來戰鬥時，即是不愛惜自己的生命，那麼國王和大臣便不會再讓它出戰了。佛陀以此告誡羅睺羅要像大象護鼻那般護口，不然就會十惡盡犯，不離三塗；唯有奉行十善，守住自己的口、身、意，不犯諸惡，才可以證得解脱，永離三塗，從此再無生死之憂。①

佛陀以譬喻的方式對羅睺羅循循善誘。在佛陀教誨的過程中，羅睺羅一直静心聆聽，對佛陀提出的每一個問題都認真回答，表現得非常耐心和恭敬，且言辭温和，與之前抵觸的態度全然不同。對於佛陀苦口婆心的教誨，羅睺羅大受感激，並以此自勵，從此不忘佛陀教誡，精進修行，性情逐漸變得柔和忍辱，最終證得阿羅漢果。

律部一些佛典對羅睺羅犯妄語戒的經過描繪得更加細緻。如義净譯《根本説一切有部芯芻尼毗奈耶》卷十一《故妄語學處》云佛陀福德無量，有許多婆羅門居士來拜訪他。來者不知佛陀身在何處，便詢問羅睺羅。羅睺羅擔心他們打擾佛陀，明知佛陀在某處却故意説在他處，害得眾人來回奔走，疲倦不堪，却始終没能見到佛陀。眾人遭到羅睺羅的戲弄和誆騙，自然感到不滿，於是對他產生了嫌賤之心。一些比丘聽説此事後便告訴了佛陀。佛陀於是前往羅睺羅的住處，對他進行了一番教誡。佛陀首先講的也是

---

① 《大正藏》，第 4 册，第 599 頁下欄~600 頁中欄。

"澡盤喻"，但與《法句譬喻經》稍有不同：佛陀將洗脚水倒掉多半、留下少許，以此告誡羅睺羅説："若苾芻故以妄語，無有慚耻，亦無追悔，我觀如是愚癡之人……爲乏少沙門之法。"佛陀又將澡盤中的水全部倒在地上，以此告誡羅睺説："若故妄語，無有慚耻，亦無追悔，我觀如是愚癡之人……爲弃盡沙門之法。"佛陀又將洗脚的澡盤倒扣在地上，以此告誡羅睺羅説："若苾芻故心妄語……爲傾側沙門之法。"接著佛陀也對羅睺羅講説了"大象喻"。佛陀最後告誡羅睺羅説："若人違實法，故作虚誑語；乃至命終來，無過而不造。寧吞熱鐵丸，猶如猛火焰；不以破戒口，啖他信心食。"① "妄語"乃佛門五戒之一，是出家之人應遵守的最基本的戒律，所以佛陀對羅睺羅的教斥也就頗爲嚴厲。

不過從這則經文的記述來看，羅睺羅妄語的初衷是出於對佛陀的維護，擔心佛陀被衆人煩擾，這與《法句譬喻經》中羅睺羅"心性粗獷，言少誠信"稍有差別，也和竺佛念等譯《鼻奈耶》中羅睺羅"於衆人中戲笑妄語"② 有所不同。但面對佛陀的訓誡，羅睺羅没有作任何争辯，而是悉心聆聽，從中亦可窺見羅睺羅性格的變化。該經將羅睺羅"妄語"視爲佛陀制"妄語學處（即戒律）"的緣起，可見此事在佛門有著警示作用。③

羅睺羅妄語一方面表現出了他年少天真、調皮頑劣的性格，另一方面也顯露了他持戒不精、修行散漫的沙彌形象。羅睺羅因"妄語"遭到佛陀的嚴厲訓斥和教誡，這是他修行道路上的一個重要轉捩點，同時也是他性格形成過程中的一個重要轉捩點。《分別功德論》云："羅云自被約敕以後，未曾復犯如毫釐，故稱第一持戒也。"④《法句譬喻經》亦云："羅雲聞佛懇惻之誨，感激自勵，尅骨不忘，精進和柔，懷忍如地，識想寂静，得羅漢道。"⑤ 經過這件事情之後，羅睺羅對待出家修行的態度發生了巨大轉變，他謹記佛陀教誡，精進修行，持戒無犯；與此同時，他的性格也由之前的調皮頑劣逐漸變得柔和忍耐。

（三）羅睺羅精進修行，被贊"持戒第一"

在漢譯阿含部佛典中，羅睺羅形象的轉變被表現得更爲生動具體。南朝宋求那跋陀羅譯《雜阿含經》卷一、卷八、卷十七和卷三十一中反復描繪了羅睺羅向佛陀請教佛法的場景。如卷一云："爾時尊者羅睺羅往詣佛所，頭面禮足，却住一面，白佛言：'世

---

① 《大正藏》，第 23 册，第 966 頁中欄。
② 《大正藏》，第 24 册，第 878 頁下欄。
③ 羅睺羅"妄語"之事在佛典中多有記述。除以上三部佛典外，此事還見於姚秦竺佛念譯《出曜經》、東晋瞿曇僧伽提婆譯《中阿含經》和唐義净譯《根本説一切有部毗奈耶頌》等多部佛典。其中《中阿含經》除"澡盤喻"和"大象喻"之外，還有"鏡子喻"，即佛陀用人照鏡以觀面净與否，來啓迪羅睺羅要時常自觀身、口、意三業清净與否。此外，論部佛典如鳩摩羅什譯《大智度論》、玄奘譯《阿毗達磨順正理論》《阿毗達磨識身足論》《瑜伽師地論》及失譯《分別功德論》等，在闡述教理時亦常引羅睺羅犯妄語戒之事，亦可説明羅睺羅此過在佛教内部廣爲流傳，起著警示和教育的作用。
④ 《大正藏》，第 25 册，第 51 頁中欄。
⑤ 《大正藏》，第 4 册，第 600 頁中欄。

尊！云何知、云何見我此識身及外境界一切相，能令無有我、我所見、我慢使繫著？'"①

羅睺羅剛入僧團時，身上依然存在有在王宮時的傲慢習氣，對自身壽命、榮樂等事不知爲無常，且對父親佛陀仍存有依戀之情，認爲自己身爲佛子，自會得到佛陀的庇護，加上他少小頑劣，對佛法又懷有抵觸之心，因此佛陀對他的修行倍感憂心。這時，羅睺羅主動來向佛陀請教除去我執、我慢的方法，佛陀自然感到無比喜悅。我們從佛陀驚愕的反應中便能體會到他當時的激動心情：

> 佛告羅睺羅："善哉！善哉！能問如來：'雲何知、雲何見我此識身及外境界一切相，令無有我、我所見、我慢使繫著？'耶！"……佛告羅睺羅："善哉！諦聽！諦聽！善思念之，當爲汝説。"②

之後，佛陀從五蘊、六根、六界、三受等方面，反復教導羅睺羅要修習平等觀和無常觀，這樣才能斷除愛戀濁見，脫離苦海。羅睺羅的這一轉變表明他對自己之前言行舉止的不當之處有了清醒而深刻的認識，這是他長期在僧團接受佛陀教誡、對佛法耳濡目染、對衆比丘見賢思齊，以及對自身行爲不斷反省的結果。

《雜阿含經》卷八還記述了羅睺羅證阿羅漢果的曲折經過，從中更能窺見羅睺羅形象轉變的細節。經云羅睺羅听佛説法後在僻静之處專心思索，自以爲有所進益。佛陀却看出羅睺羅此時的解脫智慧尚未成熟，便問他是否已經爲人講説 "五受陰" 法。羅睺羅答曰没有。佛陀於是讓他爲人演説 "五受陰" 法。在佛陀的指引下，羅睺羅還相繼爲人講説了 "六入處" 和 "尼陀那" 諸法。羅睺羅爲人演説諸法完畢後又來到佛陀處，他對佛陀説："世尊！爲我説法，我聞法已，獨一静處，專精思惟，不放逸住，乃至自知不受後有。"佛陀察覺到羅睺羅的解脫智慧仍未成熟，便繼續指導他修行，讓他在僻静之處專心思考所説諸法的具體含義。羅睺羅對佛所説如實奉行，在悟出諸法涅槃的道理後，又即刻前往佛陀處告訴佛陀自己所悟之理。佛陀見羅睺羅此時的解脫智慧已經成熟，堪受增上法，於是便爲他講授了 "無常" 之法。羅睺羅聽完佛所説法後十分歡喜，於是禮佛而退。羅睺羅在僻静之處對佛所説法專心思索，終於得到解脫，證得阿羅漢果。③

羅睺羅的證果之路並非一帆風順，這在東晉瞿曇僧伽提婆譯《增壹阿含經》卷七《火滅品》中也有所體現："爾時，尊者羅雲奉修禁戒，無所觸犯，小罪尚避，況復大者，然不得有漏心解脫。"羅睺羅精進修行，持戒無缺，然而一直不能證得解脫，這引

---

① 《大正藏》，第 2 册，第 5 頁上欄。
② 《大正藏》，第 2 册，第 5 頁上欄。
③ 《大正藏》，第 2 册，第 51 頁中欄。

起了眾比丘的疑惑。佛陀因此教導羅睺羅和諸比丘：修行證道是一個循序漸進的過程，不可能一蹴而就，應時常修行正法，積累德行。①

儘管羅睺羅的修行之路不那麼順暢，但他的修道之心卻日益堅定，與年少時動輒即生畏懼退縮之心的他判若兩人。在《增壹阿含經》卷七《安般品》中，羅睺羅對於佛法的勤勉精進已經到了廢寢忘食的地步。

經云佛陀領著羅睺羅入舍衛城乞食，半道上忽然轉身對羅睺羅説應當觀“色”爲無常。羅睺羅應聲説是。佛陀又告訴他應當觀“痛、想、行、識”皆悉無常。羅睺羅雖然對佛陀的教誨表示遵從，但他對佛陀的這一突然舉動感到吃驚，想著佛陀今日爲何要在乞食的路上當面教誨自己？羅睺羅想到這裏覺得自己應該回去，不應再入城乞食。於是，羅睺羅於半道返回祇桓精舍，在一棵樹下獨自打坐，專心致志地思索“色、痛、想、行、識”皆悉無常。佛陀乞食歸來後到羅睺羅處看望他，告訴他應當修行安般之法，以及惡露不净想、慈心、悲心、喜心、護心等法，以去除憂愁、貪欲、嗔恚、害心、嫉心、憍慢等惡習。佛陀走後，羅睺羅開始思索佛陀所説諸法。他獨自思忖道：“今雲何修行安般，除去愁憂，無有諸想？”由於不懂修行安般的具體方法，羅睺羅於是又前往佛陀處請教。佛陀對羅睺羅的問法感到十分欣慰：“善哉！善哉！羅雲！汝乃能於如來前而師子吼，問如此義：‘雲何修行安般，除去愁憂，無有諸想，獲大果報，得甘露味？’汝今羅雲！諦聽！諦聽！善思念之，吾當爲汝具分別説。”佛陀稱羅睺羅問法爲“獅子吼”，這是對羅睺羅極大的肯定和贊揚。“獅子吼”本是一種譬喻，佛典中一般用於比喻佛所説法猶如百獸之王獅子的吼叫聲。佛典正是利用佛陀的驚喜反應和絶妙贊嘆來襯托羅睺羅對佛法的精進勤勉。

羅睺羅聽完佛陀傳授的修行方法後，便在一棵樹下“正身正意，結跏趺坐，無他餘念，繫心鼻頭”，開始專心致志地修行安般法。漸漸地羅睺羅“欲心便得解脱，無復眾惡”，進入了禪定的狀態，並相繼獲得了宿命通、天眼通、漏盡通等多種神通。羅睺羅隨即見知自己“生死已盡，梵行已立，所作已辦，更不復受有”，於是便證得了阿羅漢果。② 這則經文也十分注重描繪羅睺羅的行爲和心理活動，以此來刻畫他勤思敏學的修道者形象。

羅睺羅證得阿羅漢果之後，即往佛陀處告訴佛陀説自己“所求已得，諸漏除盡”。佛陀見羅睺羅成爲阿羅漢十分激動，當著諸比丘的面將羅睺羅大大稱贊了一番：

> 諸得阿羅漢者，無有與羅雲等也。論有漏盡，亦是羅雲比丘。論持禁戒者，亦是羅雲比丘。所以然者，諸過去如來、等正覺，亦有此羅雲比丘。欲言佛子，亦

---

① 《大正藏》，第2冊，第581頁中欄。
② 《大正藏》，第2冊，第581頁下欄～第582頁下欄。

是羅雲比丘，親從佛生，法之上者。” 爾時世尊告諸比丘：“我聲聞中第一弟子能持禁戒，所謂羅雲比丘是。①

　　佛陀對眾人説，在所有的阿羅漢中没有誰比得上羅睺羅，論斷除煩惱和持戒，也都是羅睺羅最爲優勝。而且，佛陀還毫不掩飾地誇贊羅睺羅不愧是自己的兒子，是 “法之上者”，是佛聲聞弟子中持戒第一者。佛陀作爲父親和導師的喜悦之情溢於言表。從佛陀的驚喜和贊譽中，我們也能體會羅睺羅證道的艱辛不易。

　　羅睺羅證得阿羅漢果後，佛陀便在各種場合反復稱贊他善於持戒。如東漢安世高譯《佛説處處經》卷一云：“十方天下比丘，無有如羅雲持戒者。”②《增壹阿含經》卷三云：“不毀禁戒，誦讀不懈，所謂羅雲比丘是。”③《雜阿含經》卷十六云：“時尊者羅睺羅與眾多比丘於近處經行，一切皆是善持律行。”④《佛本行集經》卷五十五云：“當知我之聲聞弟子持戒之中，其羅睺羅最爲第一。”⑤ 隋達磨笈多譯《大方等大集經菩薩念佛三昧分》卷三云：“我諸聲聞大弟子中持戒第一，則羅雲其人也。”⑥ 唐玄奘譯《本事經》卷六云：“其羅怙羅與其同類，有無量人，恒集同修，樂持戒行。”⑦ 北宋法賢譯《佛説阿羅漢具德經》卷一云：“復有聲聞，善持戒律，清净無缺，羅睺羅苾芻是。”⑧

　　由於佛陀的大力稱贊，羅睺羅自此便有了 “持戒第一” 的美名。之後，佛門弟子和其他信眾也開始在各種場合表達對羅睺羅持戒的欣賞和贊嘆。如《大方等大集經菩薩念佛三昧分》卷三云：“尊者阿難作是念已，即便白彼羅睺羅：‘大德！我親從佛聞如是言：我諸聲聞大弟子中，持戒第一，則羅雲其人也。’”⑨《根本説一切有部毗奈耶》卷十一云：“次至具壽羅怙羅所住之房，告言：‘諸妹！此是佛之子，捨俗出家，若不出家當爲轉輪王，於大師眾弟子之中，愛重學，奉持無失，最爲第一，汝應至心，禮敬其足。’”⑩ 北宋施護譯《佛説給孤長者女得度因緣經》卷三云：“女即答言：此非我師，是佛弟子名羅睺羅。此人是佛之子，出家學戒而獲果證，佛説此人學戒第一。”⑪

　　經過佛陀和信眾的大力贊揚與推崇，羅睺羅持戒精進的形象漸漸深入人心，並由此確立了他在佛陀十大弟子中的獨特形象與地位。在北魏菩提流支譯《佛説法集經》中，

　① 《大正藏》，第 2 册，第 582 頁下欄。
　② 《大正藏》，第 17 册，第 525 頁中欄。
　③ 《大正藏》，第 2 册，第 558 頁上欄。
　④ 《大正藏》，第 2 册，第 115 頁中欄。
　⑤ 《大正藏》，第 3 册，第 908 頁下欄。
　⑥ 《大正藏》，第 13 册，第 841 頁下欄。
　⑦ 《大正藏》，第 17 册，第 689 頁中欄。
　⑧ 《大正藏》，第 2 册，第 831 頁下欄。
　⑨ 《大正藏》，第 13 册，第 841 頁下欄。
　⑩ 《大正藏》，第 23 册，第 682 頁下欄。
　⑪ 《大正藏》，第 2 册，第 851 頁中欄。

當佛陀令諸弟子各説法集時，羅睺羅所説法集即是"持戒"①。羅睺羅精進持戒，修道有成，由此得到了佛陀在法華之會上的授記。佛陀預言羅睺羅將在未來世成佛，並爲他講述了佛國的國土和福壽。②

三、餘論

從天真懵懂的孩童到輕慢佛法的沙彌，再到"持戒第一"的大德比丘，漢譯佛典爲塑造羅睺羅的光輝形象實在費了不少周折。總的來説，羅睺羅形象的轉變主要是源於時間和空間的變化。就時間而言，羅睺羅認父出家時只是一個孩童，尚處在成長的最初階段，因此可塑性很强。孩童和少年時期的羅睺羅懵懂無知、天真頑皮，很大程度上是天性使然。隨著年齡的增長和見聞的增多，羅睺羅天真幼稚的想法和行爲自然會有所消減，而代之以成熟穩重。就空間而言，羅睺羅起初長在富饒的王宫，地位尊貴，過著無憂無慮的生活，由此養成了他天真活潑而又傲慢貪玩的性格。羅睺羅跟隨佛陀出家後，他生活和成長的環境發生了巨大改變。佛陀的僧團奉行禁欲（至少是節欲）主義，他們多居住在僻静的山林或遠離城鎮的精舍，粗衣蔽體，靠乞食和别人的施捨來維持基本的生存。他們整日里不是在聽佛説法就是在獨自修行，没有歌舞伎樂等娱樂活動，還得遵守各種煩瑣嚴苛的戒律。這樣的生活環境對一個孩童來説自然會産生一定影響。一方面，羅睺羅在僧團中對佛法耳濡目染，不免會受其潛移默化之影響；另一方面，羅睺羅在僧團中有父親佛陀的耳提面命，對他的言行舉止起著指引和規範作用。這樣，羅睺羅對佛法日漸勤勉精進，他的性格也逐漸變得温和忍耐，而與初入僧團時形成鮮明對照。而佛典爲了塑造羅睺羅精進持戒的比丘形象，先是對他不敬佛法的態度和天真頑劣的性格進行了大肆描繪，然後再通過一系列問法證道的情節來對他以往的形象進行顛覆。這種欲揚先抑的手法，對羅睺羅形象的塑造起到了對比和升華的作用。

---

① 《大正藏》，第 17 册，第 638 頁下欄。
② 詳見姚秦鳩摩羅什譯《妙法蓮華經》卷四《授學無學人記品》（《大正藏》，第 9 册，第 30 頁上欄）。

The Consctraction of Rāhula No. 1 of Esoteric Practice Image in Chinese Translation of Buddhist Scriptures

Xue Yunxiu

Abstracts：Rāhula has a good reputation in Buddhism as "No. 1 of Esoteric Practice", that is to say, he keeps the precepts very carefully. In the process of shaping his glorious image of "No. 1 of Esoteric Practice", the Chinese translation of Buddhist Scripture first shows his innocent, lively and lovely children's image by recognizing his father and becoming a monk. After he becomes a monk after shaving, it depicts his naughty and naughty image of Sammy who is not respectful to Buddha, despises Buddha's Dharma and speaks falsely. Finally, it depicts his active cultivation, asking Dharma and Buddha's praise and the worship of the believers make up the image of the great virtue monk who holds the first precept in Buddhism. The change of Rāhula's image is mainly due to the change of time and space. From children to adults, from the royal palace to the monk group, time and environment have a great impact on the formation of his final character image.

Keywords：Chinese Translation of Buddhist Scriptures，Rāhula，Esoteric Practice；Keeping Precepts

[薛芸秀，南京大學文學院博士生研究生]

Studies on Folk Beliefs ————————

俗信仰研究

神靈、支配與信仰：宗教人類學視野下印度佛教咒語從禁止到盛行[*]

白 冰

提 要：咒語起源於巫術，通過咒語對神靈或超自然力量達到控制的目的。印度吠陀經典中記載有抵禦疾病、避免傷害、占卜預言等咒語，這建立在對婆羅門教眾多神靈的支配上。佛陀時期禁止僧伽將婆羅門教、外道咒語作爲職業用途，體現了佛教的非社會性、非祭祀性，但治病、避害等方面在佛陀慈心的護持下是允許的。部派佛教時期，由於阿育王倡導佛教，僧伽成員來源複雜化，咒語的使用逐漸興起。隨著大乘佛教密教經典的出現，婆羅門教神靈演變爲佛教護法神，佛、菩薩也具有了神靈的地位，咒語的受持能得到諸佛菩薩的護佑，有益於修行，但這是基於信仰層面而不是控制層面完成的。咒語的盛行顯現了佛教由非社會性向社會性、由出世性向入世的轉變，其中加入了祈雨、卜算等內容，在吠陀經典中都能找到根源，體現出佛教在提供公共服務的功能上來源於婆羅門教，並逐漸形成了佛教密宗。

關鍵詞：吠陀 印度佛教 神靈 咒語 支配

印度原始佛教時期爲公元前六世紀到公元前五世紀，基於佛陀及其弟子的傳承，實際上佛陀時代的佛教與佛陀圓寂後的佛教在許多方面差別很大，從禁止咒語到盛行咒語的轉變便是其中一個重要的區別。印度佛陀時代的佛教是禁止咒語的，而在佛教產生之前的吠陀宗教盛行咒語，在佛教其後的發展中咒語也逐漸盛行，其中的演變需要重新考察。學界對於早期佛教的研究基於《長阿含經》《雜阿含經》《多界經》《四分律》《根有律》《銅鍱律》等經典，認爲原始佛教時期咒語雖然禁行也有允許使用的特殊情況，在戒律上對於咒語的犯戒有相關規定。但基於咒語的相關宗教人類學理論，從吠陀經典、佛陀時代的佛教、部派及大乘佛教考察咒語在佛教的演變，研究成果還是比較少，這爲我們提供了一個新的思考視角。

---

* 本文爲國家社會科學基金一般項目"隋唐以前禪法研究"（項目編號：16BZJ024）階段性研究成果。

一、佛教之前婆羅門教的咒語

婆羅門教的聖典為吠陀經典，吠陀的意思是知識，内容為歌謠、贊詩、巫術、儀式等，包括《黎俱吠陀》《沙摩吠陀》《夜柔吠陀》《阿闥婆吠陀》。吠陀經典是古代仙人因為受到神的啓示誦出而得的。《黎俱吠陀》大約形成於公元前 1000 年，收録了祭祀用的贊歌，包含諸多的神靈，其中最重要的神為太陽神，還有天神、雨神、火神等，婆羅門僧侣早晚唱誦敬仰這些神的贊歌。《沙摩吠陀》為酒祭時用的贊歌，《夜柔吠陀》為實行祭禮的儀式，《阿闥婆吠陀》為祈福禳災咒法、巫術的匯編。

婆羅門教起源於泛靈論的民間信仰，最初為自然崇拜。當原有部落信仰的神靈被婆羅門教的神靈取代，部落的生活方式被印度當時婆羅門教的生活方式取代，婆羅門教在部落中逐漸傳播開來，取代了原有的部落信仰，如禁止食肉、禁止殺牛，土葬被火葬取代，祭祀人員被婆羅門教的神職人員取代等。

吠陀經典是婆羅門教的經典依據，其中包含巫術的成分。"太古之人，信精靈妖鬼之實有，於是驅役靈鬼之方繁興。其驅使之力寄於人者謂之巫覡，托於物者則如桃符。其於祭祀皆以其所持，求其所欲，實含商業性質（凡具此性質之歌曲多見於阿闥婆吠陀，是編雖晚出，而思想有較黎俱吠陀尤古）。"① 祭祀的婆羅門地位高於神祇，咒語用來防止毒物、疾病、惡蛇等。巫術的目的是使巫師操縱神靈，神靈也是巫術存在的基礎。"古代巫術正是宗教的基礎。虔誠的、要想獲得神的恩惠的人，除非雙手抓住神，否則就沒有成功的機會。而這只有通過一定數量的典儀、祭品、禱詞和贊歌等等才能得到。"② 通過咒語的方式，巫師使自然界符合人的願望。巫師形成於特定的階層，以特殊的技能為全體社會服務。

《黎俱吠陀》中記載了大量的用於社會生活的咒語，如避免蛇蟲傷害、抵禦疾病、占卜預言等。"毒，細長的毒蛇，或者水中的毒蟲……以及最毒的咬人的東西，無論你們意欲何為，悄然無聲，一起消失，離去吧。"③ 抵禦疾病的咒語："從你的兩鼻孔，從你的眼睛，從你的兩耳朵，從你的下巴，從你的頭，你的腦，你的舌，我驅除你所有的疾病。"④ 還有占卜預言的咒語："噢神鳥，願吉兆預示，讓禍患無從降臨。"⑤ 還有撫慰心靈的咒語、戰爭的咒語、戰勝者的咒語、保護孩子不受侵犯的咒語、求子的咒語，以及催眠的咒語等。吠陀的咒語不僅僅是聲音的發出，而且表意，帶有詩歌的性質，也是一種文學作品。《阿闥婆吠陀》中記載了大量的醫術，其中有疾病的名稱及治療藥方。

① 湯用彤《印度哲學史略》，北京：中華書局，1988 年，第 4 頁。
② （英）弗雷澤《金枝》，北京：中國民間文藝出版社，1987 年，第 81 頁。
③ 林太《〈梨俱吠陀〉精讀》，上海：復旦大學出版社，2008 年，第 176 頁。
④ 林太《〈梨俱吠陀〉精讀》，第 176 頁。
⑤ 林太《〈梨俱吠陀〉精讀》，第 177 頁。

《阿闥婆吠陀》的重點在於咒語，具有正面和反面的雙重作用。咒語通過不可思議的威力的音聲誦念出來。"音聲之主，力願其神，指示我之全身。……音聲之主，張之急兮。以我之所聞，以就我兮。音聲之主，盡往謁之，音聲之主，我其贊之。"①

吠陀經典當中所記載的咒語、宗教儀式與社會生活聯繫緊密，對神靈的贊歌代表了吠陀教的思想，役使鬼神的咒語用於特定場合。這種供奉將宗教與政治體制聯繫在一起，"部落成員對部落共同體實行自願的供奉制。供奉的大部分消耗於宗教典禮，用以表彰吠陀諸神和部落共同體，小部分分配給婆羅門祭司和部落軍事領袖。這種貢奉後來就轉變爲國家的賦稅"②。從咒語、宗教儀式的施行者、過程來看，當巫術由具有職業性質的祭祀人員使用，而且用於社會公共服務時，實際代表了社會的進步，這説明婆羅門教有了很高水平的發展，祭祀的神職人員的地位還要高於神靈，但佛陀之前的婆羅門教巫術的成分還是更爲濃厚一些，"在印度到處流傳著這樣的話：'整個宇宙聽從天神的支配，天神們聽從符咒（曼哈斯）的支配，符咒聽從婆羅門支配，因此，婆羅門是我們的天神'"③。印度吠陀時期的宗教具有巫術性質功能，而巫術與宗教的區別就在於對神靈是控制還是信仰。

二、佛教對咒語的禁止

學界對於原始佛教的研究側重於從《阿含經》的記載中考察佛陀教理思想。"因此《阿含經》雖然並非佛陀教法的原樣，但是在諸多佛教經典之中，它含有最濃厚的佛陀教法，所以要追究佛陀的思想，首先非得在這裏面探求不可。"④ 我們所依據的《阿含經》實際爲部派佛教所編，分屬於不同的派別，另外還可以根據佛教的部派佛教、律論的文獻進行考察。據瓦爾特施密特（E. Waldschmidt）的研究，"《中阿含經》和《雜阿含經》屬於説一切有部、《長阿含經》屬於法藏部、《增壹阿含經》則屬於大眾部傳統"⑤。

佛陀時期，禁止以施咒作爲謀生的手段。印順指出："如《長阿含經》卷一四《梵動經》説：'如餘沙門、婆羅門，食他信施，行遮道法，邪命自活：或爲人咒病，或誦惡咒，或誦善咒……沙門瞿曇無如此事。'神秘的迷信行爲，佛教出家眾是不許學習的。南傳的《沙門果經》《梵網經》，都有同樣的叙述。似乎這是禁止邪命自活，如沒有因此而得到經濟的報酬，或者就不妨的。"⑥ 印順的解釋是如果不以這些咒語的運用作爲職

① 饒宗頤《〈阿闥婆吠陀〉第一章"三七"釋義》，《中國文化》1991 年第 5 期，第 170 頁。
② 培倫《印度通史》，哈爾濱：黑龍江人民出版社，1990 年，第 42 頁。
③ 《金枝》，第 80 頁。
④ （日）平川彰《印度佛教史》，臺北：商周出版社，2004 年第 2 版，第 56 頁。
⑤ 林梅村《法藏部在中國》，《考古學研究》1997 年，第 149 頁。
⑥ 印順《初期大乘佛教之起源與開展》，《印順法師佛學著作集》第 37 冊，臺北：正聞出版社，1994 年第 7 版，第 508 頁、509 頁。

業謀生，就沒有關係。從《長阿含經》卷十四中的《梵動經》來看，以咒語維持生計的職業是佛教所反對的職業，不是正命。這裏的焦點在於，如果不是因職業而使用的咒語是不是就是无妨的呢？似乎並沒有明確的證據表明不能使用。不過，咒語起源於婆羅門教，婆羅門役使鬼神之類的咒語在佛教來看是邪咒。因此，即便不是以巫術爲職業使用咒語也是佛陀所禁止的。

作爲佛教，追求解脱是其目標，佛陀反對咒語的重要原因是持咒並不能獲得解脱。"一般説原始佛教是理性的宗教，佛陀的覺悟與咒術沒有關係。這是一般學者所認爲的。"① 同時，還有一個反證，爲了追求解脱，斷命都可以，但通過咒語脱我苦終無是處，説明失去生命都高於不通過咒語求解脱的方法。那麼更不要説通過持咒避害了，這遠遠不及生命重要。"《中阿含經》卷四七《多界經》説：若見諦人，生極苦、甚重苦，不可愛、不可樂、不可思、不可念，乃至斷命。舍離此内，更從外求，或有沙門、梵志，或持一句咒，二句、三句、四句、多句、百千句咒，令脱我苦者，終無是處。"②

自相矛盾的是，佛陀在教化眾生時却運用了咒語的方式。而使用咒語的前提在於神靈的存在，佛陀的形象似乎有演變爲神靈的傾向。如此一來，佛陀運用咒語時，似乎具有了神靈與巫師的雙重身份。"在原始佛教中，咒文並不是完全被否定，而是在某個層面受許可。特別認可爲了保護自身的護咒，或真實之語有大力，還有似乎也可以承認明咒與佛教的證悟有關聯的地方。"③ 看似矛盾的説法並不矛盾，關於咒語的立場、機制不盡相同。

《佛説長阿含經》記載："爾時，世尊欲降其幻僞虛妄之心，故結咒曰：摩拘樓羅摩拘樓毗樓羅毗樓羅……如是，諸王乾遝婆及羅刹皆有神足、形貌、色像，懷歡喜心來詣比丘眾林中。爾時，世尊復結咒曰：阿醯……爾時，世尊爲阿修羅而結咒曰：……爾時，世尊復爲諸天而結咒曰：阿浮。"④ 結咒的主體爲佛陀，而目的是用來降服弟子的虛妄之心。這裏佛陀所結的咒語是教化眾生的咒語，與巫術類咒語的性質本質是不同的。

佛陀所禁止的是來自吠陀巫術的咒語。護持咒語來自佛陀的慈心護念，顯然與婆羅門教的咒語在機制、作用上是完全不同的。佛陀在世時是净飯王的太子、釋迦族的貴族，是人，而不是婆羅門教的神靈。咒語的作用來自佛陀的慈悲，而不是婆羅門教的巫術性質、以此爲職業的交換。"咒語的引入佛法中，治蛇毒咒該是最早的了。……佛爲比丘們説防治毒蛇的咒語……所説的偈頌——伽陀，是諦語、實語。又分爲二：初七頌半，是佛的慈心護念八大龍王，及一切眾生的諦語。慈心，是不受毒害的，所以慈心諦

---

① 平川彰《印度佛教史》，第 448 頁。
② 印順《初期大乘佛教之起源與開展》，第 509 頁。
③ 平川彰《印度佛教史》，第 456 頁。
④ 後秦弘始年佛陀耶舍共竺佛念譯《佛説長阿含經》卷十二，《大正藏》第 1 册，第 80 頁上欄。

語，能使蛇等不能傷害。"① 不是婆羅門教的神靈，而是佛陀的慈心護念。

《四分律》區分了對於使用咒語犯戒與不犯戒的諸多情況，對於自護使用不犯戒。不過《四分律》爲印度上座部佛教系統法藏部所傳戒律，反映的是部派佛教時期的情形，和佛陀時代還是有所不同，佛陀時代並没有嚴格的戒律。"若比丘尼，學世俗技術以自活命，波逸提。比丘尼義如上。技術者，如上説。彼比丘尼，習諸技術乃至知眾鳥音聲，説而了了者，波逸提；不了了，突吉羅。比丘，突吉羅；式叉摩那、沙彌、沙彌尼，突吉羅。是謂爲犯。不犯者，若學咒腹中蟲病，若治宿食不消、若學書學誦、若學世論爲伏外道故、若學咒毒爲自護不以爲活命，無犯。"② 波逸提，意譯爲"墮"，爲佛教輕罪的一種。突吉羅，意譯惡作，在所有犯戒種類中，屬於罪行最輕的一類。由此來看，即使僧伽使用咒語在戒律中並不屬於特別嚴重的事情。

實際上，佛陀時代的佛教並未完全禁止咒語。儘管使用咒語不能獲得解脱，但佛陀爲了降服眾生幻僞虛妄之心，允許結咒。在護持咒語的使用上，來自佛陀的慈心護念也是可以的。由此來看，佛陀時代的咒語並不是通過控制神靈或超自然力量的巫術行爲，而是建立在斷除煩惱、慈心護念的基礎上，與佛教的思想並不矛盾。戒律中所記載的若學咒毒爲自護應該爲部派佛教時期的情況。

三、部派、大乘佛教時期咒語的盛行

巴利文經律藏中含有咒語的内容，形成於部派佛教時期。部派佛教咒語的盛行與僧伽身份的來源複雜化有關，在佛陀時代佛教的興起在於婆羅門弟子及其追隨者的改宗，爲婆羅門教融入佛教埋下了伏筆。學界一般認爲阿育王促使了佛教的國際化，而佛教的影響力在阿育王時代也日益廣泛，這樣許多外道、婆羅門改宗佛教是爲了生存下去。改宗未必是真正宗教信仰意義上的改宗，而是假裝比丘，以維持自己的生計，據傳這類人數當時有六萬多人，十分龐大，婆羅門的咒語使用便不足爲奇了，當然這些咒語與佛陀慈心護念的咒語有明顯區別。"根據《島史》，由於阿育王支援佛教教團，教團在經濟上變得富足，因此'奢望舒適生活而出家者'（賊住比丘）變多了，而壞亂了僧伽的戒律和修行。"③

咒語盛行的另外一個原因是上座部的分别説。在由目犍連子帝須所主持的第三次結集後産生了分别説，允許不同的觀點存在。如果只承認一種真理，很容易造成佛教思想上的紛争與矛盾。《异部宗輪論》記載佛陀入滅三百年後，法藏部從化地部分出，在佛教三藏加入了咒藏。上座部—説一切有部—化地部—法藏部，法藏部自稱來源於目犍

---

① 印順《初期大乘佛教之起源與開展》，第 510 頁。
② （姚秦）佛陀耶舍共竺佛念等譯《四分律》卷三十，《大正藏》第 22 册，第 775 頁上欄。
③ 平川彰《印度佛教史》，第 109 頁。

連的系統，這樣分別說與法藏部便聯繫了起來。"據德國梵學家瓦爾特施密特研究，小乘佛教四《阿含》中的《長阿含經》就是法藏部傳承的佛經。法國漢學家戴密微（Paul Demiéville）曾提出，法藏部賦予佛教傳統三藏兩項新內容：陀羅尼和菩薩；它或許還是第一個利用陀羅尼咒術符號簡化佛法的部派。"①

佛教雖然講緣起論，但並不否認印度諸神的存在，印度婆羅門教的"諸天鬼神"逐漸成爲佛教的"護法神"。《佛説大金色孔雀王咒經》記載了受持此經具有治療毒蛇所傷的功能，與佛陀時代不同的是，防護的不是佛陀的慈心而是守護神孔雀王。"异木下有一黑蛇出，螫比丘右足指。悶絕躄地目翻吐沫雲何治之？爾時佛告阿難：汝持《如來大孔雀王咒經》，擁護吉祥比丘，與結界結咒，使毒不能害，刀杖不加眾患悉除。"②"所作悉辦斯等亦以此《大孔雀王咒經》，擁護某甲令壽百歲得見百秋。"③

《佛母大孔雀明王經》提到了對讀誦人的益處，稱念佛母明王名字，便護自身及護他人。"若有人才稱念麼哈—麼由—哩佛母明王名字者，便護自身及護他人。或結綖索，身上帶持。如其此人，應合死罪，以罰物得脱。應合被罵，輕杖得脱。應合輕杖，被罵得脱。應合被罵，戰悚得脱。應合戰悚，自然得脱。一切苦難，悉皆消散。此人亦不被王、賊、水火、惡毒、刀杖之所侵害。人、天、鬼、神、無敢違越。睡安覺安，離諸恐怖，福德增長，壽命延長。"諸佛所護一切諸痛皆令除愈，晝安夜安，中間常安，晝夜安隱。"若非法食非法吐，非法視非法舉，非法越非法觸。若有熱病一日、二日……若鬼神熱病風火水作、霍亂熱。若半身痛、頭痛、眼痛、面痛、頰痛、咽喉痛、項痛、耳痛、齒痛、口痛、心痛、背痛、腹痛、腰痛、陰痛、髀痛、髆手痛、腳痛、支節痛，一切諸痛皆令除愈。擁護某甲説偈咒曰：晝安夜安，中間常安，晝夜安隱，諸佛所護。"④

佛陀時代，作爲防護僧伽的佛保存了下來，大乘佛教持咒能得到諸佛菩薩護持。《佛説咒時氣病經》云在諸佛的護佑下，持誦咒語能夠治癒流行病。"南無佛南無法南無比丘僧，南無過去七佛南無現在諸佛南無未來諸佛，南無諸佛弟子，令我所咒即從如願。"⑤《請觀世音菩薩消伏毒害陀羅尼咒經》，以觀世音菩薩説十方諸佛救護眾生神咒，"如是神咒必定吉祥，乃是過去現在未來十方諸佛大慈大悲陀羅尼印，聞此咒者眾苦永盡，常得安樂遠離八難，得念佛定現前見佛。我今當説十方諸佛救護眾生神咒……白佛言：世尊如此神咒，乃是十方三世無量諸佛之所宣説。誦持此咒者，常爲諸佛諸大菩薩之所護持，免離怖畏刀杖毒害，及與疾病令得無患。"⑥ 眾生持此神咒能遠離災難、苦惱，身心安樂。

---

① 林梅村《法藏部在中國》，第 146 頁。
② 《佛説大金色孔雀王咒經》，《大正藏》第 19 冊，第 479 頁中欄。
③ 《佛説大金色孔雀王咒經》，第 480 頁下欄。
④ 《佛説大金色孔雀王咒經》，第 479 頁中欄。
⑤ （東晉）竺曇無蘭譯《佛説咒時氣病經》，《大正藏》第 21 冊，第 491 頁上欄。
⑥ （東晉）竺難提晉言法喜譯《請觀世音菩薩消伏毒害陀羅尼咒經》，《大正藏》第 20 冊，第 35 頁上欄。

吠陀時期，咒語還有一個重要的社會作用是祭祀，尤其在農業社會，巫師對於自然的影響至關重要。佛陀時期的佛教沒有聖典，講究個人的救贖解脱，具有非社會性、非祭祀性和出世的特點。大乘佛教興起後，佛教由非社會性、出世向社會性、入世轉變，爲了農業豐收、積累財富、治療流行病，出現了解決此類自然、社會問題的咒語，如《請雨咒經》《止雨咒經》《佛説咒時氣病經》等。此外還逐漸出現了守護國家、咒除戰亂，除滅日月、星辰、水、火、大風、灾旱、兵賊七難和火祀、占卜、星象等咒語，而上述咒語的功能在《梨俱吠陀》中都能找到對應的内容，但在使用咒語的動機上與婆羅門教不同。

四、結語

吠陀經典所記載的咒語與社會生活聯繫緊密，役使鬼神的咒語用於特定的場合。佛陀出現之前的婆羅門教巫術成分濃厚，祭祀的神職人員的地位還要高於神靈。佛陀時代的佛教並未完全禁止咒語，佛陀爲了降服衆生幻僞虚妄之心，允許結咒，護持咒語能夠起作用的原因在於佛陀的慈心護念。阿育王促使了佛教的發展，這個時期許多婆羅門、外道教徒假裝比丘，以維持生計，這樣婆羅門的咒語逐漸使用開來。佛教也出現了專門的咒藏，法藏部從化地部分出，在佛教三藏加入了咒藏。佛教並不否認印度諸神的存在，這樣大乘佛教興起後，印度婆羅門教的"諸天鬼神"便成爲佛教"護法神"，諸佛菩薩所護持的作用也被保留。佛教逐漸由非社會性向社會性、非祭祀性向祭祀性轉變，爲了農業的豐收，出現了《請雨咒經》《止雨咒經》等密教經典。守護國家、咒除戰亂、火祀、占卜等方面的佛教咒語，在《梨俱吠陀》中都能找到源頭。佛教在發展範式上出現了非咒語化到咒語化的轉變，在此路綫上逐漸發展出佛教的密宗。

Gods, Domination and Belief: Indian Buddhist Mantras From Prohibition to Prevalence in the Perspective of Religious Anthropology

Bai Bing

Abstract: Incantations originated from witchcraft and can control gods or supernatural forces. There are incantations such as resisting disease, avoiding harm, divination and prophecy, which are based on the domination of many Brahmanism gods in the Vedic scriptures of India. Buddhists were forbidden to use Incantations of Brahmanism and Unorthodox sect as their vocations during the period of Buddha. It reflected the non social and non sacrificial nature of Buddhism. However, it was allowed to treat diseases and avoid harm under the protection of Buddha's kindness. Asoka advocated buddhism religion which led to the complexity of the source of Sangha members and the use of incantations that rose gradually during the period of Sectarian Buddhism. Brahmanism gods had evolved into Buddhist Dharma protectors with the emergence of the tantric scriptures of Mahayana Buddhism. Buddhas and Bodhisattvas have also the status of gods. Chanting mantras can be protected by Buddhas and Bodhisattvas. Chanting mantras is beneficial to practice. But this is based on the belief level rather than the control level. The popularity of mantras shows the transformation of Buddhism from non social to social and from renunciation of the worldly affair to participation in the worldly affai. The contents of praying for rain and divination can be found in Vedic scriptures. It showed that the function of Buddhism in providing public services originated from Brahmanism and gradually formed Buddhism Tantra.

Key words: Veda; Indian Buddhism; Gods; Mantras; Domination

［白冰，宗教學博士，西北大學歷史學院講師，復旦大學博士後］

"靈鵲兆喜"觀念考論

李妍斐

提　要：中國自古至今都有喜鵲報喜的觀念。喜鵲尾長易受風影響，且鵲巢避風，而被認爲擁有知風屬性。古人以爲風能够傳遞上天號令，則知風的喜鵲能感知天意之吉凶。在鵲巢的家庭象徵及鵲橋故事的影響下，人們逐漸偏向喜鵲報喜之說。面對報喜的靈鵲，人們一方面喜愛與拜祝，另一方面則更相信人的力量及認爲其報喜爲諂諛不忠。

關鍵詞：喜鵲　報喜原因　對待報喜的態度

今稱爲"喜鵲"的飛禽，在歷史上被單呼爲"鵲"，或累稱作"乾鵲""鳷鵲""鳱鵲""鷽鷯"①等，至唐朝才獲"喜"字。一種觀念的形成並非朝夕之事，在唐之前鵲鳥的文化形象是什麽？爲何可將其與喜事聯繫在一起？人們對報喜屬性的態度如何？這些問題的探討有利於進一步了解民族文化心理的運作機制。然而涉及喜鵲報喜之前形象的論文，或僅側重某一方面②，或失察於徵引文獻之年代③。民間對喜鵲的態度種類亦未有專門論及者。故筆者不揣谫陋，試作考論。

一、鵲鳥在報喜之前的文化形象

喜鵲在漢之前的文獻記載中並無神异之處，正面、負面和中性形象均有。《吕氏春秋·季冬紀》載十二月④"鵲始巢"⑤，所言乃物候，故爲中性形象。如《詩經·召南·

---

① 段玉裁在《説文解字注》中指出，鷽鷯是鵲而非山鵲，二者不同，《説文》"鷽鷯，山鵲"之"山"乃淺人所增（上海：上海古籍出版社，1988年，第150頁）。
② 如李炳海《從鵲巢到鵲橋——中國古代文學中的喜鵲形象》，《求索》1990年第2期，第90～93頁。韓娜《"鵲"、"橋"在牛郎織女傳説中的民俗意義》，《長春理工大學學報（高教版）》，2009年第1期，第164～165頁等。
③ 聶濟冬《鵲噪吉祥文化的解讀》，《民俗研究》2003年第3期，第140～145頁。夏炎《轉凶爲吉：環境史視野下的古代喜鵲形象再探討》，《南開學報（哲學社會科學版）》2013年第4期，第89～97頁。
④ 殷曆建丑爲正，殷曆十二月即夏曆十一月。
⑤ 《吕氏春秋》，上海：上海古籍出版社，2014年，第226頁。

鵲巢》"維鵲有巢，維鳩居之"① 則借此物候現象起興，而據小序"國君積行累功，以致爵位，夫人起家而居有之，德如鳲鳩，乃可以配焉"，鄭箋"鵲之作巢，冬至架之，至春乃成，猶國君積行累功，故以興焉。興者，鳲鳩因鵲成巢而居有之，而有均一之德，猶國君夫人來嫁，居君子之室，德亦然"，知做巢之鵲比積行累功的國君，則屬正面形象。又《慎子·外篇》云鵲"驚性耿介，畫其形於衣，所以爲節訓也"，以其善驚謹慎與耿介而爲訓勵節操的正面形象。然如同書所云："鵲行不良，借其字爲烏履之舄，所以爲行戒也。"② 鵲之古文作"舄"，其後舄被借爲表鞋履之字（參後文），故鵲又以其"行不良"的缺點而成人們用以自戒行止的反面形象。再如《楚辭·九章·惜誦》："鸞鳥鳳皇日以遠兮，燕雀烏鵲巢堂壇兮。"據王逸注，鵲以"多口妄鳴，以喻讒佞"③ 而爲反面形象。又如《莊子·外篇·山木》："莊周遊於雕陵之樊，睹一異鵲自南方來者，翼廣七尺，目大運寸，感周之顙而集於栗林。莊周曰：'此何鳥哉？翼殷不逝，目大不睹？'蹇裳躩步，執彈而留之。睹一蟬，方得美蔭而忘其身；螳蜋執翳而搏之，見得而忘其形；異鵲從而利之，見利而忘其真。莊周怵然曰：'噫！物固相累，二類相召也！'捐彈而反走，虞人逐而誶之。"④ 此處則以貪利忘身而爲愚蠢的反面形象。此三類皆屬倫理範疇，而無超自然的神異性。

至漢朝，喜鵲的形象則於前期的倫理性外逐漸有了神異性，主要有三方面。第一，喜鵲成爲牽牛、織女神話的媒介。徐明英《鵲橋緣起考論》據《淮南子》"烏鵲填河成橋"、漢武帝將鳷鵲觀建在象徵天河之橋的渭橋附近、喜鵲出現在東漢牛女故事壁畫中等證據，說明西漢時喜鵲已助牛女相會，東漢此傳說已普及。其興起原因，蓋爲喜鵲善於折枝架梁支撐巢頂，且鵲巢與當時的橋梁相似，故使人們將鵲與橋聯繫在一起。⑤ 第二，人們認爲喜鵲有感知太歲的能力。《淮南子·天文》："太陰所建，蟄蟲首穴而處，鵲巢鄉而爲戶。"⑥ 又《淮南子·氾論》："夫蟄蟲鵲巢，皆嚮天一者，至和在焉爾。"⑦ "太陰""天一"均是太歲的別名。喜鵲感知太歲，與公雞司晨等似同實異。公雞報曉是實有其事的自然現象，而喜鵲感知太歲則是本無其事的神異之說。因太歲本是假想星體，喜鵲何以感知其事？可見此爲人們主觀賦予的神異性能力。至東漢，許慎亦承此說。《說文·烏部》"舄"字云："朋者羽蟲之長，烏者日中之禽，舄者知太歲之所在，燕者請子之作巢避戊己。"又："舄，誰也。象形。雔，篆文舄，从隹昔。"段玉裁注："謂舄即雔字，此以今字釋古字之例。古文作舄，小篆作雔。……舄本雔字，自經典借

---

① 《毛詩傳箋》，北京：中華書局，2018 年，第 16 頁。

② 《慎子》，上海：商務印書館，1935 年，第 42 頁。

③ 《楚辭》，《景印文淵閣四庫全書》第 1602 冊，臺北：臺灣商務印書館，1986 年，第 37 頁下。

④ 《莊子》，北京：中華書局，1961 年，第 695 頁。

⑤ 徐明英《鵲橋緣起考論》，《華中學術》2016 年第 2 期，第 144～150 頁。

⑥ 《淮南鴻烈》，北京：中華書局，2013 年，第 140 頁。

⑦ 《淮南鴻烈》，第 555 頁。

爲履舄字而本義廢矣。……雔隸變从鳥。"① 則"舄"是"鵲"字的古文，而據許慎對四鳥特徵的並舉之辭，可知其以"知太歲之所在"的神異性爲鵲之最顯著特徵。第三，喜鵲還能預知風和未來。《淮南子·繆稱》"鵲巢知風之所起"②，《淮南子·人間》"夫鵲先識歲之多風也，去高木而巢扶枝"③，表明喜鵲能夠預知風向及其來年的風量。《淮南子·氾論》："猩猩知往而不知來，乾鵲知來而不知往，此修短之分也。"注："乾鵲，鵲也，人將有來事憂喜之徵，則鳴，此知來也。"④ 顯然喜鵲的預言包括憂、喜兩個方面。

魏晋南北朝時，在"人將有來事憂喜之徵則鳴"的基礎之上，出現了吉凶之兆的具體事例。《西京雜記》卷三載：

> 樊將軍噲問陸賈曰："自古人君皆云受命於天，云有瑞應，豈有是乎？"賈應之曰："有之。夫目瞤得酒食，燈火華得錢財，乾鵲噪而行人至，蜘蛛集而百事喜。小既有徵，大亦宜然。故目瞤則咒之，火華則拜之，乾鵲噪則餧之，蜘蛛集則放之。況天下大寶，人君重位，非天命何以得之哉？瑞者，寶也，信也。天以寶爲信，應人之德，故曰瑞應。無天命，無寶信，不可以力取也。"⑤

此雖言漢初樊噲、陸賈之事，但《西京雜記》最早見於《隋書·經籍志》著錄，《四庫提要辨證》以爲晋葛洪依托劉歆，雜鈔諸書而作。⑥ 此徵驗之説在晋以前無類似記載，當爲晋時流傳之語。"乾鵲噪而行人至"，人們需要"餧之"以作報答，則當時喜鵲已有預兆好事發生之説。最早見於《隋書·經籍志》的《靈棋經》："門前雙鵲噪，喜報利名成。"⑦ 可見最晚在隋朝時，已將鵲鳥與喜事相連。⑧ 六朝的鵲鳥形象不僅報喜，亦預言凶事。如《北齊書·方伎》："武衛奚永洛與子信對坐，有鵲鳴於庭樹，鬥而墮焉。子信曰：'鵲言不善，向夕若有風從西南來，歷此樹，拂堂角，則有口舌事。今夜有人喚，必不得往，雖敕，亦以病辭。'子信去後，果有風如其言。是夜，琅邪王五使切召永洛，且云敕喚。永洛欲起，其妻苦留之，稱墜馬腰折。詰朝而難作。"⑨

---

① 段玉裁《説文解字注》，第 157 頁。

② 《淮南鴻烈》，第 405～406 頁。

③ 《淮南鴻烈》，第 753 頁。

④ 《淮南鴻烈》，第 534～535 頁。

⑤ （晋）葛洪《西京雜記》，北京：中華書局，1985 年，第 21 頁。

⑥ 余嘉錫《四庫提要辨證》，北京：中華書局，1980 年，第 1007～1017 頁。

⑦ 舊題東方朔撰《靈棋經》，上海：商務印書館，1936 年，第 67 頁。

⑧ 舊題師曠撰，晋張華注的《禽經》直言"靈鵲兆喜"，注曰"鵲噪則喜生"（《景印文淵閣四庫全書》847 冊，臺北：臺灣商務印書館，1986 年，第 685 頁），似乎可與《靈棋經》並證鵲鳥報喜之説。然《四庫提要》云："漢、隋、唐諸《志》及宋《崇文總目》皆不著錄，其引用自陸佃《埤雅》始。"（《景印文淵閣四庫全書》847 冊，第 677 頁）此書晚出，不可據。

⑨ 《北齊書》，北京：中華書局，1972 年，第 680 頁。

唐朝則逐漸偏向報喜之說，開始出現"喜鵲"之名，如"有喜鵲頻語"①"今日喜時聞喜鵲"②等。鵲鳥報憂的功能則日益轉移到烏鴉身上。葛兆光《慈烏與寒鴉》指出，在唐之前烏鴉的形象在善惡之間，且更多的是善類，而唐時變爲不祥之兆。③然而，當時只是出現這種傾向，並未形成全國較爲統一的觀點。敦煌邊塞詩有涉及鵲報喜事者，則唐朝時遠在北方邊塞也已流傳此說。但在宋朝北方有以鵲聲爲凶者，北宋彭乘《墨客揮犀》卷二："北人喜鴉聲而惡鵲聲，南人喜鵲聲而惡鴉聲。"④南宋洪邁《容齋詩話》："北人以烏聲爲喜，鵲聲爲非。南人聞鵲噪則喜，聞烏聲則唾而逐之，至於弦弩挾彈，擊使遠去。"⑤宋朝對喜鵲的認識尚有地域差异，之後才統一爲報喜。

二、靈鵲兆喜觀念形成的原因

目前，關於鵲鳥報喜的原因學界大致有五種説法。

第一，與"乾鵲噪而行人至"相關。遠行之人在雨天不會上路，晴日出行的可能性較大。喜鵲愛乾，晴天鳴叫，此時遇見行人亦受驚而鳴。由於二者巧合，人們認爲喜鵲能預示行人到來。其後，由行人到的吉訊泛化爲一般的喜事。⑥第二，由鵲印傳說的升官之喜而來。⑦第三，由鵲巢象徵構建家庭、七夕鵲橋會所代表的夫妻之喜延伸⑧。第四，喜鵲因毛色及鳴叫令人喜悦，故多以其鳴聲爲吉兆。⑨第五，喜鵲在唐以前爲凶兆，至唐時，因親人習性增加，而轉凶爲吉。唐以前森林資源豐富，鳥群數量巨大而叫聲嘈雜，令人厭煩。且鵲巢築於高樹，遠離人居，並不親人，故被認爲是凶兆。唐時森林退化，鳥群數量減少，鵲鳴不再嘈雜。同時喜鵲失去了高大樹木的依托而築巢於較低之樹，逐漸親人，因此被認爲是吉兆。⑩

然而這些説法似有未確。喜鵲愛乾，晴天而鳴之說，引《本草綱目》"性最惡濕，故謂之乾"爲證。然而"乾"之由來尚有別說。宋吳曾《能改齋漫錄》卷三《乾鵲音干爲無義》："前輩多以'乾鵲'爲'乾'，音'干'。或以對'淫螢'者有之。唯王荆公以爲'虔'字，意見於'鵲之彊彊'，此甚爲得理。余嘗廣之曰：乾，陽物也。乾有剛健

---

① 劉禹錫《劉禹錫集》，上海：上海人民出版社，1975 年，第 342 頁。
② 魚玄機《唐女郎魚玄機詩》，《續修四庫全書》1313 册，上海：上海古籍出版社，2002 年，第 25 頁。
③ 葛兆光《慈烏與寒鴉》，《中國典籍與文化》1996 年第 3 期，36～41 頁。
④ 彭乘《墨客揮犀（叢書集成初編）》，北京：中華書局，1991 年，第 9 頁。
⑤ 洪邁《容齋詩話》，上海：商務印書館，1941 年，第 66 頁。
⑥ 聶濟冬《鵲噪吉祥文化的解讀》，《民俗研究》2003 年第 3 期，第 140～145 頁。付湘虹《同是借鵲情各异——"鵲"的文化意蘊探究》，《北京科技大學學報（社會科學版）》2006 年第 3 期，第 86～91、98 頁。
⑦ 聶濟冬《鵲噪吉祥文化的解讀》，第 140～145 頁。
⑧ 聶濟冬《鵲噪吉祥文化的解讀》，第 140～145 頁。朱鳳玉《敦煌邊塞文學中"靈鵲報喜"風俗初探》，《中國俗文化研究》2008 年第 1 期，第 188～195 頁。
⑨ 朱鳳玉《敦煌邊塞文學中"靈鵲報喜"風俗初探》，第 188～195 頁。
⑩ 夏炎《轉凶爲吉：環境史視野下的古代喜鵲形象再探討》，《南開學報（哲學社會科學版）》2013 年第 4 期，第 89～97 頁。

之意。而《易·統卦》有云：'鵲者陽鳥，先物以動，先事而應。'《淮南子》曰：'乾鵲知來而不知往，此修短之分也。'以是知音干爲無義。然《廣韻》有'鳱鵲'字起於後來。"① 王安石説見於"鵲之彊彊"，當是已佚的《詩經新義》内容。明張自烈《正字通》轉述云："王安石以乾鵲音虔，謂健鵲也。"② 則王以"乾健"爲理據。宋陸佃《埤雅》云："鵲知人喜，作巢取在木杪，枝不取墮地者，皆傅枝受卵，故一曰乾鵲。"又云："彊彊，剛也。言……鵲不能淫其匹。"③ 喜鵲傅枝受卵，不淫其匹，亦是剛健之意。清黃位清《詩緒餘録》評此説："夫彊者，强也，即健也。彊與疆相通字也。鵲以攟撿爲性，而《詩》以强梁目之，則健鵲非過矣。"④ 吳曾廣王安石之説，云"陽鳥"，《廣韻》"鳱"爲後起字，則"鳱"字當是形隨音變，有人認爲"乾"音"干"，爲避"乾坤"之音而作此字。據上所述，喜鵲別名"乾鵲"之"乾"，有乾燥、剛健、陽物三説，徑直認作"乾濕"之"乾"未必正確。且晴天及受驚鳴叫是包括喜鵲在内的多數鳥類之習性，爲何只將喜鵲與行人聯繫在一起？另外，在"乾鵲噪而行人至"之前，已有"人將有來事憂喜之徵則鳴"之語，而此説與行人並無關係。與之相類，多數鳥的毛色及鳴叫令人愉悦，這不能解釋爲何獨有喜鵲被冠以"喜"字。至於鵲印傳説，最早見於《搜神記》卷九："常山張顥，爲梁州牧。天新雨後，有鳥如山鵲，飛翔入市，忽然墜地，人爭取之，化爲圓石。顥椎破之，得一金印，文曰：'忠孝侯印。'顥以上聞，藏之秘府。後議郎汝南樊衡夷上言：'堯舜時舊有此官，今天降印，宜可復置。'顥後官至太尉。"⑤ 此爲山鵲印，而與喜鵲不同。《爾雅·釋鳥》："鷽，山鵲。"郭注："似鵲而有文彩，長尾，觜脚赤。"⑥ 故報喜之説並非從鵲印而來。喜鵲因環境變化而轉凶爲吉的觀點亦失於查考。人們在東漢時就已認爲鵲鳥可以預知"憂喜之徵"，何以認爲在唐以前主要是凶兆？如果築巢高樹，遠離人居，其所謂嘈雜的鳥鳴聲如何影響到人？縱令其聲嘈雜，蟬鳴亦聒噪無比，爲何不被認爲是凶兆？如今森林資源更加退化，喜鵲依舊主要築巢高木，則在唐朝時怎會多築巢於低樹？這些討論中，鵲巢、鵲橋所象徵家庭之喜的觀點較爲可靠，然亦有未通之處。先秦時鵲巢已象徵家庭，鵲橋的故事至東漢時已普及，此觀點不能解釋何以魏晋南北朝時才出現鵲鳥報喜之説，至唐時才大盛。故這應該間接相關，而非主要因素。

鵲能報喜的説法，我們認爲應來自其能感知風向的能力。最早記載喜鵲能預報"憂喜之徵"的文獻即指出其"知歲多風，多巢於木枝"⑦。張明宇《山地次生林喜鵲巢址

① （宋）吳曾《能改齋漫録》，上海：商務印書館，1939年，第40頁。
② （明）張自烈《正字通》，《續修四庫全書》235册，上海：上海古籍出版社，2002年，第799頁。
③ （宋）陸佃《埤雅》，北京：中華書局，1985年，第131，208頁。
④ （清）黃位清《詩緒餘録》，《續修四庫全書》71册，上海：上海古籍出版社，2002年，第229頁。
⑤ 《搜神記》，北京：中華書局，1979年，第116頁。
⑥ 《爾雅校箋》，昆明：雲南人民出版社，2004年，第146頁。
⑦ 《淮南鴻烈》，第534頁。

選擇的研究》："山地次生林春季風很大，在築巢期巢及巢材被吹落較爲常見。對此干擾，喜鵲一般會自覺接受教訓，躲避不適宜築巢的地點。"[1] 此雖僅就山地次生林的環境而言，但其觀點有普遍性。因其鵲巢避風，人們認爲鵲能感知太歲，"鵲巢鄉而爲戶"。不過"巢居者先知風，穴處者先知雨"[2]，這只是其"知風"屬性的較小因素，主要來源當與鵲尾有關。《太平御覽》卷九二一《木部》引《東方朔別傳》："孝武皇帝時閒居無事，燕坐未央前殿。天新雨止，當此時，東方朔執戟在殿階傍，屈指獨語。上從殿上見朔，呼問之：'生獨所語者，何也？'朔對曰：'殿後栢樹上有鵲立枯枝上，東嚮而鳴也。'帝使視之，果然，問朔何以知之。對曰：'以人事言之，風從東方來，鵲尾長，傍風則傾，背風則蹶，必當順風而立，是以知也。'"[3] 鵲尾長，易受風影響，立必順風，這是强化喜鵲"知風"能力的關鍵因素。

風能够傳遞遠方的聲音，風向變化也預示著天氣、季節的轉換，因此古人將風與上天的訊息聯繫在一起。《後漢書·蔡邕傳》云："風者天之號令，所以教人也。"[4]《周易》中代表風的巽卦，也與號令相關。《易傳·彖》解釋巽卦的含義："重巽以申命。"陸績注曰："巽爲命令，重命令者，欲丁寧也。"《易傳·象傳·巽》亦云："隨風，巽，君子以申命行事。"虞翻曰："巽爲命，重象，故申命。"荀爽曰："巽爲號令，兩巽相隨，故申命也。"[5] 傳、注均指明巽卦象徵命令。"巽"字的上古音也與表示消息的"訊""信"相近：巽，上古心母元部；訊，心母真部；信，心母真部。[6] 三者聲母相同，韻部旁轉，意義相近，似有同源關係。

風能傳遞上天的號令，而鵲尾可感知風向，則極易讓人將喜鵲與天意聯繫在一起。《史記·高帝紀》："高祖爲亭長，乃以竹皮爲冠，令求盜之薛治之，時時冠之，及貴常冠，所謂'劉氏冠'乃是也。"應劭云："以竹始生皮作冠，今鵲尾冠是也。"又云："一名'長冠'。側竹皮裹以縱前，高七寸，廣三寸，如板。"[7]《續漢書·輿服志》："長冠，一曰齋冠，高七寸，廣三寸，促漆纚爲之，制如板，以竹爲裏。初，高祖微時，以竹皮爲之，謂之劉氏冠，楚冠制也。民謂之鵲尾冠，非也。祀宗廟諸祀則冠之。"[8] "竹皮"即筍籜，非竹篾。百姓稱長冠爲"鵲尾冠"似有所本，未必錯誤。董志翹《"時時"解詁》考證，"時時"指"偶爾""間或"，而非"經常"，"平時偶爾冠之，這正與下文'及貴常冠'相對爲文"。[9] 劉邦爲亭長時，特意讓人製作長冠却不常戴，"愛珍此冠，休

① 張明宇《山地次生林喜鵲巢址選擇的研究》，東北師範大學碩士學位論文，2006 年，第 18 頁。
② （東漢）王充撰，《論衡》，北京：北京古籍出版社，1957 年，第 525 頁。
③ （宋）李昉等編《太平御覽》第 20 册，《四部叢刊三編》，上海：上海書店，1936 年，921 卷第 3 葉左。
④ 《後漢書》，北京：中華書局，1965 年，第 1992 頁。
⑤ （唐）李鼎祚輯《周易集解》，北京：中華書局，1985 年，第 278～279 頁。
⑥ 郭錫良《漢字古音手册（增訂本）》，北京：商務印書館，2010 年，第 396～397，37 頁。
⑦ 《史記》，北京：中華書局，2014 年，第 441～442 頁。
⑧ 《後漢書》，第 3664 頁。
⑨ 董志翹《"時時"解詁》，《學術研究》1988 年第 1 期，第 81 頁。

息之暇則冠之"①，直到身份地位提高之後才敢常冠，説明具有特殊的意義。如果此冠以鵲尾爲原型而作，則意義明顯。漢及前代均有仿動物之形，或者徑以動物某部分爲飾作冠者。如《史記·仲尼弟子列傳》："子路性鄙，好勇力，志伉直，冠雄雞，佩豭豚，陵暴孔子。"裴駰集解："冠以雄雞，佩以豭豚。二物皆勇，子路好勇，故冠帶之。"②《續漢書·輿服志》："獬豸神羊，能别曲直，楚王嘗獲之，故以爲冠。"③ 這些有特定能力的動物之冠，並不僅具象徵意義。在上古，人們受"互滲律"④ 思維的影響，認爲用動物做飾品可以使自己擁有與動物相同的能力。《左傳·僖公二十四年》鄭國公子"子臧出奔宋，好聚鷸冠"，鄭伯不惜派人越境殺害子臧。這恐怕不僅是"惡其服非法"⑤ 而已，據先秦有"知天文者冠鷸"⑥（《説文》引逸《禮記》）之俗，鄭伯更有可能是因爲害怕子臧聚鷸冠而擁有"知天文"的能力對自己不利而殺子臧的。與之相類，受此思維殘留的影響，劉邦在微末之時，雖製作了可以感知上天號令的鵲尾冠，却不敢常戴。此冠在後漢時被用作祭祀，可能也與其被認爲有溝通天意的作用相關。

鵲尾冠屬於楚冠制，則鵲可以感知天意的觀點可能來自楚。⑦ 如果設想不誤，就可以解釋爲何在漢以前無鵲鳥感風的記載。楚文化隨著漢朝建立而滲透全國，鵲鳥感風知天意的説法也逐漸流傳開來。天意有吉凶，喜鵲所報憂喜不定。後來，楚地喜鵲文化受到鵲巢的構建家庭寓意及逐漸出現的鵲橋故事影響，則出現了報喜之説。鵲巢、鵲橋都與家庭有關，在最早有報喜傾向的"乾鵲噪而行人至"中，"行人"可能主要指遠行的家人，所以才值得"餧之"作回報。唐王建《祝鵲》詩："神鵲神鵲好言語，行人早回多利賂。我今庭中栽好樹，與汝作巢當報汝。"⑧ 此處"行人"即指外出遠行的家人。

三、對待喜鵲報喜的態度

靈鵲兆喜，自會惹人喜愛。唐張鷟《朝野僉載》卷四："貞觀末，南康黎景逸居於

---

① 《漢書》，北京：中華書局，1962 年，第 7 頁。

② 《史記》，第 2664 頁。

③ 《後漢書》，第 3667 頁。

④ （法）列維－布留爾，丁由譯《原始思維》，北京：商務印書館，1981 年，第 62~98 頁。

⑤ 《十三經注》第 6 册，臺北：藝文印書館，2001 年，第 257~258 頁。

⑥ （東漢）許慎《説文解字》，北京：中華書局，2015 年，第 75 頁下。

⑦ 胡厚宣《楚民族源於東方考》指出，楚民族本爲東夷，後受周民族壓迫及黄河流域氣候變化影響而移居江漢流域（《史學論叢》，1934 年第 1 期，第 1~52 頁）。東方朔是山東人，若《東方朔别傳》有所本，則"鵲尾長，傍風則傾，背風則蹶，必當順風而立"是否爲東夷之説的殘留？山東地區在强勢的周文化影響下，鵲的感天意特性消失，只留下鵲尾知風的殘説？而巫術盛行的楚民族則將其保留？楚墓出土物品圖像中即有被認作鵲尾冠者，如信陽長臺關一號墓出土漆瑟"巫師戲蛇圖"（中國科學院考古研究所《信陽楚墓》，北京：文物出版社，1986 年，第 30 頁），棗陽九連墩楚墓 M1：728 漆木弩彩畫（王先福、郝勤建、楊力等《湖北棗陽九連墩楚墓出土的漆木弩彩畫》，《文物》2017 年第 2 期，第 38~49 頁）。在新石器時代與海岱文化有交流的良渚文化的玉璧中，有鳥立高臺的刻符，有學者認爲其所立者爲祭臺（徐峰《圖像與空間：良渚玉璧"鳥立階梯狀邊框"圖像新考》，《民族藝術》2018 年第 4 期，第 111~120 頁）。此鳥尾長，亦借長尾感知天意乎？

⑧ （清）彭定求等編《全唐詩》，鄭州：中州古籍出版社，2008 年，第 1528 頁。

空青山，常有鵲巢其側，每飯食餧之。"① 宋之問《發端州初入西江》"破顔看鵲喜，拭淚聽猿啼"②，鵲喜與惹人拭淚的猿啼相對，更見鵲鳥對心情的積極影響。爲獲喜事，人們進一步産生了拜祝喜鵲的行爲。如韓愈《晚秋郾城夜聯句》："室婦歟鳴鸛，家人祝喜鵲。"③ 同時也有了祝鵲獲喜的傳説。趙璘《因話録》："河南孔尹温裕任補闕日諫討党項事，貶郴州司馬。久之得堂兄尚書温業書，報云：'憲府欲取爾作侍御史。'日望敕下。忽又得書云：'宰相以右史處之。'皆無音耗。一日有鵲喜於庭，直若語狀。孩稚拜且祝云：'願早得官。'鵲既飛去，墜下方寸紙，有'補闕'二字，極異之。無幾，却除此官。"④

然而人們並不會對其盲目崇拜，原因是喜鵲"知來而不知往"，知遠而不知近。即在報喜觀念之前的漢朝，能預知未來的喜鵲被認爲"先識歲之多風也，去高木而巢扶枝。大人過之則探鷇，嬰兒過之則挑其卵，知備遠難而忘近患"⑤。《周易・繫辭》云："神以知來，知以藏往。"⑥ 喜鵲"知來而不知往"當屬神而不智。而人則雖不能直接預知來事，但"史者，所以數往知來者也"⑦，可借以往事推未來的智慧彌補不足。如子張問十世之後文質禮變的情況，孔子則因往推來："殷因於夏禮，所損益可知也。周因於殷禮，所損益可知也。或繼周者，雖百世可知也。"⑧ 因此人們即使相信喜鵲能預知後事，也不誇大其能力。在喜鵲報喜而未驗的情況下還會引起怨懟之情。如唐令狐楚《閨情》詩："月落星稀天欲明，孤燈未滅夢難成。披衣更向門前望，不忿朝來鵲喜聲。"⑨ 宋陸游《南窗睡起》詩："起坐南窗成絶嘆，玉樓乾鵲誤歸期。"⑩ 明張羽《閨怨》詩："孤房獨夜冷凄凄，睡起眉纖傴月低。數過佳期憎報鵲，喚回好夢怪鄰鷄。"⑪ 亦有直指不能報喜者，如宋歐陽修《玉樓春》詩："蜘蛛喜鵲誤人多，似此無憑安足信。"⑫ 蔣宗福《漢語史料中反映的民俗舉隅》⑬ 例證較詳，此不多舉。

喜鵲甚至還有遭厭弃的情況。唐朝時已有人認爲喜鵲諂諛。皮日休《喜鵲》詩：

① （唐）張鷟《朝野僉載》，北京：中華書局，1985 年，第 54 頁。
② 陶敏《沈佺期宋之問集校注》，北京：中華書局，2001 年，第 554 頁。
③ （唐）韓愈撰，（宋）廖瑩中集注《東雅堂昌黎集註》，上海：上海古籍出版社，1993 年，第 154 頁。
④ （唐）趙璘《因話録》，北京：中華書局，1985 年，第 45 頁。
⑤ 《淮南鴻烈》，第 753 頁。
⑥ （唐）李鼎祚輯《周易集解》，第 347 頁。
⑦ （宋）羅願《爾雅翼》，北京：中華書局，1985 年，第 240 頁。
⑧ 《論語》，《十三經注》第 8 册，臺北：藝文印書館，2001 年，第 19 頁。
⑨ （清）彭定求等編《全唐詩》，鄭州：中州古籍出版社，2008 年，第 1484 頁。
⑩ 錢忠聯《陸游全集校注 2》，杭州：浙江教育出版社，2011 年，第 317 頁。
⑪ （明）張羽撰，張楨編：《東田遺稿》，《景印文淵閣四庫全書》1264 册，臺北：臺灣商務印書館，1986 年，第 259 頁。
⑫ （宋）歐陽修《歐陽文忠公集近體樂府》，國家圖書館藏明刻本，卷二第 16 葉右。
⑬ 蔣宗福《漢語史料中反映的民俗舉隅》，載《第二屆中國俗文化國際學術研討會論文集》，成都：四川大學中國俗文化研究所，2007 年，第 131 頁。

"弃膻在庭際，雙鵲來搖尾。欲啄怕人驚，喜語晴花裏。何況佞倖人，微禽解如此。"①
鵲因報喜有靈而被稱爲"靈鵲"，而烏鴉雖報凶亦有人贊其爲"靈烏"。昔范仲淹因獻
《百官圖》譏諷時政而被貶饒州，梅堯臣作《靈烏賦》惜其忠而遭弃："烏兮，來前事將
兆而獻忠，人反謂爾多凶。"② 宋朝有直接將喜鵲與烏鴉進行對比的情況。徐鹿卿《聞
鴉有感》："鵲群饒舌本何功，鴉陣狂言却似忠。聞鵲忻然鴉輒唾，甘諛易售古來同。"③
方岳《二禽》："鵲噪令公喜，鴉鳴令公怒。福兮挽不來，禍兮推不去。咄哉之二禽，於
爾竟何與。茅簷新雨晴，鵲聲哢圓嗦，主人顏色歡，甘諛終不悟。禍常十八九，鴉故告
之故。城頭尾畢逋，唾者滿行路。佞鵲不我忤，忠鴉不我誤。試嘗問主人，無乃乖好
惡。嗚呼！平生所聞唐太宗，切齒不平田舍翁。昨朝墳上土花墜，斷碑零落悲秋風。"④
至明朝則有直言惡鵲者。明沈德符《賀喑鳥獸文字》："昔楊椒山喜鴉惡鵲，謂鴉忠鵲佞
也。鵲身爲佞，又導人以佞。"⑤

四、結語

從靈鵲報喜觀念的形成過程可以知道區域文化交流對觀念的影響及地區之間的文化
角力。楚地巫風盛行，鵲鳥感風知吉凶的觀念當流行已久，但之前一直未有轉向報喜之
說，後此觀念北上，與鵲巢、鵲橋故事交融，才逐漸變化。先秦典籍中，喜鵲雖有負面
形象但不至於令人厭惡，更没有與凶兆聯繫在一起。而在喜鵲報喜之說已盛行的宋朝，
却有北人以鵲聲爲凶的說法。這可能是北方有些地區本有厭惡喜鵲的習俗，只是先秦典
籍中未見記載，後與喜鵲知來事觀念結合，形成報凶之說，至宋朝依然保留。甚至有可
能是北方有些地區本有鵲鳥報凶之說，只是這些地區文化影響力較弱，之前未見諸典
籍，宋以後也因南方文化强勢而逐漸湮滅無聞。鵲鳥的形象變化啓示我們，中國的文化
進程並非唯一中心的單綫形式，而是多元複綫交織前行。依典籍考據，可能會有一條比
較清晰的演變路徑，但不可徑直認定成唯一模式。

面對能够報喜的鵲鳥，人們一方面產生喜悅之情及拜祝行爲，另一方面却是凸顯人
的力量。正如《説文》將"人"解釋爲"天地之性最貴者也"⑥一樣，再神異的動物也
比不上人類，何況神而不智且未必能够報喜的鵲鳥。此外，人們還對喜鵲進行道德批
判，以喜鵲諂媚報喜告誡自身不可拒聽忠言。

---

①　(唐) 皮日休《皮日休文藪》，北京：中華書局，1959 年，第 123 頁。
②　(宋) 祝穆編《事文類聚》，京都：中文出版社，1989 年，第 1103 頁。
③　(宋) 徐鹿卿：《清正存稿》，《景印文淵閣四庫全書》1178 册，臺北：臺灣商務印書館，1986 年，第 928
頁。
④　(明) 程敏政《新安文獻志》，合肥：黃山書社，2004 年，第 1071 頁。
⑤　(明) 沈德符《萬曆野獲編》，北京：中華書局，1959 年，第 54 頁。
⑥　(東漢) 許慎《説文解字》，北京：中華書局，2015 年，第 159 頁上。

On the Concept of "Magpie Forecast Good Things"

Li Yanfei

Abstracts: The long tail of the magpie is easy to be affected by the wind, and the place where the magpie nesting will choose to shelter from the wind, so the magpie is considered to have the property of perceptual wind. The ancients believed that the wind could pass the command of the heavens, so the magpie could pass the commands of heaven. Under the influence of the family symbol of the magpie nest and the story of the magpie bridge, the magpie is gradually biased towards forecasting good things. In the face of the magpies of good things, people love and pray for joy, while on the other hand they believe in the power of people and think that magpies are flattering and unfaithful.

Key words: Magpie; Reason for Forecasting Good News; Attitude Towards Forecasting Good News

［李妍斐，四川大學文學與新聞學院碩士研究生］

以黃佐《廣東通志》看瓊州府的舞醉龍

譚美玲

提　要：今天廣東中山的醉龍舞、澳門的舞醉龍，均爲國家級非物質文化遺産。這種以手持木龍於農曆四月八日遊舞街上的記載，最早出現在黃佐的《香山縣志》。黃佐在明嘉靖三十九年（1560）編纂的《廣東通志》中亦有提及，但有所不同，廣州府對於木龍遊舞的風俗記載十分簡單，而瓊州府對這個風俗叙述很詳細，且内容更與今日的舞醉龍相近。今天瓊州府（今海南島）已經完全没有舞醉龍的痕迹，究竟在明清兩代瓊州府發生了甚麼而使得這風俗消失？本文希望通過《廣東通志》的有關記載，梳理瓊州府的舞醉龍發展歷程，厘清明代瓊州府的舞醉龍與廣東的舞醉龍的關係。

關鍵詞：《廣東通志》　黃佐　舞醉龍　瓊州府

澳門每年會在農曆四月八日舉行澳門鮮魚行醉龍節，至今已有百年的歷史。醉龍活動源於廣東中山，後流傳至澳門，變成了鮮魚業的行業慶典活動，其中舞醉龍又因爲活動的廣泛性、民俗性，成爲澳門人的信俗活動。廣東中山醉龍舞、澳門鮮魚行舞醉龍均爲我國的國家級非物質文化遺産，前者屬傳統舞蹈類别（序號 107，編號 III－4），後者屬民間信俗類别（序號 92，編號 X－85）。黃佐的《廣東通志》中對舞醉龍的叙述詳略不一，尤其是廣州府和瓊州府，本文希望借此探究明清時期瓊州府的舞醉龍傳播情況，以探討民俗文化流播特質。

一、從黃佐《廣東通志》出發

關於舞醉龍起源的文獻記載，今天能找到的文獻資料，首見於明嘉靖二十七年（1548）成書的黃佐《香山縣志》風俗條："四月八日，僧家浴佛，俗各祭其祠神，曰轉龍頭。"[①] 這段文字所顯示的時間、龍頭、祭祀等和今天澳門舞醉龍的形態相近。廣東

---

① 鄧遷主修，黃佐纂《香山縣志》卷一《風土志》，日本京都大學影印本，第 10 頁。

中山，古稱香山，唐代至德二年（757）立香山鎮，南宋紹興二十二年（1152）改升爲縣，以唐代的東莞、南海、番禺、新會四縣的海濱之地，且延至澳門，劃建而成，即今天中山珠海一帶。香山縣隸屬廣州府，澳門的管治當時也歸於香山縣長安鄉延福里恭字圍。① 黃佐在《香山縣志》中記載的轉龍頭的習俗較爲簡單，只有龍首轉動，它是否確實爲舞醉龍的源頭，仍須仔細考究。曾有學者以爲舞醉龍起源於民間舞蹈②。

黃佐在嘉靖三十九年（1560）所纂的《廣東通志》卷二十《民物志一》風俗部分，羅列了不同州府的風俗，當時廣東有廣州、韶州、南雄、潮州、肇慶、高州、廉州、雷州、瓊州九個府，各府四月八日的風俗如下：

（廣州府）四月八日，浮屠氏作青精飯，浴佛。愚民爭赴齋會，今已漸革。③

（韶州府）四月八日，浮屠浴佛。④

（南雄府）无。（按：雖没有四月八日的訊息，但在清明一則中，各家祭祖會因列祖之墓遠近來依次舉行祭祀，到四月八日才停止⑤）

（潮州府）四月八日浴佛。⑥

（肇慶府）无。（按：有清明、端午叙述，没有四月八日）

（高州府）時序與廣肇大同小异。⑦

（廉州府）時序頗同中土。⑧（其後只細叙中秋跳嶺的習俗）

（雷州府）四月八日祭掃用齋蔬。⑨

（瓊州府）四月八日浮屠氏習荆楚歲時，以五香和蜜水浴佛，謂龍華會。善婦女集尼庵飲浴水，餘分送檀越未至者。鄉落以木刻龍首尾，祀境廟中，唱龍歌迎之。抛鷄入洗溪水，謂之洗龍，加繪餻以俟端陽食會。⑩

這裏看到對四月八日節日的叙述，以廣州府和瓊州府最多。廣州府強調浴佛、青精飯及齋會。瓊州府則比廣州府的記録多出約 50 個字，當中内容共分五部分：浴佛、善

① 參看黃佐纂《香山縣志》卷一《風土志》"建置"條，第 1 頁，及邢榮發編著《澳門歷史十五講》，香港：華夏文化藝術出版社，2007 年，第 16 頁。

② 據《中國民族報》2016 年 2 月 25 日《非遺｜醉龍舞》的説法，醉龍起源於宋代，是一種古代中山民間特有的舞蹈。

③ 黃佐撰《廣東通志》卷二十《民物志一》，香港：大東圖書公司，1977 年，第 532 頁。

④ 黃佐撰《廣東通志》卷二十《民物志一》，第 536 頁。

⑤ 黃佐撰《廣東通志》卷二十《民物志一》，第 539 頁。

⑥ 黃佐撰《廣東通志》卷二十《民物志一》，第 540 頁。

⑦ 黃佐撰《廣東通志》卷二十《民物志一》，第 544 頁。

⑧ 黃佐撰《廣東通志》卷二十《民物志一》，第 545 頁。

⑨ 黃佐撰《廣東通志》卷二十《民物志一》，第 547 頁。

⑩ 黃佐撰《廣東通志》卷二十《民物志一》，第 550 頁。

信聚集、鄉落中木龍的準備、唱龍歌、洗龍等。瓊州府這條資料比起嘉靖二十七年（1548）《香山縣志》又詳細許多，而且有重複的部分。

黃佐在《廣東通志》中説了粵人的來源："漢粵人之俗好相攻擊，秦徙中縣之民使與百粵雜處。"同卷的"香山縣"條下，記載明代香山人民風淳樸，對男女之防甚嚴，擬古之風甚濃。① 黃佐自己也是香山人（石岐仁厚里），祖籍江西，而在他眼中香山人似較迷信、不大精明，以耕作鹹田（沙田）爲務。既然他是香山縣人，則其寫的香山縣的轉龍頭習俗較爲可信。乾隆十五年（1750）經香山縣知縣暴煜編撰的《香山縣志》卷三《風俗》記載：

> 四月八日僧家浴佛，里社祭神於廟，曰轉龍頭。是日里人奉祠神，鑼鼓旗幟，歌唱過城，市曰迎神。家以錢米施之，或裝爲神龍，歌舞數日而罷，今其俗亦少革。②

清道光七年（1827）祝淮主修《新修香山縣志》卷二《輿地下·風俗》記載：

> 四月八日，浮屠浴佛。諸神廟雕飾木龍，細民金鼓旗幟，醉舞中衢，以逐疫曰轉龍。③

而陳澧等纂，光緒五年（1879）刊刻的《重修香山縣志》卷五《輿地下·風俗》：

> 四月八日，浮屠浴佛。諸神廟雕飾木龍，細民金鼓旗幟，醉舞中衢，以逐疫。曰轉龍。（祝志）首插金花操木龍而舞，舁酒隨之，有醉至死者。舊惟八日有之，十年間輾轉至半月不息，踵事增華，近益靡麗。④

和《廣東通志》的記載相比，乾隆年間多了裝龍遊城、各家施米、鑼鼓旗幟等，道光年間多了"醉舞中衢"與"逐疫"，光緒年間多了細節描述，像頭"插金花操木龍而舞，舁酒隨之，有醉至死者"，轉龍的日子可至半月。

---

① 黃佐撰《廣東通志》卷二十《民物志一》，第 525 頁及"土地卑濕，人多躡屐。至別有製，以辨良賤。婚娶必論閥閲。病不求醫，而信巫覡。勤於農圃，而不學工商，故斥鹵（按：鹹碱性質的土地）盡成畎畝，而貿易每爲人所欺。惟别男女，耻争訟，頗有古風"。第 534 頁。

② 暴煜主修《香山縣志》卷三，《中山文獻》第一册，臺北：學生書局，1985 年，第 334 頁。

③ 祝淮主修《新修香山縣志》卷二，《中山文獻》第三册，臺北：學生書局，1985 年，第 201 頁。

④ 田明曜主修，陳澧等纂《重修香山縣志》卷五，《中山文獻》第五册，臺北：學生書局，1985 年，第 227 頁。

　　清代光緒年間的資料所記仍是四月八日的浴佛與祈福，說明了製作龍的材質、裝飾龍的細緻，並細説舞弄者的神態，酒、木龍等道具的運用，時間的長短。這說明當時的舞醉龍與今天澳門舞醉龍形態已有百分之八十相近。

　　但當再查閱清代的各廣州府縣志，像《（乾隆）番禺縣志》《（嘉慶）東莞縣志》《（嘉慶）三水縣志》《（康熙）永安縣次志》《（同治）清遠縣志》《（咸豐）順德縣志》等，對四月八日的風俗記載都只是與浴佛有關，有些縣志沒有記錄，另外像《清遠縣志》則言："四月八日采艾爲虎，作龍舟。"① 其中以《番禺縣志》談到的四月八日最爲詳細：

　　　　四月八日，寺觀香湯浴佛，以清水分送人家。采麵莄榔，擣百花葉爲餅。是日江競陳龍舟，曰出水龍。潮田始作，買花果於龍女艇。②

　　可見除了前述幾種《香山縣志》外，清代廣州府内各縣四月八日的習俗皆爲浴佛。

二、瓊州府明清的舞醉龍

清初屈大均《廣東新語》卷十八"龍船"條提及瓊州人：

　　　　瓊人重龍船，四月八日，雕木爲龍置於廟，唱龍歌迎之，而投白雞水中以洗龍。五月之朔至四日，乃以次迎龍。主人先爲龍歌，包以繡帕置龍前，其歌辭不可見，止歌末一字可見，諸客度韻凑歌……其諺曰：未鬥龍船，先鬥龍歌。③

乾隆三十九年（1774）蕭應植所修《瓊州府志》，卷一《風俗》記載：

　　　　四月八日浮屠氏以五香和蜜水，浴釋迦太子，佛謂之龍華會，浴水餘分送檀越。鄉落以木刻龍，祀本境廟中，競唱龍歌，拋雞入溪水洗之，謂之洗龍，加以繪飾。候端陽節。④

　　① 《（同治）清遠縣志》卷十二"風土"條，故宫珍本叢刊，第171册（廣東府州縣志第6册），海口：海南出版社，2001年，第2頁。

　　② 《（乾隆）番禺縣志》卷十七"風俗時令"條，故宫珍本叢刊，第168册（廣東府州縣志第3册），第399頁。

　　③ 屈大均《廣東新語》卷十八，下册，北京：中華書局，2006年，第489頁。

　　④ 蕭應植修《瓊州府志》，故宫珍本叢刊，第189册，第53～54頁。

乾隆十二年（1747）于霈所修《瓊山縣志》云：

> 四月八日浮屠氏以五香和蜜水，浴釋迦太子，佛謂之龍華會，以浴佛水分送檀越。鄉落以木刻龍，祀本境廟中，競唱龍歌，拋雞入溪水洗之，謂之洗龍，加以繪飾。①

明嘉靖年間的舞醉龍風俗在清乾隆初年還流傳於瓊州。細查瓊州其他縣志，四月八日慶祝內容有所不同。康熙五十七年（1718）《增訂文昌縣志·疆域風俗》只有"四月八日建浴佛會"一句。② 康乾年間的另外八部瓊州地方志中，均沒有說到四月八日浴佛或刻龍、洗龍、飾龍之事。儋州、會同、樂會等方志均在其節序記載三月清明日上墳，培塚壘土登壟掃祭，至四月八日乃止，沒有言四月八日有什麼特別安排。最特別的是康熙二十九年（1690）《安定縣志·風俗》，其記載："四月各家各姓，設醮酬恩，名曰允雷公齋……"③ 四月八日沒有浴佛。

明代嘉靖年間瓊州府有和舞醉龍相似的洗龍、飾龍儀式，清代乾隆年間還可以在《瓊州府志》等各種縣志中看到這類記載，但從康熙年間起已經不再有四月八日這類活動，甚至沒有慶祝浴佛，這與清朝對瓊州政策的改變有關。

瓊州在東漢時已有"錫光爲交趾，任延守九真。於是教其耕稼，制爲冠履，初設媒娉，始知姻娶，建立學校，導之禮儀"④。瓊州府的漢人開始增多，本土的少數民族由此漢化。明朝初期太祖恢復文教，講學之風起，至成祖重視文治修《永樂大典》，加上仁、宣二帝真正改變成祖的治國風氣，重視文官、文教，使得大明對不同地方的官員政策不同⑤，到處派駐文官。瓊州靠近東南諸國，朝廷派駐文官並施行教化。明代嘉靖年間瓊州府的人口比其他各個廣東州府都多，有二十六萬多，多於肇慶府，次於廣州府，⑥ 可見當時人口之盛，且都集中在不同的大縣。瓊州自宋以來就成爲不少文人貶謫之地，蘇軾、李德裕等名臣都曾被貶至此地，中原、廣東的習俗必傳至此。所以在明代，經過一些大儒在瓊州的經營，像丘濬、唐冑、王佐、海瑞等，中土的文化如祭祀、舞龍、龍舟、洗龍等，影響到瓊州。

在兩宋時瓊州島上佛寺和佛堂共有 15 間，分別在瓊山、澄邁、文昌、儋州、萬州幾個縣。到明代更大，一共 17 座，且部分是大型的寺廟，非佛堂一類，並且 8 座建有

---

① 于霈修《瓊山縣志》卷一《疆域節序》。故宮珍本叢刊，第 191 冊，第 334 頁。
② 馬日炳纂修、沈㴴修《增訂文昌縣志》卷一，故宮珍本叢刊，191 冊，第 228 頁。
③ 董興祚、張文豹纂修《安定縣志》卷一，故宮珍本叢刊，第 192 冊，第 23 頁。
④ 范曄撰，李賢等注《後漢書》卷八十六，《南蠻傳》，北京：中華書局，1982 年，第 2836 頁。
⑤ 參孟森《明史講義》第二章"靖難"，長沙：岳麓書社，2009 年，第 108～120 頁。
⑥ 黃佐《廣東通志》卷二十一《民物志二·戶口》，第 561～565 頁。廣州府有人 607268 口，瓊州府次之，有 261630 口。

塔，並分布在瓊州本島的南部、西部崖州、感恩、昌化一帶。① 根據張朔人《明代海南文化研究》的考究，在瓊州島上除了佛教之外，還有像媽祖、關公等道教民間信仰，以及伊斯蘭教、天主教等，且立廟或教堂，可見明代瓊州的宗教是多元的。②

到了清代，因爲清人重軍事而不重人文教化，派駐瓊州的主要是軍事官員，而使得這個地方的人文教化没落。可以看到清代從瓊州起家的文人變少，甚至語言變化也不大。乾隆年間的《瓊州府志》卷一"風俗方言"條：

> 瓊人語有數種，有官語，即中州正音，縉紳士大夫及居城厢者類言之，以郡城流寓者多，故語近正，鄉落莫曉。有東語，略似閩音。有西江語，似廣西梧州等處土音。又崖州有邁語，與廣州相似，要皆商賈遺允也。故謂之客語。又有土軍語，地黎語，乃本地土音。大率音語以郡城瓊山爲近正，使鄉落州邑轉相傳習，則咸爲正音，不難矣。③

乾隆年間島上各縣都有自己的語言。明代萬曆年間"正語"（中州正音）分布在城市，是守軍使用的語言④；閩語分布在文昌、會同、樂會等島的東海岸一帶；在島的西邊爲多種方言區，尤其是感恩、崖州港口一帶。瓊州府的少數民族有黎、岐、苗、伶等族，當中黎族最多，這些少數民族至今仍存在。⑤ 語言的使用能凸顯文化的認同感，清代瓊州府的改變，使源自中原的文化消失了不少，加上不同的民族在這裏流轉，瓊州府的文化已經改變。

據蕭應植《瓊州府志》，乾隆二十六年（1761）瓊州府有 108354 丁⑥，比雍正年間少。瓊州府有 17 條渡輪綫，其中 16 條通往本島各個縣市，只有一條通往内陸："海口渡：在城北十里海口，北達徐聞，順風半日可至，凡舟候潮而開，有海南道副使程有守，潮信□竪海口天后廟前。凡渡海達徐聞，有三處渡口，一曰海口官渡，一曰白沙古渡，一曰烈樓渡。自烈樓達徐聞直□浦較近。乾隆十二年，詳設班渡船三隻，以爲差使

---

① 關於瓊州府中佛教寺廟的建造，參看張朔人《明代海南文化研究》第四章"宗教傳播及流變"，北京：社會科學文獻出版社，2013 年，第 230～240 頁。

② 張朔人《明代海南文化研究》，第 253～277 頁。

③ 蕭應植《瓊州府志》乾隆三十九年（1774），故宫珍本叢刊，第 189 册，53 頁。明唐胄《正德瓊臺志》卷七《風俗》："州城爲正語。村落鄉音有數種：一曰東語，又名客語，似閩音；一曰西江黎語，即廣西梧、潯等處音；一曰土軍語、一曰地黎語，乃本土音也。其儋、崖及生黎與壹、猺、番等人語又各不同。"又李璜《崖州志》乾隆二十年（1755）卷八《風土志》都如此言瓊州的方言情況，並把官語即中原正音，説明由仕宦商賈傳入，至康熙年間（二十六年）仍存在。故宫珍本叢刊，第 194 册，第 136 頁。

④ 參看張朔人《明代海南文化研究》，第 282～287 頁，且 282 頁有一明代海南方言分布示意圖。

⑤ 关於少數民族的統計，在 1931 及 1932 德國人 H. Stäbel 到海南調查的《海南島民族志》中有詳細記載。參看中國科學院廣東民族研究所編於 1964 年，《海南島民族志》（德文版於 1937 年柏林出版，1943 年由平野義太郎、清水三男翻譯成日文。漢語譯本由中國科學院廣東民族研究所翻譯）2001 年的内部參考影印本。

⑥ 蕭應植《瓊州府志》卷三，第 198～200 頁。

往來，三十二年奉裁二隻，仍留一隻，改名快櫓，槳船舵水工食，府稅內支銷。"① 這時來自閩粵的人已經減少，舊有氏族留下的也少，新來的人以官兵爲主。出於海防的需要，清政府一直在海口、崖州、文昌、清瀾等港口駐守海軍、海船，全島最少 12 艘，最盛時 20 艘（內河哨船不算在內）。還有兩艘大輪，每年每月均有定期的大小型海防演練，主爲防番、防盜賊、防海寇。瓊州的內河區域需要撫黎、平黎，西海諸國如安南、占城、真臘、爪哇、暹羅、佛朗機（爪哇南）、錫蘭，東海諸國如日本等都需防范，所以瓊州的軍事作用很大。② 早在宋代慶歷年間，瓊州已經開始招收廣東南巡海軍以訓練戰守之軍。③ 自清兵駐守瓊州後，除招撫黎族外，其守備多不用原在瓊州的漢人，實際也是防範漢人駐守遠邊地區而生事端。

自清雍正後，瓊州成爲清政府防海盜、黎亂、倭寇的要地，並防範当地居民外遷。到 1935 年前後，法國人、德國人到瓊州（當時已叫海南島）做田野調查時，島上的少數民族仍以黎族爲主，還有侾、美孚、岐、峒等族，他們並未漢化，可見清代後期對瓊州的文化教育沒有多大的影響。④ 20 世紀初，瓊州的海運商貿仍很發達，常有船運來往廣東甚至香港。⑤

《廣東通志》中的洗龍、飾龍記載是明代中華文化曾經在瓊州傳播的證明，只是時代遷移，政策改變，這種風俗沒有在清代延續下去，但舞醉龍十分可能經由商業貿易、人口遷移，從瓊州傳回廣州、香山，甚至往南遷移，把舞龍的模式傳往東南亞諸國。

---

① 蕭應植《瓊州府志》卷二下，第 180～181 頁。
② 蕭應植《瓊州府志》卷八，第 127～139 頁。
③ 許祖京《重修陵水縣志》故宮珍本叢刊，第 194 冊，第 265 頁。
④ 參看《海南島民族志》，1932 年時的調查報告，中國社科院廣東民族研究所出版，1964 年。另法國人薩維納著、辛世彪譯注《海南島志》1928 年左右的調查。桂林：灕江出版社，2012 年。
⑤ 參看薩維納著，辛世彪譯注《海南島志》第 13 頁，薩維納記載：20 世紀 20 年代定安縣有舢板向海口送各種牲畜和周邊地區的農産、土産，然後把山區送來的大量牲畜一起經海口運往香港。

The Narrative of Druken Dragon Dance on Qiongzhou Prefecture in HuangZuo *Guangdong Chronicle*

Tan Meiling

Abstract：There are differences between the drunken dragon dance and the dancing of drunken dragon，not even they are presented in different places of Canton，but also they are belonged to different types of custom. Their earliest and most primitive record had narrated by Huang Zuo's *Xiangshan Chronicles* on 1548. This record is simple and lack of information. Huang had another compilation of chronicles — *Guangdong Chronicles* about the whole Canton province on 1560. There are some more details of drunken dragon on Qiongzhou Prefecture（today's Hainan）in that book，but we cannot see any details of this custom on today's Qiongzhou. This paper intended to find out the changing of Qiongzhou's drunken dragon custom and its moving track to Canton's routine around Ming — Qing Dynasties.

Keywords：*Guangdong Chronicle*；Huang Zuo；Dancing of Drunken Dragon；Qiongzhou Prefecture

［譚美玲，澳門大學中國語言文學系副教授］

Studies on Folk Documents ————————

俗文獻研究

六朝時期散樂百戲論略[*]

王福利　徐　婷

提　要：作爲俗樂的重要組成部分，散樂百戲西周時已進入宮廷，秦漢時進一步繁榮，在六朝動蕩不安、思想文化高度交融的特殊環境裏也獲得了前所未有的發展，呈現出形式多樣、内容豐富、種類繁多、藝術價值極高的整體面貌。魏晉時期，散樂百戲的節目種類和文獻記載進一步豐富；南北朝時期，節目數量和伎藝水平均達到了很高的程度。尤其值得指出的是，該時期部分節目會配以相應的樂曲、舞蹈、歌辭等進行表演，可謂其一大特色。通過對該時期散樂百戲主要節目承襲與衍變、創作與接受的多維梳理，可以看出其時散樂百戲藝人極爲高超的伎藝水準和開放活潑的審美生態。

關鍵詞：六朝　散樂　百戲

　　六朝時期既是我國歷史上朝代更替較爲頻繁的時期，同時也是社會經濟、思想文化及民族融合較爲活躍的時期。這一特殊的歷史背景却給在夾縫中求生存的散樂百戲提供了超乎尋常的衍變、提升和發展機會，使其達到了一個新的高度，形式多樣，内容豐富，异彩紛呈，炫人眼目。遺憾的是，學界少有對其作系統專門研討者，今嘗試在已有成果的基礎上對其作集中梳理、考辨和論析，以期對該領域的深入探究有所補益。

一、散樂百戲概念内涵及其在漢魏六朝時期之概況

　　何謂散樂？散樂乃俗樂之一種，和雅樂相對而言。《周禮·春官》："旄人掌教舞散樂、舞夷樂。"鄭玄注曰："散樂，野人爲樂之善者，若今黄門倡矣。"可見，在先秦時期，散樂已進入宮廷。秦漢以後，隨著大一統封建政權的形成，散樂也進一步繁榮，加入了雜伎，名曰百戲，内容上更爲豐富，亦總稱曰散樂。《樂府詩集》曰："秦漢已來，

　　* 本文爲江蘇省研究生科研與實踐創新計畫項目"南朝禮樂文化研究"（項目編號：KYCX20－2705）階段性成果。

又有雜伎，其變非一，名爲百戲，亦總謂之散樂。自是歷代相承有之。"① 漢時散樂歸屬黃門鼓吹，多用於天子宴樂群臣。就其表演形態，《舊唐書·音樂志二》曰："《散樂》者，歷代有之，非部伍之聲，俳優歌舞雜奏。"據《宋書·樂志》記載，發展至後漢，西域傳入內地的不少節目亦得以在宮廷上演。魏晉時期，南北文化交融進一步加深，散樂百戲種類增多，文獻記載也日趨詳細、豐富。正如史書所云："角抵、像形、雜伎，歷代相承有也。其增損源起，事不可詳，大略漢世張衡《西京賦》是其始也。魏世則事見陳思王樂府《宴樂篇》，晉世則見傅玄《元正篇》《朝會賦》。江左咸康中，罷紫鹿、跂行、鼈食、笮鼠、齊王卷衣、絕倒、五案等伎，中朝所無，見《起居注》，並莫知所由也。"② "魏晉訖江左，猶有《夏育扛鼎》《巨象行乳》《神龜抃舞》《背負靈岳》《桂樹白雪》《畫地成川》之樂焉。"晉成帝咸康七年（341），散騎侍郎顧臻表奏"雜伎而傷人者，皆宜除之"，"於是除《高緪》《紫鹿》《跂行》《鼈食》及《齊王捲衣》《笮兒》等樂。又減其稟。其後復《高緪》《紫鹿》焉"。③ "太元④中，苻堅敗後，得關中橦橦胡伎，進太樂，今或有存亡，案此則可知矣。"⑤ 史載，僅孝建元年（454）冬會禁演的雜伎項目就有"鐸舞、杯柈舞、長蹻、透狹、舒丸劍、博山、緣大橦、升五案"⑥。所有這些，均可見其在該時期興盛繁富之程度。

進入南朝，又有新變。《樂府詩集·舞曲歌辭五·散樂附》載宋散樂曲《鳳凰銜書伎辭》一首（無名氏）、齊散樂曲《鳳凰銜書伎辭》一首（無名氏）。《隋書·音樂志》曰："自宋、齊已來，三朝有鳳凰銜書伎。"⑦《南齊書·樂志》云："蓋魚龍之流也。元會日，侍中於殿前跪取其書。宋世辭云……齊初詔中書郎江淹改。"⑧ "至梁武帝普通中，下詔罷之。"⑨ 齊永明年間，還曾出現有"天台山伎"。《南齊書·樂志》載："永明六年，赤城山雲霧開朗，見石橋瀑布，從所來罕睹也。山道士朱僧標以聞，上遣主書董仲民案視，以爲神瑞。太樂令鄭義泰案孫興公賦造天台山伎，作苺苔石橋道士捫翠屏之狀，尋又省焉。"齊又有《永平樂歌》。"《永平樂歌》者，竟陵王子良與諸文士造奏之。人爲十曲。道人釋寶月辭頗美，上常被之管絃，而不列於樂官也。"⑩

梁普通中，所存三朝舊樂中的散戲雜伎節目則更爲繁富。《隋書·音樂志》中有較詳記載，其於雅舞、雅歌表演十五個節目後，自十六以下至四十六止，皆爲雜舞、散戲

---

① （宋）郭茂倩《樂府詩集》，北京：中華書局，1979 年，第 56 卷，第 819 頁。
② （南朝梁）蕭子顯《南齊書》卷十一《樂志》，北京：中華書局，1972 年，第 195 頁。
③ （南朝梁）沈約《宋書》卷十九《樂志》，北京：中華書局，1974 年，第 546～547 頁。
④ 東晉孝武帝司馬昌明年號，376—396 年。
⑤ 《南齊書》卷十一《樂志》，第 195 頁。
⑥ 《宋書》卷六一《劉義恭傳》，第 1648 頁。
⑦ （唐）魏徵《隋書》卷十三《音樂志》，北京：中華書局，1973 年，第 303 頁。
⑧ 《南齊書》卷十一《樂志》，第 196 頁。
⑨ 《樂府詩集》卷五十六，第 820 頁。
⑩ 《南齊書》卷十一《樂志》，第 195、196 頁。

雜伎之類的娛樂項目，具體如下：

> 三朝……十六，設俳伎；十七，設《鞞舞》；十八，設《鐸舞》；十九，設《拂舞》；二十，設《巾舞》並《白紵》；二十一，設舞盤伎；二十二，設舞輪伎；二十三，設刺長追花幢伎；二十四，設受猾伎；二十五，設車輪折胆伎；二十六，設長蹻伎；二十七，設須彌山、黄山、三峽等伎；二十八，設跳鈴伎；二十九，設跳劍伎；三十，設擲倒伎；三十一，設擲倒案伎；三十二，設青絲幢伎；三十三，設一傘花幢伎；三十四，設雷幢伎；三十五，設金輪幢伎；三十六，設白獸幢伎；三十七，設擲蹻伎；三十八，設獼猴幢伎；三十九，設啄木幢伎；四十，設五案幢咒願伎；四十一，設辟邪伎；四十二，設青紫鹿伎；四十三，設白武伎，作訖，將白鹿來迎下；四十四，設寺子導安息孔雀、鳳凰、文鹿胡舞登連《上雲樂》歌舞伎；四十五，設緣高絙伎；四十六，設變黃龍弄龜伎。

在這些節目表演完之後，太子、皇帝先後起席，則復爲雅曲。史載："四十七，皇太子起，奏《胤雅》；四十八，眾官出，奏《俊雅》；四十九，皇帝興，奏《皇雅》。"在羅列以上項目後，史書還介紹説："自宋、齊已來，三朝有鳳凰銜書伎。"至此而詔罷。①王仲犖認爲，《鳳凰》應與漢以後的傳統劇目《鹿馬仙車》（見《魏書·樂志》）、《辟邪》、《青紫鹿》、《麒麟》、《長蛇》等相近。②

後魏天興"六年冬，詔太樂、總章、鼓吹增修雜伎，造五兵、角觝、麒麟、鳳皇、仙人、長蛇、白象、白虎及諸畏獸、魚龍、辟邪、鹿馬仙車、高絙百尺、長趫、緣橦、跳丸、五案以備百戲。大饗設之於殿庭，如漢晋之舊也。太宗初，又增修之，撰合大曲，更爲鐘鼓之節"③。

後周宮廷散樂亦當可觀，皆受寵一時之鄭譯爲周主自齊羅致者。《資治通鑒·陳紀七》説周主"居喪纔踰年，輒恣聲樂，魚龍百戲，常陳殿前，累日繼夜，不知休息；多聚美女以實後宮，增置位號，不可詳録；遊宴沈湎，或旬日不出，群臣請事者，皆因宦者奏之"。胡三省注："《五代志》：齊武平中，有魚龍爛漫，俳優朱儒、山車、巨象、拔井、種瓜、殺馬、剥驢等奇怪异端，百有餘物，名爲百戲。時鄭譯有寵於周主，徵齊散樂，並會京師爲之，蓋秦角抵之流也。"④

① 《隋書》卷十三《音樂志》，第302～303頁。
② 王仲犖《魏晋南北朝史》，上海：上海人民出版社，1980年，下册，第1011頁。
③ （北齊）魏收《魏書》卷一〇九《樂志》，北京：中華書局，1974年，第2828頁。
④ （宋）司馬光《資治通鑒》卷一七三，北京：中華書局，1956年，第12册，第5392～5393頁。

二、六朝時期散樂百戲之主要内容和伎藝特點

從上文不難看出，漢以後，魏晉南北朝散樂雜伎備受宮廷喜用，内容廣泛，節目繁富，爭奇鬥豔，色彩紛呈，且有些節目還配合以相應的樂曲、舞蹈、歌辭等，更是其時之一大特色。以下我們就流行於六朝時期的一些主要散樂百戲節目作些梳理論析。

（一）魚龍曼延

此乃秦、漢時即有之大型雜伎節目，就其表演，如前所引《宋書·樂志》載："後漢正月旦，天子臨德陽殿受朝賀，舍利從西方來，戲於殿前，激水化成比目魚，跳躍嗽水，作霧翳日；畢，又化成黄龍，長八九丈，出水遊戲，炫耀日光。"① 《初學記》卷十五《雜樂第二·叙事》"魚龍曼延"條下注曰："假作獸以戲。"② 該節目名稱又寫作"漫衍魚龍"，《漢書·西域傳》："孝武之世……設酒池肉林以饗四夷之客，作《巴俞》都盧、海中《碭極》、漫衍魚龍、角抵之戲以觀視之。"③ 張衡《西京賦》云："巨獸百尋，是爲曼延。"《文選》李善注曰："作大獸，長八十丈，所謂蛇龍曼延也。"也即《漢書》所載之"武帝作漫衍之戲也"④。可見，該節目早在西漢武帝時即已風行宮廷。後漢時，則作爲元旦表演的重要傳統節目而呈現，後世的龍燈舞、獅子舞蓋其部分遺存的延續。"南朝、北朝都把這個優良傳統劇種保存了下來，梁稱之爲《變黄龍弄龜伎》，北魏稱之爲《魚龍》，北齊稱之爲《魚龍爛漫》，北周稱之爲《魚龍漫衍之伎》，並見《魏書·樂志》和《隋書·音樂志》。"⑤

《宋書·樂志》說："舍利從西方來，戲於殿前。"⑥ 有學者指出："'舍利'是獸名，由西域傳來，出於梵文音譯。"⑦《漢書·西域傳》晉灼注曰："魚龍者，爲舍利之獸，先戲於庭極，畢乃入殿前激水，化成比目魚，跳躍漱水，作霧障日，畢，化成黄龍八丈，出水敖戲於庭，炫耀日光。《西京賦》云'海鱗變而成龍'，即爲此色也。"⑧《舊唐書·音樂志》："漢天子臨軒設樂，舍利獸從西方來，戲於殿前，激水成比目魚，跳躍嗽水，作霧翳日，化成黄龍，修八丈，出水遊戲，輝耀日光。繩繫兩柱，相去數丈，二倡女對舞繩上，切肩而不傾。如是雜變，總名百戲。"⑨ 則皆直接稱之爲"舍利獸"。早在後漢

---

① 《宋書》卷十九《樂志》，第 546 頁。

② （唐）徐堅等《初學記》，北京：中華書局，1962 年，第 15 卷，第 372 頁。

③ （東漢）班固《漢書》卷九六《西域傳》，北京：中華書局，1962 年，第 3928 頁。

④ （東漢）張衡《西京賦》，載《文選》卷二，上海：上海古籍出版社，1986 年，第 1 冊，第 76 頁。

⑤ 王仲犖《魏晉南北朝史》，下冊，第 1010 頁。

⑥ 《宋書》卷十九《樂志》，第 546 頁。

⑦ 張承宗、田澤濱、何榮昌主編《六朝史》，南京：江蘇古籍出版社，1991 年，第 459 頁。

⑧ 《漢書》卷九六《西域傳》，第 3929～3930 頁。

⑨ （五代）劉昫《舊唐書》卷二九《音樂志》，北京：中華書局，1975 年，第 1072 頁。又見《太平御覽》卷五百六十九引、元馬端臨《文獻通考》卷一百四十七《樂考二十·散樂百戲》引。

鄭眾所列新婚《禮物》名目中，即有"鳳皇、舍利獸、鴛鴦、受福獸、魚、鹿"等，並闡釋說："鳳凰，雌雄伉合儷。舍利獸，廉而謙。鴛鴦，飛止須匹，鳴則相和。受福獸，體恭心慈。魚，處淵無射。鹿者，禄也。"① 可見，舍利獸的風格特點是"廉而謙"，與蛇龍類似，晋灼直言其爲"魚龍"。《樂府詩集·舞曲歌辭》所載《魏陳思王鼙舞歌·大魏篇》有句云："黄鵠遊殿前，神鼎周四阿。玉馬充乘輿，芝蓋樹九華。白虎戲西除，舍利從辟邪。騏驎躡足舞，鳳皇拊翼歌。"②《隋書·音樂志》對六朝至隋"魚龍曼延"的表演情況記載較詳，文曰："始齊武平中，有魚龍爛漫、俳優、朱儒、山車、巨象、拔井、種瓜、殺馬、剥驢等……名爲百戲。周時，鄭譯有寵於宣帝，奏徵齊散樂人，並會京師爲之。蓋秦角抵之流者也。開皇初，並放遣之。及大業二年，突厥染干來朝，煬帝欲誇之，總追四方散樂，大集東都。初於芳華苑積翠池側，帝帷宮女觀之。有舍利先來，戲於場内，須臾跳躍，激水滿衢，黿鼉龜鱉，水人蟲魚，遍覆於地。又有大鯨魚，噴霧翳日，倏忽化成黄龍，長七八丈，聳踊而出，名曰《黄龍變》。又以繩繫兩柱，相去十丈，遣二倡女，對舞繩上，相逢切肩而過，歌舞不輟。"③ 前半段的表演，應如張衡《西京賦》所描繪的："海鱗變而成龍，狀蜿蜿以蝹蝹。"注曰："海鱗，大魚也。初作大魚，從東方來，當觀前，而變作龍。蜿蜿、蝹蝹，龍形貌也。"④

我們以爲，以上所引史書中的"舍利"，當即張衡《西京賦》中所書"含利"之誤。其文曰："巨獸百尋，是爲曼延。……海鱗變而成龍，狀蜿蜿以蝹蝹。含利颶颶，化爲仙車。"薛綜注曰："含利，獸名。性吐金，故曰含利"。⑤《初學記》卷十五《雜樂第二·叙事》所引亦作"怪獸，含利之戲"⑥。《太平御覽》卷九百一十三"含利"條引張衡《西京賦》後，復引《鄭氏婚禮謁文贊》曰："含利爲獸，廉而能謙，禮義乃食，口無讒慝。"此鄭氏，即鄭眾。而上引《樂府詩集》所載《魏陳思王鼙舞歌·大魏篇》中的"舍利"一詞，在逯欽立編輯的《先秦漢魏晋南北朝詩·魏詩卷六》中即爲"含利"⑦。清翟灝《通俗編》卷二十三《貨財》"含利獸"條："梁元帝《纂要》：秦漢有怪獸含利之戲。張衡《西京賦》：'含利颶颶，化爲仙車。'薛綜注云：'含利，獸名，性吐金，故曰含利。'按：含利之狀，諸書未詳，而俚俗春帖有若狻猊之屬，張口吐金，與

① （清）嚴可均《全上古三代秦漢三國六朝文·全後漢文卷二十二》，標曰"《通典》五十八"等。史書既然稱節目表演者爲"舍利獸"，則應與"婆利國"之海上名"舍利"鳥者無關（《隋書》卷八二《婆利國傳》）。參《全上古三代秦漢三國六朝文》，北京：中華書局，1958年，第591頁。

② 《樂府詩集》卷五三，第774頁。

③ 《隋書》卷十五《音樂志》，第380～381頁。

④ 張衡《西京賦》，《文選》卷二，第1冊，第76頁。

⑤ 張衡《西京賦》，《文選》卷二，第1冊，第76頁。亦請參見唐歐陽詢《藝文類聚》卷六一，上海：上海古籍出版社，1982年新1版，第1100頁。

⑥ （唐）徐堅等《初學記》卷十五，北京：中華書局，1963年，第372頁。

⑦ 逯欽立輯校《先秦漢魏晋南北朝詩》，北京：中華書局，1983年，上冊，第429頁。

搖錢樹、金銀山、聚寶盆交錯並列，蓋以意爲其象耳。"① 章炳麟《訄書·辨樂》云："觀漢世魚龍、含利諸戲，惟以觀視四夷，古乃以三事爲容舞。"亦可見前引史志中的"舍利"乃"含利"之誤。

又，"魚龍曼延"中的"蔓延"，一作"蔓延"或"漫衍"，實爲"蝮蜒"或"獌狿"一詞的異寫，也是一種巨獸的名稱。司馬相如《子虛賦》所書巨獸有"白虎玄豹，蝮蜒貙豻"。《漢書·西域傳》晉灼注曰："漫衍者，即張衡《西京賦》所云'巨獸百尋，是爲漫延'者也。"《文選》李善注："郭璞曰：蝮蜒，大獸，似狸，長百尋。"② 故表演者則同上引張衡《西京賦》所云"作大獸，長八十丈"，"所謂蛇龍曼延也"。

（二）夏育扛鼎

《宋書·樂志》載："魏晉訖江左，猶有《夏育扛鼎》《巨象行乳》《神龜抃舞》《背負靈岳》《桂樹白雪》《畫地成川》之樂焉。"③ 可見"夏育抗鼎"是魏晉六朝時期較爲重要的表演節目之一。顧名思義，這一節目表演是帶有"大力士"顯現神力無比意味的。夏育，周時著名的勇士，衛人，傳說能力舉千鈞，"叱呼駭三軍"。④《史記·范睢蔡澤列傳》："烏獲、任鄙之力焉而死，成荆、孟賁、王慶忌、夏育之勇焉而死。"裴駰集解引《漢書音義》曰："或云夏育，衛人，力舉千鈞。"⑤ 晋葛洪《抱朴子·辨問》："夏育、杜回，筋力之聖也。"⑥ 所以，"夏育"便成爲後世勇士、大力士的代稱。張衡《西京賦》記漢代有"烏獲扛鼎"，則是以秦大力士烏獲的名字命名的雜伎項目。《文選》李善注曰："《史記》曰：秦武王有力士烏獲、孟說，皆大官。王與孟說舉鼎。"並引《說文》曰："扛，橫開對舉也。"⑦ 這樣，我們便可想象大力士是怎樣顯示自己非凡神力的了。但事實甚至會超出我們的想象。這一項目在梁被稱爲"《舞輪伎》"（《隋書·音樂志》）。唐代又稱之曰"《戲車輪》"（《舊唐書·音樂志》）。關於該項目的表演，《隋書·音樂志》有形象的描述："及大業二年，突厥染干來朝，煬帝欲誇之，總追四方散樂，大集東都。……又爲夏育扛鼎，取車輪石臼大甕器等，各於掌上而跳弄之。並二人戴竿，其上有舞，忽然騰透而換易之。"⑧ 顯然，項目不僅要求演員力大無比，而且還要求其表現出靈活多變的技巧，具有很强的審美感觀。後世表演，則大多以"大甕器"之類的道具

① （清）翟灝《通俗編》卷二三，北京：東方出版社，2013 年，下冊，第 427 頁。
② 張衡《西京賦》，《文選》卷七，第 1 冊，第 351 頁。朱東潤主編《中國歷代文學作品選》，上海：上海古籍出版社，1979 年，上編，第 1 冊，第 319 頁第 59 條注。亦請參《太平御覽》卷九百一十三"蝮蜒"條。
③ 《宋書》卷十九《樂志》，第 546 頁。
④ 範祥雍《戰國策箋證》卷五《秦三·蔡澤見逐於趙》，上海：上海古籍出版社，2006 年，第 360 頁。
⑤ （西漢）司馬遷《史記》卷七九，北京：中華書局，1959 年，第 7 冊，第 2407～2408 頁。
⑥ 顧久《抱朴子內篇全譯》，貴陽：貴州人民出版社，1995 年，第 303 頁。
⑦ 張衡《西京賦》，《文選》卷二，第 1 冊，第 75 頁。
⑧ 《隋書》卷十五《音樂志》，第 381 頁。

爲主。①

（三）巨象行乳

該項目源自漢代的"白象行孕"②，東晋南朝稱"巨象行乳"，北魏稱"白象"，北齊稱"巨象"。由演員（可能要二人）僞裝成大白象，從東邊來到觀樓前，並在行走中產下一頭小白象（也是由演員扮的）。③ 類同假面舞戲，桓寬《鹽鐵論·散不足》："椎牛擊鼓，戲倡儛像。"王利器注："《漢書·禮樂志》：'常從象人四人。'韋昭曰：'象人，著假面者也。'《御覽》五六九引梁元帝《纂要》：'又有百戲，起於秦、漢，有象人。'原注：'見《漢書》，韋昭曰："今之假面。"'《西京雜記》：'鞠道龍古有黄公術，能制虎，又能立興雲雨，坐變山河。後衰老，飲酒無度，術不能神，爲虎所食。故三輔間以爲戲象。'‘像’就是‘象人’。"④ 張衡《西京賦》云："白象行孕，垂鼻轔困。"注曰："僞作大白象，從東來，當觀前，行且乳，鼻正轔困也。"⑤"轔困"，一作"轔菌""轔車君"。《文選》劉良注："轔車君，象鼻下垂貌。"也即表演過程中，飾大白象者的象鼻子要表現出環繞下垂，似真的大象一樣生動形象。

（四）神龜抃舞、背負靈岳、桂樹白雪

據張衡《西京賦》的描述，該處幾個散戲雜伎表演，應同前"魚龍曼延"等相爲連貫的一組中的不同單元。其文曰："臨迴望之廣場，程角觝之妙戲。烏獲扛鼎，都盧尋橦。衝狹鷰濯，胸突銛鋒。跳丸劍之揮霍，走索上而相逢。華嶽峩峩，岡巒參差。神木靈草，朱實離離。總會僊倡，戲豹舞羆。白虎鼓瑟，蒼龍吹籬。女娥坐而長歌，聲清暢而蜲蛇。洪涯立而指麾，被毛羽之襳襹。度曲未終，雲起雪飛。初若飄飄，後遂霏霏。複陸重閣，轉石成雷。礔礰激而增響，磅礚象乎天威。巨獸百尋，是爲曼延。神山崔巍，欻從背見。⑥ 熊虎升而挐攫，猨狖超而高援。⑦ 怪獸陸梁，大雀踆踆。⑧ 白象行孕，

① 王仲犖認爲該節目與梁《跳鈴伎》《跳劍伎》、北魏《跳丸伎》相近。請參王仲犖《魏晋南北朝史》，第1012頁。我們認爲不妥，因爲"夏育扛鼎"表現的主要是勇士的神力和强壯，與"跳丸弄劍"的技巧性表演不同。請參見下文"跳丸弄劍"條。

② 有學者認爲屬馴象表演節目。例舉《漢書·武帝紀》載，元狩二年（前121）夏，"南越獻馴象"。顏師古注引應劭曰："馴者，教能拜起周章，從人意也。"另引桓寬《鹽鐵論·散不足》："椎牛擊鼓，戲倡儛像。"釋"儛"與"舞"同，"像"與"象"通，"戲倡儛像"便是由演員進行的舞象表演。這一闡釋蓋誤，今不取。見張承宗等《六朝史》，第459頁。

③ 請參王仲犖《魏晋南北朝史》，第1011頁。

④ 王利器《鹽鐵論校注》，北京：中華書局，1992年，上册，第381頁注釋第142條。

⑤ 張衡《西京賦》，《文選》卷二，第1册，第76頁。

⑥ "神山崔巍，欻從背見"，《文選》李善注曰："欻之言忽也，僞所作也。獸從東來，當觀樓前，背上忽然出神山崔巍也。"

⑦ "熊虎升而挐攫，猨狖超而高援"，《文選》李善注："皆僞所作也。善曰：挐攫，相搏持也。"

⑧ "怪獸陸梁，大雀踆踆"，《文選》李善注："皆僞所作也。陸梁，東西倡佯也。踆踆，大雀容也。……善曰：《尸子》曰：先王豈無大鳥怪獸之物哉，然而不私也。"

垂鼻轔囷。海鱗變而成龍，狀蜿蜿以蝹蝹。含利颬颬，化爲仙車。驪駕四鹿，芝蓋九葩。① 蟾蜍與龜，水人弄蛇。② 奇幻儵忽，易貌分形。吞刀吐火，雲霧杳冥。③" 結合後世的一些傳承，有學者就其大概情形進行了想象，曰："具體情景是：一輛大車裝飾成鼇山，下有神龜在鼓掌舞蹈，龜背上駄著一座靈山。演員們化了妝，戴著龍、豹、熊等各種動物的假面在演奏樂器跳舞歌唱。女演員飾女神娥皇、女英坐在席上引吭高歌，指揮者身披羽毛服裝站著打著節拍。曲近尾聲，雲起雪飛，桂樹上掛滿了白雪。突然轉石成雷，雷聲霹靂，一條大魚在川中躍起，變成一條游龍。如此變幻莫測的情景，都是靠燈光、布景及各種幻術、技藝而演變出來的。"④ 王仲犖認爲，這應是所謂的 "《山車》伎"，"魏晉南朝稱之爲'神龜抃舞、背負靈岳、桂樹白雪'（《宋書·樂志》），北齊稱之爲《山車》。在東漢張衡的《西京賦》裏，本來是兩個劇種，一個是把一輛大車裝飾成鼇山的樣子，下面是靈龜，還在抃舞、龜背上飾成神山，由演員扮成龍、虎、猿、狄，在神山上遊戲；另一個是在大車上裝飾成山嶽岡巒，神木靈草，由演員用假頭扮成白虎鼓瑟，扮成蒼龍吹篪，扮成豹、熊按著節拍舞蹈，還有女演員飾神女娥皇、女英來歌唱，這個樂隊由身披羽毛衣扮成仙人洪崖先生的人來指揮。歌唱進行到一個段落，下一個演奏還沒有開始，忽然大雪紛飛，滿山遍樹都是白雪（當然雪也是假的）。南北朝把這兩個劇目混合起來，變成了一個節目"。⑤ 王仲犖的分析應該是可信的。《藝文類聚》卷六十一引晉傅玄《正都賦》曰："乃有材童妙妓，都盧迅足，緣修竿而上下……於是，神嶽雙立，岡岩岑崟，靈草蔽崖，嘉木成林。東父醫青蓋而遐望，西母使三足之靈禽。丹蛟吹笙，文豹鼓琴。素女撫瑟而安歌，聲可意而入心，偓佺企而鶴立，和清響而哀吟。"⑥

（五）東海黃公

亦稱《白虎伎》，梁和北魏都有這個傳統節目。言古代人虎相搏的故事，故事出於《西京雜記》："有東海人黃公，少時爲術，能制蛇禦虎，佩赤金刀，以絳繒束髮。……及衰老，氣力羸憊，飲酒過度，不能復行其術。秦末，有白虎見於東海，黃公乃以赤刀往厭之。術既不行，遂爲虎所殺。三輔人俗用以爲戲。'" 王仲犖推測説："這個《白虎伎》大概由一個演員飾黃公，一個演員扮白虎，最後這個白虎咬死了黃公。"⑦ 張衡

---

① 《文選》李善注："含利，獸名。性吐金，故曰含利。颬颬，容也。驪，猶羅列駢駕之也，以芝爲蓋，蓋有九葩之采也。"
② "蟾蜍與龜，水人弄蛇"，《文選》李善注："作千歲蟾蜍及千歲龜，行舞於前也。水人，俚兒，能禁固弄蛇也。"
③ "吞刀吐火，雲霧杳冥"，《文選》李善曰："《西京雜記》曰：東海黃公，立興雲霧。《漢官典職》曰：正旦作樂，漱水成霧。《楚辭》曰：杳冥兮晝晦。"
④ 張承宗等《六朝史》，第 460 頁。
⑤ 王仲犖《魏晉南北朝史》，下冊，第 1010 頁。
⑥ （唐）歐陽詢《藝文類聚》卷六一，第 1110 頁。
⑦ 王仲犖《魏晉南北朝史》，第 1010～1011 頁。

《西京賦》曰："東海黃公，赤刀粵祝。① 冀厭白虎，卒不能救。② 挾邪作蠱，於是不售。③" 又云："畫地成川，流渭通涇。"《文選》李善曰："《西京雜記》曰：東海黃公，坐成山河。又曰：淮南王好方士，方士畫地成河。"④ 晉干寶《搜神記》卷二"鞠道龍（附黃公）"條亦載節目大概。⑤ 該雜伎節目帶有很強的故事性和戲劇性，也有很好的啓發教育意義。

（六）跳丸弄劍

晉葛洪《抱朴子》主要部分完成於南渡之前⑥，其《辨問》篇列散戲雜伎專案較多，如跳丸弄劍、逾鋒投狹、履絙登幢、擲盤緣案、跟掛萬仞之峻峭、游泳呂梁之不測、手扛千鈞、足蹻驚飆、暴虎檻豹、攬飛捷矢。以下我們僅擇而闡釋之。所謂"跳丸弄劍"，是"跳丸"和"弄劍"兩個節目的組合。《宋書·劉義恭傳》稱之爲"舒丸劍"⑦，《初學記》卷十五《雜樂第二·叙事》稱之爲"丸劍"，注曰："丸一名鈴。見《西京記》。"⑧ "跳丸"，即指拋弄續接鈴球、彈丸之類的表演；張衡《西京賦》有"跳丸劍之揮霍"句，《文選》六臣注："跳，弄也。丸，鈴也。"跳丸，就是拋弄鈴球。《莊子·雜篇·徐無鬼》："市南宜僚弄丸而兩家之難解，孫叔敖甘寢秉羽而郢人投兵。"郭象注："司馬云宜僚，楚之勇士也，善弄丸。"⑨《後漢書》卷八十六《南蠻西南夷列傳》："永寧元年，撣國王雍由調復遣使者詣闕朝賀，獻樂及幻人，能變化吐火，自支解，易牛馬頭。又善跳丸，數乃至千。""弄劍"，即耍劍，特別是要以劍鋒來表演一些驚險的動作，如插入口中，然後取出；以劍鋒豎立舌尖或頂刺喉管等，或有多劍回環於空中與演員手中，亦是神奇驚險。該項技藝戰國時亦有之，《列子·説符篇》載宋有蘭子者，"其技以雙枝，長倍其身，屬其脛，並趨並馳，弄七劍迭而躍之，五劍常在空中"⑩。亦有以刀代劍者，難度應該更大些。《西域行傳》載："婆栗闍國王設五女戲，其五女傳弄

① "東海黃公，赤刀粵祝"，《文選》李善注："東海有能赤刀禹步，以越人祝法厭虎者，號黃公。又於觀前爲之。"

② "冀厭白虎，卒不能救"，《文選》李善曰："《西京雜記》曰：東海人黃公，少時能幻。制蛇禦虎，常佩赤金刀，及衰老，飲酒過度，有白虎見於東海，黃公以赤刀往厭之，術不行，遂爲虎所食。故云不能救也，皆僞作之也。"

③ "挾邪作蠱，於是不售"，《文選》李善注："蠱，惑也。售，猶行也。謂懷挾不正道者，於時不得行也。"

④ 張衡《西京賦》，《文選》卷二，第 1 冊，第 77 頁。

⑤ （晉）干寶《搜神記》卷二，《漢魏六朝筆記小説大觀》本，上海：上海古籍出版社，1999 年，第 290～291 頁。

⑥ 參看宮川尚志氏《六朝史研究·宗教篇》第七章第二節"葛洪在道教史上的地位"，周一良《魏晋南北朝史札記》，北京：中華書局，1985 年，第 185 頁。

⑦ 《宋書》卷六一《劉義恭傳》，第 1648 頁。

⑧ （唐）徐堅等《初學記》卷十五，第 372 頁。

⑨ 《莊子》卷八，上海：上海古籍出版社，1989 年，第 128 頁下欄。

⑩ 楊伯峻《列子集釋》卷八，北京：中華書局，1979 年，第 254 頁。

三刀，加至十刀，又虛騰繩上，手弄三仗刀楯槍等，種種幻術。"① 漢代，藝人們將丸、劍結合玩耍，向空中拋擲，數目不一，一般由少漸多，拋接回環自如，而無失手，難度加大許多。《三國志》卷二十一《魏書·王粲傳》注引《魏略》載曹植曾爲邯鄲淳表演"跳丸擊劍"等戲。晋傅玄《正都賦》有句描述曰："手戲絕倒，凌虛寄身，跳丸攟堀，飛劍舞輪。"② 梁代有"跳鈴伎"、"跳劍伎"、③ "吞劍伎"④ 等，唐朝⑤及其後，一直都很流行。

（七）逾鋒投狹

"逾鋒"，指跳躍刀劍，或以胸膛頂撞刀劍等；"投狹"，卷竹席以矛插其中，人從中投穿而過，都是十分驚險的表演項目。因表演者要動作靈活，身輕如燕，故該戲又稱"燕戲"，戰國時期即有成熟之表演。《列子·説符篇》載："（宋）又有蘭子又能燕戲者。"注曰："如今之絕倒投狹者。"⑥ 張衡《西京賦》："冲狹燕濯，胸突銛鋒。"《文選》李善注曰："卷簟席，以矛插其中，伎兒以身投從中過。"⑦ "胸突銛鋒"即指"逾鋒"。"投狹"，在《宋書》《晋書》中又稱"透狹"⑧ "笮兒"⑨ "趄舒"，⑩ 在《南齊書·樂志》中稱"笮鼠"。⑪ 梁時的"透三峽伎"、唐代的"透飛梯"⑫ 及"透劍門伎"等，都是這一節目的延續和發展。周一良曾考析説："透狹即投狹。《晋書》八一《王遜傳》，'透水死者千余人'。《梁書》三九《羊侃傳》，'［侯］景欲透水'。《南史》十二《徐妃傳》，'乃透井死'。透皆通投字。"⑬ 清翟灝《通俗編·俳優》有"透飛梯"條，曰："《通典》：梁有透三峽伎，今透飛梯之類也。按：《鹽鐵論》有云唐梯者與戲馬奇蟲並言，似亦指飛梯。"⑭

唐趙璘《因話録》對"軍中透劍門伎"的描述很是形象生動，現轉録之："軍中有透劍門伎。大燕日，庭中設幄數十步，若廊宇者，而編劍刃爲榱棟之狀。其人乘小馬，

---

① （清）翟灝《通俗編》卷三一，下册，第 579 頁。
② （清）嚴可均《全上古三代秦漢三國六朝文·全晋文卷四十五》。
③ 《隋書》卷十三《音樂志》載梁三朝樂節目第二十八"設跳鈴伎"、第二十九"設跳劍伎"，第 303 頁。亦請參見《舊唐書》卷二九《音樂志》，第 1073 頁。
④ 《舊唐書》卷二九《音樂志》，第 1073 頁。
⑤ 請參見《舊唐書》卷七六《太宗諸子列傳·恒山王承乾傳》，第 2648 頁；（宋）歐陽修、宋祁《新唐書》卷八〇《太宗子列傳·常山潜王承乾傳》，北京：中華書局，1975 年，第 3564 頁。
⑥ 楊伯峻《列子集釋》卷八，第 254 頁。
⑦ 又注"燕濯"曰："以盤水置前，坐其後，踴身張手跳前，以足偶節踰水，復却坐，如燕之浴也。善曰：《漢書音義》曰：銛，利也。"《文選》卷二，第 1 册，第 75 頁。
⑧ 《宋書》卷六一《劉義恭傳》，第 1648 頁。
⑨ 《宋書》卷一九《樂志》，第 547 頁；《晋書》卷二三《樂志》，第 719 頁。
⑩ 《宋書》卷一八《禮志》，第 521 頁。
⑪ 《南齊書》卷十一《樂志》，第 195 頁。
⑫ 《舊唐書》卷二九《音樂志》，第 1073 頁。
⑬ 周一良《魏晋南北朝史札記》，第 182 頁。
⑭ （清）翟灝《通俗編》卷三一，下册，第 579 頁。

至門審度，馬調道端，下鞭而進，錚焉。聞劍動之聲。既過，而人馬無傷。"並描述了一個表演失敗的故事，很是讓人感到遺憾和怪誕。曰："宣武軍有小將善此伎。每饗軍則爲之，所獲賞止於三數疋帛而已。一日，主者誤漏其名，此將忿恨，訴於所管大將，得復以名入。至呈伎之際，極爲調審，入數步，忽風起，馬驚觸，劍失序，人馬皆斃於刃下。"① 《夢梁録》：百戲伎藝亦有"過刀門"。② 後世的鑽刀圈、鑽火圈等，皆屬此類項目之衍變。

（八）履絙登幢

《宋書·樂志一》《晋書·樂志下》稱之曰"高絙"，周一良云："履絙即高絙。"③北魏稱"高絙百尺"（《魏書·樂志》）。"絙"，即粗硬結實的繩子。其表演方式類似於今日之走鋼絲雜伎："以兩大絲繩系兩柱頭，相去數丈，兩倡女對舞，行於繩上，相逢切肩而不傾。"④ 即爲張衡《西京賦》所描繪的樣子。表演精彩絶倫，難度之高，令人嘆爲觀止。《初學記》卷十五《雜樂第二·叙事》引作"高絙鳳皇"，云其與"安息五案"並石季龍所作（見《鄴中記》）⑤，梁時衍變較多，如"青絲幢伎""緣高絙伎""雷幢伎""金輪幢伎""白獸幢伎"（參上引《隋書·音樂志》），或皆與之有關，如果演員手中握有一把傘，以增加節目的美觀，並以之協助身體的平衡，則又稱作"一傘花幢伎"⑥，後世亦謂之"走索"，《唐書·回鶻傳》、王玄策《西域行傳》皆謂之繩伎。《文苑英華》有《繩伎賦》。⑦

（九）擲盤緣案

"擲"又寫作"擿"。"擲盤"，周一良認爲"擿盤當即七盤之戲"⑧，亦當即梁時所謂之"舞盤伎"。"七盤"（亦作"七槃"）之戲在漢代就很盛行，沂南及彭縣畫像石皆有形象之描繪，林巳奈夫《漢代之文物·娛樂篇》兩畫象石皆列盤於地。⑨ 表演者在地上排盤七個，舞者穿長袖寬松舞衣，褲管處應緊束在小腿下部，在音樂的伴奏下，隨節奏於盤子的周圍或盤子上騰挪舞蹈。《宋書·樂志》："張衡《舞賦》云：'歷七槃而縱躡。'王粲《七釋》云：'七槃陳於廣庭。'近世文士顏延之云：'遞間關於槃扇。'鮑昭云：'七槃起長袖。'皆以七槃爲舞也。"⑩《舊唐書·音樂志二》："樂府詩云：'妍袖陵七盤'，

---

① （唐）趙璘《因話録》卷六，上海：上海古籍出版社，1979年，第111～112頁。
② （清）翟灝《通俗編》卷三一，下册，第579頁。
③ 周一良《魏晋南北朝史札記》，第185頁。
④ 《宋書》卷十九《樂志》，第546頁。
⑤ （唐）徐堅等《初學記》卷十五，第372頁。
⑥ 王仲犖《魏晋南北朝史》，第1011頁。
⑦ 參見（清）翟灝《通俗編》卷三一，下册，第577頁。
⑧ 周一良《魏晋南北朝史札記》，第185頁。
⑨ 王仲殊《沂南石刻畫象中的七盤舞》，《考古通訊》，1955年第2期。
⑩ 《宋書》卷十九《樂志》，第551頁。

言舞用盤七枚也。"① 就其舞樂情形，魏卞蘭《許昌宮賦》中有較爲形象的描寫，其文曰："進鼓舞之秘妓，絕世俗而入微。興七盤之遞奏，觀輕捷之翩翩。或遲或速，乍止乍旋，似飛鳧之迅疾，若翔龍之遊天。趙女撫琴，楚媛清謳。秦筝慷慨，齊舞絕殊，眾妓並奏，捔巧騁奇，千變萬化，不可勝知。"② 所以，有學者認爲將"七盤舞"僅視作"杯盤舞"的説法是不夠嚴謹的。③ "杯盤舞"是晋代才出現的，可能吸收了原盤舞的不少因素。《舊唐書·音樂志》云："漢世……又有《盤舞》。晋世加之以杯，謂之《杯盤舞》。"④ 請參見下文"雜舞"類"杯盤舞"條。而且，從相關文獻來看，晋及其後加入杯所表演之"杯盤舞"單獨又形成了一個系列，而原有之"七盤舞"仍在延續。晋陸機《日出東南隅行》："妍迹陵七盤。"梁簡文帝《七勵》云"飛七盤之妙節"（《文苑英華》三五一）。又《三月三日曲水詩序》有句曰："吹發孫枝，聲流嶰谷。舞豔七盤，歌新六變。"⑤

"緣案"，劉宋時稱"升五案"。⑥《南齊書·樂志》《魏書·樂志》簡稱"五案"，梁時稱"五案幢伎"。該專案是指從不同的角度，以桌子腿作爲支撑點，疊加五張桌子，表演者攀緣其上表演，有時還演出一些倒立、騰挪等高難度動作。《初學記》引《鄴中記》作"安息五案"，⑦ 説明這種雜伎項目大概漢代時由安息傳入。後亦有改用椅子表演的，一直延續至今。

（十）緣竿

我國較爲古老的雜伎節目。《舊唐書·音樂志二》所謂"漢世有《橦木伎》"⑧，即指此也。張衡《西京賦》稱其爲"都盧尋橦"，《文選》李善注："《漢書》曰：武帝享四夷之客，作《巴俞》、都盧。《音義》曰：體輕善緣。"又云："非都盧之輕趫，孰能超而竞升？"《文選》李善注："《漢書》曰：自合浦南有都盧國。《太康地志》曰：都盧國，其人善緣高。《説文》曰：趫，善緣木之士也。"⑨ "尋橦"便成爲緣竿類雜伎的稱呼，宋時稱之爲"緣大橦伎"。⑩《舊唐書·音樂志》云："梁有《獮猴幢伎》，今有《緣竿》，又有《獮猴緣竿》，未審何者爲是。"⑪ 北魏稱爲"緣橦"。可見，"緣竿"早些時爲統稱，梁及其以後，又有人物表演和獮猴表演的區別，因而又有細的劃分。

---

① 《舊唐書》卷二九《音樂志》，第 1073 頁。
② （唐）歐陽詢《藝文類聚》卷六二，第 1113~1114 頁。
③ 張承宗等《六朝史》，第 457 頁。
④ 《舊唐書》卷二九《音樂志》，第 1073 頁。
⑤ （唐）歐陽詢《藝文類聚》卷四，第 74 頁；周一良《魏晋南北朝史札記》，第 182 頁。
⑥ 《宋書》卷六一《劉義恭傳》，第 1648 頁；卷十八《禮志五》，第 521 頁。
⑦ （唐）徐堅等《初學記》卷十五，第 372 頁。
⑧ 《舊唐書》卷二九《音樂志》，第 1073 頁。
⑨ 張衡《西京賦》，《文選》卷二，第 1 冊，第 75、58 頁。
⑩ 《宋書》卷十八《禮志》，第 521 頁。
⑪ 《舊唐書》卷二九《音樂志》，第 1073 頁。

　　漢代的"尋橦"，有時可能在戲車上舉行，其中最爲驚險的動作，就是人緣竿到頂上時的"倒掛"。《抱朴子·辨問篇》所説的"跟掛萬仞之峻峭"。張衡《西京賦》："爾乃建戲車，樹修旃。① 侲僮程材，上下翩翻。② 突倒投而跟絓，譬隕絶而復聯。③ 百馬同轡，騁足並馳。④ 橦末之伎，態不可彌。"《藝文類聚》卷六十一載晋傅玄《正都賦》云："乃有材童妙妓，都盧迅足，緣修竿而上下，形既變而景屬。忽跟挂而倒絶，若將墜而復續。虬繁龍蜿，委隨紆曲，杪竿首而腹旋，承嚴節之繁促。"⑤《初學記》卷十五《雜樂第二·叙事》載："跟挂，腹旋……並緣竿所作（見傅玄《西都賦》）。"⑥

　　淝水之戰前，前秦出現有"擔橦伎"表演，其難度更大，所緣之竿以人肩擔之，這對表演者之間的協調配合、擔橦人肩部腰部力量之大的要求都是很高的。東晋孝武帝"太元中，苻堅敗後，得關中檐橦胡伎，進太樂"⑦。初，宋後廢帝劉昱（蒼梧王）"在東宮，年五六歲時，始就書學，而惰業好嬉戲……好緣漆賬竿，去地丈餘，如此者半食久，乃下"⑧。"半食"，即半頓飯功夫。齊廢侯蕭寶卷喜歡表演雜伎，"有膂力，能擔白虎橦，自製雜色錦伎衣，綴以金花玉鏡衆寶，逞諸意態"⑨。發展到後來，竟至能夠表演"齒上擔之"的"啄木橦伎"。《南史·齊本紀》説他"初學擔橦，每傾倒在橦杪者，必致跐傷。其後，白虎橦七丈五尺，齒上擔之，折齒不倦。擔橦諸校具服飾，皆自製之，綴以金華玉鏡衆寶。舍人、主書及至左右主帥，並皆侍側，逞諸變態，曾無愧顔"⑩。在他的影響下，齊梁時期的橦伎倒是得到了較大的開拓和發展，《梁元帝纂要》："百戲起於秦漢，有魚龍蔓延，高絙五案，跟挂腹旋，履索轉石諸戲。"⑪ 又如前引《隋書·音樂志》還提到的"雷橦伎""金輪橦伎""白獸橦伎"等。沂南漢畫像中有額頭上立柱，柱上三人表演的畫面。可與傅玄的描述相印證。⑫《鄴中記》載，石虎時"正會殿前作樂……有額上緣橦，至上鳥飛，左回右轉。又以橦著口齒上亦如之。設馬車，立木橦其車上，長二丈。橦頭安橫木，兩伎兒各坐木一頭，或鳥飛，或倒挂"⑬。如果説"凌空""倒挂"的動作已經讓人驚嘆不已的話，在實際表演中，還有比其更讓人難以想

----

　　① 《文選》李善注："樹，植也。旃，謂橦也，建之於戲車上也。"
　　② 《文選》李善注："侲之言善。善童，幼子也。程，猶見也。材，伎能也。翩翻，戲橦形也。"
　　③ 《文選》李善注："突然倒投，身如將墜，足跟反掛橦上，若已絶而複連也。《説文》曰：跟，足踵也，音根。"
　　④ 《文選》李善注："於橦子作其形狀。善曰：陸賈《新語》曰：楚平王增駕，百馬同行也。"
　　⑤ （唐）歐陽詢《藝文類聚》卷六一，第 1110 頁；周一良《魏晉南北朝史札記》，第 183 頁。
　　⑥ （唐）徐堅等《初學記》卷十五，第 372 頁。
　　⑦ 《南齊書》卷十一《樂志》，第 195 頁。
　　⑧ 《宋書》卷九《後廢帝本紀》，第 188 頁；（唐）李延壽《南史》卷三《宋本紀下》，北京：中華書局，1975 年，第 88~89 頁。
　　⑨ 《南齊書》卷七《東昏侯本紀》，第 104 頁。
　　⑩ 《南史》卷五《齊本紀》，第 151~152 頁。
　　⑪ （清）翟灝《通俗編》卷三一引，下冊，第 580 頁。
　　⑫ 周一良《魏晉南北朝史札記》，第 183 頁。
　　⑬ 轉引自周一良《魏晉南北朝史札記》，第 184 頁。

象者。《北史·沈光傳》載："光少驍捷，善戲馬，爲天下之最。……初建禪定寺，其中幡竿高十餘丈，適值繩絶，非人力所及。光謂僧曰：'當相爲上繩。'諸僧驚喜。光因取索口銜，拍竿而上，直至龍頭。繫繩畢，手足皆放，透空而下，以掌拓地，倒行十餘步。觀者駭悦，莫不嗟異，時人號爲'肉飛仙'。"①

王仲犖認爲"和《緣橦》相近的，梁代有須彌山、黃山、三峽等伎，《舊唐書·音樂志》説：'梁有……《透三峽伎》，蓋今《透飛梯》之類也。'從飛梯這個名稱，就可以清楚知道他是屬於空中演技的一個劇目"②。此一理解，與前文我們闡釋的"逾鋒投狹"條不甚吻合。引録在此，可資再行考辨。

（十一）長蹻

《山海經》載"長股之國……一曰長脚"，郭璞注云："或曰有喬國，今伎家喬人，蓋象此身。"吳任臣曰："喬人，雙木續足之戲，今曰躧蹻。"③ 又寫作"長蹺"，即用雙木續足，踏舞爲樂。《宋書·劉義恭傳》④《隋書·音樂志》⑤《舊唐書·音樂志二》皆云梁有"長蹻伎"⑥。《魏書·樂志》載天興"六年冬，詔太樂、總章、鼓吹增修雜伎，造五兵……長蹺、緣橦、跳丸、五案以備百戲"⑦。《武林舊事》載元夕舞隊有踏蹺。前引《列子·説符篇》："宋有蘭子者，以技干宋元。……其技以雙枝，長倍其身，屬其踁，並趨並馳。"⑧ 可見，此戲自戰國時即有之。⑨ "當即後代之高蹺。"⑩

（十二）跂行鼇食

"跂行"，"跂"通"蚑"，本指蟲爬行的樣子。南朝宋鮑照《侍郎報滿辭閣疏》："反拙歸跂，還陋鸑雀。"《漢書·東方朔傳》："跂跂脉脉善緣壁，是非守宮即蜥蜴。"亦指蟲足。明楊基《贈跛奚》詩："蚿雖百跂速，夔亦一足可。"蚿，百足蟲，即馬陸。"跂行"，俗稱"翻跟頭"，或"翻筋斗""翻筋頭"，是指連續翻筋頭並用手來倒立走路的一種表演。《宋書·樂志》稱之爲"逆行連倒，頭足入笡"，《南齊書·樂志》稱爲"跂行"。可見，這一項目既要求演員具有很强的體力以快速翻騰，又要有很好的臂力，同時肩部、頸椎部、腰部、腿部都要有很高的柔韌度。其表演方式，即晉宋以來之"擲倒伎"，指倒行而舞。晉咸康中散騎侍郎顧臻表曰："末代之樂，設禮外之觀，逆行連倒，

① （唐）李延壽《北史》卷七八《沈光傳》，北京：中華書局，1974 年，第 2635 頁。
② 王仲犖《魏晋南北朝史》，第 1011 頁。
③ 袁珂《山海經校注》卷二，成都：巴蜀書社，1993 年，第 73 頁。
④ 《宋書》卷六一《劉義恭傳》，第 1648 頁。
⑤ 《隋書》卷十三《音樂志》，第 303 頁。
⑥ 《舊唐書》卷二九《音樂志》，第 1073 頁。
⑦ 《魏書》卷一〇九《樂志》，第 2828 頁。
⑧ 楊伯峻《列子集釋》卷八，254 頁。
⑨ （清）翟灝《通俗編》卷三一，下册，第 578 頁。
⑩ 周一良《魏晋南北朝史札記》，第 183 頁。

足以蹈天，頭以履地，反天地之順，傷彝倫之大，乃命太常罷之。"① 梁代亦稱之曰"擲倒伎"，如果在桌子上或跳躍過桌子表演，便稱爲"擲倒案伎"。基於這一表演的進一步衍變，便有盡顯表演者腰部柔軟且平衡度很高的折腰銜物技出現。《梁書·羊侃傳》載其姬妾"又有孫荆玉，能反腰帖地，銜得席上玉簪"。這種折腰口銜玉簪（或花兒等其他道具）的表演，可能即爲《宋書·樂志》中所言之"鼈食"。② 《宋書·樂志》《晉書·樂志》所載晉成帝咸康七年（341），因雜伎傷人而除却之項目中即有"《跂行》《鼈食》"等，③ 《舊唐書·音樂志》就説："江左猶有《高絙紫鹿》《跂行鼈食》……《畫地成川》之伎。"④

（十三）角觝

在眾多的散戲節目中，"角觝"這一傳統劇目也很受歡迎。該項目表演主要是由兩個力士來角力。《通俗編》云："《漢書·武帝紀》：元封三年作角抵戲。注云：抵者，當也，兩兩相當，以角力角技藝，非謂抵觸也。《後漢書·仲長統傳》作角觝。《述異記》：古蚩尤有角，以角觝人，人不能向，今冀州有蚩尤戲，頭戴牛角而相觝。《武林舊事》：以相撲爲角觝社。《留青日札》：今小兒俯身兩手據地以頭相觸，即古角觝之戲。"⑤ 北魏把它安排在《百戲》的第二位，第一位是舞刀弄槍的"五兵"，這是和北朝人的尚武精神分不開的。而南朝尚文，故在《百戲》中甚至取消了"角觝"的表演。⑥

（十四）城舞、師子舞

《舊唐書·音樂志》載有《安樂》，云："《安樂》者，後周武帝平齊所作也。行列方正，象城郭，周世謂之城舞。舞者八十人。刻木爲面，狗喙獸耳，以金飾之，垂綫爲髮，畫猰皮帽。舞蹈姿制，猶作羌胡狀。"又載有《太平樂》，亦"後周武帝平齊所作也"。"《太平樂》，亦謂之五方師子舞。師子鷙獸，出於西南夷天竺、師子等國。綴毛爲之，人居其中，像其俛仰馴狎之容。二人持繩秉拂，爲習弄之狀。五師子各立其方色。百四十人歌《太平樂》，舞以足，持繩者服飾作崐崘象。"⑦ 文中後周，指北周。白居易《新樂府詩·西涼伎》篇云："西涼伎，西涼伎，假面胡人假獅子。刻木爲頭絲作尾，金鍍眼睛銀帖齒，奮迅毛衣擺雙耳，如從流沙來萬里。"可謂形象地歌詠其事也。⑧

從以上所舉主要項目便可看出，六朝時期的散樂百戲確實異常發達、非常可觀，不

① （清）翟灝《通俗編》卷三一，下册，第 578 頁。"彝倫"，原誤作"彝偷"，今據《晉書》卷二三《樂志》改，第 719 頁。又，《通俗編》將"擲倒"與"打筋斗"分作兩條，特此説明。
② 王仲犖《魏晉南北朝史》，第 1012 頁；張承宗等《六朝史》，第 463 頁。
③ 《宋書》卷一九《樂志》，第 547 頁；《晉書》卷二三《樂志》，第 719 頁。
④ 《舊唐書》卷二九《音樂志》，第 1072 頁。
⑤ （清）翟灝《通俗編》卷三一，下册，第 581 頁。
⑥ 王仲犖《魏晉南北朝史》，第 1012 頁
⑦ 《舊唐書》卷二九《音樂志》，第 1059 頁。
⑧ 《樂府詩集》卷九八《新樂府辭》，第 1376 頁。亦見（清）翟灝《通俗編》卷三一，下册，第 583 頁。

少節目還可根據演員的技藝特長作相應的組合拼湊。其他如"博山"（"或以舞博山爐爲戲"①）、"齊王卷衣"之類，内容已多不能詳，"並莫知其所由"（《南齊書·樂志》）。

三、結語

百戲中的幻術項目也非常多，類似於今天的魔術。魏晋宋有"畫地成川"（或曰"坐地成河"），梁有"吞劍伎"，北朝有吞刀、吐火、拔井、種瓜、殺馬、剥驢等，僅從流傳下來的這些名目看，便覺其内容多樣、表演奇幻、扣人心弦、引人入勝。可惜的是，除部分節目如"吞劍""吐火"等流傳下來，更多早已不見踪影。就其文獻資料而言，存留占比極爲有限，令人遺憾。所以，我們認爲，對我國不同歷史時期之散樂百戲進行更爲深入細緻的研究，以彰顯其在文化藝術史上應有之地位和影響，挖掘和探究散樂百戲藝人們的聰明智慧和藝術創造力，以服務於學術史相關領域之拓展，乃至服務於當今社會文化生活之豐富和提升，是非常重要且必要的。

---

① 周一良《魏晋南北朝史札記》，第185頁。

Brief Discussion on Sangaku and Acrobatics in Six Dynasties

WangFuli and Xu Ting

Abstracts：As important components of folk music，sangaku and acrobatics had been introduced to the palace from Western Zhou Dynasty. When it comes to Qin and Han Dynasty，they got further prosperity. Benefited from the intense integration and deep communication of ideology and culture during Six Dynasties，sangaku and acrobatics achieved an unprecedented evolution and promotion. It took a new situation with more forms and kinds，better contents and artistic value. Such progress became more and more obvious as the tendency of social integration moving on during Wei－Jin period. The quantity and the quality both gained promotion during the Northern and Southern Dynasties. By the way，singing and dancing are matched with the performance that time，which is a feature to some extent. What's more，we make analysis of the representative works of the sangaku and acrobatics in Six Dynasties，in order to learn about the inheritance and innovation，the creation and acceptance. It makes more sense that we can also feel the amazing wisdom of the artists and the active aesthetic idea of the whole society.

Keywords：Six Dynasties；Sangaku；Acrobatics

［王福利，江蘇沛縣，蘇州大學文學院教授、博士生導師；徐婷，蘇州大學文學院博士研究生］

《玉燭寶典》緯書研究價值述論*

姜復寧　李金澤

提　要：隋代學者杜臺卿所撰的《玉燭寶典》是一部專科類書性質的民俗學著作，其中徵引了眾多緯書材料。由於成書時代較早，其中的引文往往保留了文獻原貌，值得研究者重視。本文以尊經閣文庫藏卷子本《玉燭寶典》爲基本材料，參考依田利用《玉燭寶典考證》等相關著作，對《玉燭寶典》中所徵引的緯書材料以及杜臺卿注文中對緯書的相關解說予以考查，補苴了《緯書集成》相關引文的疏失，探討了其在緯書輯佚、校勘以及緯書闡釋方面的價值。

關鍵詞：《玉燭寶典》　域外漢籍　緯書　輯佚校勘

緯書與讖言合稱"讖緯"，但"實際讖與緯雖然相關，却不能完全等同"②。"儒者多稱讖緯，其實讖自讖，緯自緯。讖者詭爲隱語，預決吉凶；緯者經之支流，衍及旁義。自秦漢以來，去聖日遠，儒者推闡論説，各自成書，與經不相比附。"③ "緯不拘性質如何，總是要解經，儘管有的雜入讖的內容。"④ 緯書作爲"經之支流，衍及旁義"的著作，與經學文獻關係十分密切，"漢代的緯學實際是經學的一部分"。劉師培曾指出"從讖緯廢興之歷史，可觀學術之興替"，通過研討緯書，可以探賾漢代的經學思想、生活方式與社會心態。但緯書自產生之時便與政治產生了莫大的糾纏，歷代統治者多禁毀之，因而漢代的諸多緯書在後世散佚頗爲嚴重。從事緯書研究，首先需要解決的便是緯書的輯佚與校勘問題。

筆者檢閱《玉燭寶典》，發現此書大量徵引文獻典籍，其中不乏久已亡佚者，如所

---

　*　本文系國家社科基金重大項目"海外藏中國民俗文獻與文物資料整理、研究暨數據庫建設"（項目編號：16ZDA163）的階段性成果。

　②　李學勤《〈緯書集成〉序》，安居香山、中村璋八《緯書集成》，石家莊：河北人民出版社，1994 年，第 1 頁。

　③　紀昀《四庫全書總目》，北京：中華書局，1965 年，第 47 頁。

　④　李學勤《〈緯書集成〉序》。

徵引的諸多中國傳統語言文字學著作等。關於《玉燭寶典》中徵引的今佚小學類著作，以及其中杜臺卿自創音注所反映的語音特點等，筆者曾有專文論述，可資參看。① 此書亦大量徵引緯書材料，清人孫詒讓曾運用自日本回流的《玉燭寶典》校勘了《易緯乾鑿度》《易緯稽覽圖》《易緯辨終備》，而其他緯書則未及校補。民國學者劉培譽發現"是書中土早亡，乃從日本得來，前之輯逸諸家，皆未得見"，故逐步整理出《玉燭寶典》所引緯書佚文，並認爲"此書爲影宋抄書，日人翻刻，字數體式，一仍其舊。或此書之文字，較信於《太平御覽》《初學記》等書？此書作於隋初，上於開皇，較之《開元占經》，尤爲早出。其時之緯書，或仍無恙？故其引用獨多。果如此則其信也亦固然矣"②。劉培譽是較早論述《玉燭寶典》引用緯文的年代問題者，但此文發表後未見較大反響。且劉培譽之文以輯錄爲主，間有按語予以校勘，主要是與《黃氏逸書考》所輯錄者進行比照，多數按語僅言異同而未予判斷，仍有可補之處。

日本學者安居香山、中村璋八所編《緯書集成》也曾大量參考《玉燭寶典》，或從中輯錄，或以資校勘。但是對於《玉燭寶典》所輯錄諸多緯書佚文的價值，《緯書集成》並未予以明確評述，這與其編纂體例有關。《緯書集成》一書乃以《緯攟》爲底本，再用其他輯佚著作及未收佚文資料合校，"出處爲兩個以上時，原則上以《緯攟》所輯者爲本文，同時在校勘欄明確列出各出處文字的相異點；無出處者，將輯佚書之間的相異處在校勘欄中表示"③。《緯攟》一書的作者喬松年卒於光緒元年（1875），此時《古逸叢書》尚未刊刻，亦即喬松年未能見到自日本回流的《玉燭寶典》。由於《玉燭寶典》成書時間較早，則其引文較之於《初學記》《藝文類聚》《太平御覽》等唐宋類書中的引文，更能保留緯書原貌，在緯書研究中具有相當重要的價值。

目前所能見到的《玉燭寶典》版本較多，較爲常見的是楊守敬於清末自日本訪得，由黎庶昌收入《古逸叢書》的版本，嗣後叢書集成初編又據此影印，《續修四庫全書》所收錄的《玉燭寶典》也是這一版本。《古逸叢書》刊刻時，其牌記定作"影舊鈔卷子本玉燭寶典"。據崔富章、朱新林介紹，日本現存的《玉燭寶典》鈔校本共有四種，分別是日本 1096 年至 1345 年鈔本寫本（卷軸裝六軸十一卷，闕卷九。此即所謂"舊鈔卷子本"，爲日本舊加賀藩前田侯舊藏，今藏尊經閣文庫），日本圖書寮鈔本（冊頁裝十一卷，闕卷九，又稱毛利高翰影鈔本，今藏日本國立公文書館），森立之、森約之父子鈔校本（四冊十一卷，闕卷九，此本系據毛利高翰影鈔本傳抄，今藏專修大學圖書館），依田利用《玉燭寶典考證》（四冊十一卷，闕卷九，今藏日本國立國會圖書館）。此文通

---

① 關於《玉燭寶典》引散佚小學類書籍的相關情況，可參看姜復寧、張樹錚《〈玉燭寶典〉引散佚小學類書籍匯考》，載《古籍研究》2019 年下卷，第 170～183 頁。關於《玉燭寶典》杜臺卿自創音注所反映的語音特點，可參看姜復寧、李金澤《〈玉燭寶典〉所見杜臺卿音系研究》，《人文中國學報》已錄用，待刊。

② 劉培譽《〈玉燭寶典〉引緯文》，《勵學》1933 年第 3 期，第 8～23 頁。

③ 安居香山、中村璋八《緯書集成》，石家莊：河北人民出版社，1994 年，第 2 頁。

過對楊守敬尋訪、傳抄《玉燭寶典》過程中的相關文獻記載以及不同版本的校勘，指出《古逸叢書》影刻《玉燭寶典》所據的底本乃森立之父子的傳抄合校本，《古逸叢書》牌記有誤。① "舊鈔卷子本"《玉燭寶典》實際上是今存尊經閣文庫的卷子本，也是目前所能見到的《玉燭寶典》諸版本中最爲接近此書在日本早期流傳原貌的本子。日本學者依田利用在《玉燭寶典考證》中對《玉燭寶典》進行了詳盡的考證，並以按語的形式保存了研究成果，爲研究《玉燭寶典》的重要參考書。此外，明德出版社"中國古典新書續編"系列中收有石川三佐男整理的《玉燭寶典》排印本，可以作爲閱讀參考。《古逸叢書》本是對毛利高翰影鈔本的再次轉録，而叢書集成初編、《續修四庫全書》又是在《古逸叢書》基礎上進行的翻印，因而很可能存在不合文本原貌之處。且森立之、森約之父子鈔校本的文本時代晚於舊鈔卷子本，在保留文獻原貌的層面上也可能存在問題。鑒於輯佚校勘工作乃緯書研究的基礎性工作，因此選取底本時應充分考慮其版本流傳情況。綜合考慮《玉燭寶典》諸版本的流傳特點，本文選取日本尊經閣文庫藏卷子本《玉燭寶典》爲研究材料，對其中所引緯書佚文予以考論，以爲此書在緯書研究中的價值張目。爲行文簡便計，下引諸條材料出處以卷名予以標出，不再予以頁下注。本文所運用的尊經閣文庫藏卷子本《玉燭寶典》來源於日本尊經閣文庫提供的在綫閱覽、下載服務。

一、引言：杜臺卿與《玉燭寶典》

杜臺卿，字少山，博陵曲陽人，"少好學，博覽書記，解屬文"，"性儒素，每以雅道自居"，以文才名世。陸法言、顏之推等人在"長安論韻"時曾參照杜臺卿《韻略》，將其與吕靜《韻集》、夏侯詠《韻略》、陽休之《韻略》、李季節《音譜》等相較，認爲諸書"各有乖互，江東取韻與河北複殊"，故"捃選精切，除消疏緩"，可見此書爲陸法言編制《切韻》時的重要參照，杜臺卿的音韻學功力也可窺見一斑。實際上杜臺卿也對民俗予以關注，撰寫了一部專科類書性質的民俗學著作《玉燭寶典》。據《隋書·杜臺卿傳》："臺卿嘗采《月令》，觸類而廣之，爲書名《玉燭寶典》十二卷。"② 此書於隋代進呈後，見於多家書目。如《隋書·經籍志》載"玉燭寶典十二卷，著作郎杜臺卿撰"③，隨後《舊唐書·經籍志》《新唐書·藝文志》等也都有著録，《文獻通考》轉引陳振孫《直齋書録解題》："《玉燭寶典》十二卷。陳氏曰：隋著作郎博陵杜臺卿少山撰。以《月令》爲主，觸類而廣之，博采諸書，旁及時俗，月爲一卷，頗號詳洽。開皇中所上。"④

---

①　崔富章、朱新林《〈古逸叢書〉本〈玉燭寶典〉底本探析》，《文獻》2009 年第 3 期，第 144～150 頁。

②　魏徵《隋書》，北京：中華書局，1973 年，第 1421 頁。

③　魏徵《隋書》，第 1008 頁。

④　馬端臨《文獻通考》，北京：中華書局，1986 年，第 1706 頁。

　　《玉燭寶典》的成書年代甚早，《玉燭寶典》序言中稱：“昔因典掌餘暇，考校藝文，《禮記·月令》最爲備悉。遂分諸月，各冠篇首。”據《北齊書》對杜臺卿的記載可知，杜臺卿“曆中書、黃門侍郎，兼大著作、修國史。武平末，國子祭酒，領尚書左丞”①，與此處“典掌”“考校异文”相合，則此書開始創作的時間當在北齊。而《隋書·杜臺卿傳》載：“開皇初，被徵入朝。臺卿嘗采《月令》，觸類而廣之，爲書名《玉燭寶典》十二卷。至是奏之，賜絹二百匹。”② 可見此書的完成時間下限不晚於隋文帝開皇年間。尊經閣文庫藏卷子本《玉燭寶典》卷五末有“嘉保三年六月七日書寫并校畢”的記録，而卷六末的記録則爲“貞和四年八月八日書寫畢”。嘉保三年爲 1096 年，貞和四年則爲 1344 年，二者中間相去兩百餘年。兩卷的書法風格存在差異，且其中部分常用字如“第”“考”的寫作習慣也不同。綜合來看，尊經閣抄本《玉燭寶典》的抄寫時間跨度較長。通過檢閱全書，我們發現其中存在一些“武周新字”，如“并［字］下”“［字］［字］一變，五曰月俱合，起牽牛”等。《集韻》：“天，古作［字］，唐武后作［字］。”③《龍龕手鏡》：“［字］古文天字。”④ 唐代金石文獻中亦時見此字，如《岱嶽觀碑》“大周［字］稱二年”，《金石文字辨异》按語作：“案天作［字］，此武后新字。”⑤《集韻》：“地，或作［字］，唐武后作［字］。”⑥《岱嶽觀碑》作“［字］［字］清和”，《金石文字辨异》按語作“案地作［字］乃武后新字”⑦。《玉燭寶典》成書於隋代，原書必然不可能使用武則天時代才出現的新字。武氏“後周”覆滅後，所謂“武周新字”也因其違背字體演變規律、隨意破壞約定俗成的用字習慣等諸多弊端走向滅亡。但前田家抄本中却保有武周新字，可知此抄本的祖本當寫成於武周時期。日本抄手在過録時並未將其改爲通行字體，而是忠實原貌予以抄録，在某種程度上保留了《玉燭寶典》一書在初唐的文本面貌。

二、《玉燭寶典》與緯書輯佚：補苴輯本闕失

　　隋代曾經歷了一場聲勢浩大的“滅緯”運動：“高祖受禪，煬帝即位，乃發使四出，搜天下書籍與讖緯相涉者，皆焚之，爲吏所糾者至死。自是無複其學，秘府之內，亦多散亡。”⑧ 這導致緯書大量消亡，後世類書中所收録的緯書文句頗有因“滅緯”而殘缺不全者。而《玉燭寶典》成書於隋前，其中所引緯書較之後人所見當更爲完備可信。

　　① 李百藥《北齊書》，北京：中華書局，1972 年，第 354 頁。
　　② 魏徵《隋書》，第 1421 頁。
　　③ 丁度《集韻》，北京：中國書店，1983 年，第 331 頁。
　　④ 釋行均《龍龕手鏡》，北京：中華書局，1985 年，第 66 頁。
　　⑤ 邢澍《金石文字辨异》卷四，揚州：江蘇廣陵古籍刻印社，1982 年，第 1 頁。
　　⑥ 丁度《集韻》，第 1071 頁。
　　⑦ 邢澍《金石文字辨异》，卷十第七頁。
　　⑧ 魏徵《隋書》，第 941 頁。

《緯書集成》的"補遺"中大量運用《玉燭寶典》補苴《緯攟》，如以《玉燭寶典》第十二卷所引，補出《易緯乾鑿度》"開闢至獲麟，二百七十六萬歲"一條。但《緯書集成》對《玉燭寶典》的查核並不完備，仍有失收條目未予利用。

《玉燭寶典》卷一引《易通卦驗》："立春雨降，條風至，雉雊雞乳，冰解，楊柳梯。晷長一丈一寸二分。青陽雲出房，如積水。雨水冰釋，猛風至。獺祭魚，鶬鴳鳴，蝙蝠出。晷長九尺一寸六分，黃陽雲出亢，南黃北黑。又曰正月初生黑。"《玉燭寶典考證》在此處加有按語："舊無'水'字，今依禮疏增。"經查，《禮記註疏》引《易緯通卦驗》確作"立春雨水降"，《玉燭寶典》此處引文脱漏，當據增。由前後文可知，"又曰"後條目亦應出自《易通卦驗》，但《緯書集成》所收《易緯通卦驗》無此文句，當據增。又如《玉燭寶典》卷十一引《易通卦驗》："或調黃鐘，或調六律，或調五音，或調五聲，或調五行，或調律曆，或調陰陽，或調政德所行。"《玉燭寶典考證》在此加有按語，指出"《禮疏》《初學記》《古微書》'政'作'正'"。《緯書集成》所收《易緯通卦驗》作"或調黃鐘，或調六律，或調五聲，或調五行，或調律曆，或調陰陽，政德所行，八能以備"，無"或調五音"一條。《禮記・月令》鄭玄注："《易》及《樂》《春秋》説：夏至，人主與群臣從八能之士作樂五日。"孔穎達正義："夏至人主從八能之士，或調黃鐘，或調六律，或調五音，或調五聲，或調五行，或調律曆，或調陰陽，或調正德所行。"① 可知此處《緯書集成》脱漏，當據《玉燭寶典》引文補。

鄭玄爲諸多緯書作注，這部分古注在文獻學和語言學研究中都具有比較重要的價值。《緯書集成》所收諸多鄭玄注中存在部分遺漏，可以參照《玉燭寶典》予以補輯。《玉燭寶典》卷十一引《易通卦驗》中保存了一條鄭注："鄭玄曰：神讀如引題喪漸之引，書字從音耳。立八引者，掾於杙地，四仲引繩以正之，因名之曰引。必立引者，先正方面於視日晷審也，僞言使政令不平，人主聞之，不能不或爲。表或爲木也。"此條《緯書集成》所收《易緯通卦驗》以及補遺條目中均無。《玉燭寶典考證》亦收此條，並在"不能不或"處加有按語"恐當作惑"。《周禮》鄭玄注："言八引者，樹杙於地，四維四中，引繩以正之，故因名之曰引。立表者，先正方面，於視日審矣。晷進則水，晷退則旱。"② "人主聞之，不能不或"所對應的是上文"僞言使政令不平"，可知《玉燭寶典考證》"或"當作"惑"説爲正。此注文《緯書集成》脱，當據《玉燭寶典》補。

除却保存此類整句失收的緯文外，《玉燭寶典》所引緯文可補苴《緯書集成》緯文闕字者數量亦是甚夥。如卷五引《易通卦驗》："芒種，丘蚓出，晷長二尺四寸四分。"此條《緯書集成》作"晷長二尺四分"③。孫詒讓《札迻》以《玉燭寶典》引文對此進

① 鄭玄注、孔穎達疏《禮記正義》，北京：北京大學出版社，1999 年，第 505～506 頁。
② 鄭玄注、賈公彥疏《周禮注疏》，上海：上海古籍出版社，2010 年，第 1009 頁。
③ 安居香山、中村璋八《緯書集成》，第 232～234 頁。

行校勘，指出"《寶典》引'蚯'作'丘'，'二尺'下正有'四寸'二字"①。《後漢書》李賢注、《開元占經》引《易緯》均作"芒種，晷長二尺四寸四分"。《易緯通卦驗》"小寒合凍，虎始交，祭蛇垂首，曷旦入空，晷長丈二尺四分"，鄭玄注："二者亦天應政之徵也，晷減於冬至，九寸二分者，率也。"張惠言在此處加有按語："據注晷減於冬至九寸二分，則正文當丈二尺八分，必有一誤。"② 武家璧先生根據《易緯》《周髀算經》《太初曆》三者的比較，指出《易緯》采用等差數列法構建晷長資料。③ 《漢書·天文志》："夏至至於東井，北近極，故晷短。立八尺之表，而晷景長尺五寸八分。冬至至於牽牛，遠極，故晷長；立八尺之表，而晷景長丈三尺一寸四分。"④ 夏至與冬至之間相隔十二節氣，晷影相差一丈一寸五寸六分，則可推知其增減率爲九寸六又三分之一分。據此可推知鄭注所載冬至晷影"九寸二分者"有誤，而《易緯通卦驗》所載晷影資料皆保留到整數分，綜合來看芒種晷影當爲二尺四寸四分。《緯書集成》所收《易緯通卦驗》脫漏"四寸"，《玉燭寶典》所引者不脫，當據補。

又如《玉燭寶典》卷一引《易乾鑿度》："天子者繼天理物，改正統一。"《緯書集成》所輯者作"改一統"⑤，孫詒讓《札迻》按語指出"《玉燭寶典》引作'改正統一'，疑當以杜引爲正"⑥。《玉燭寶典考證》則作'致正一統'，並以按語形式指出"舊'一統'作'統一'"，"今據《初學記》引《乾鑿度》乙正改删"。《太平御覽》卷七十六："天子者，繼天理物，改一統政。"《初學記》卷九："天子者，繼天理物，致政一統，各得其宜。"此處"改正"爲"改正朔"意。《禮記》："立權度量，考文章，改正朔，易服色，殊徽號，異器械，別衣服，此其所得與民變革者也。"孔穎達疏："周子、殷丑、夏寅，是改正也。"⑦《白虎通》："故先改正朔也。"陳立注："《乾鑿度》云：入戊午蔀二十九年伐崇，作靈臺，改正朔，布王號於天下。"⑧ 綜合來看，此處以"改正"爲確，《緯書集成》所輯者脫一"正"字，當據《玉燭寶典》補出。

目前所見的諸多緯書輯本中，孫瑴《古微書》、趙在瀚《七緯》、喬松年《緯攟》，以及馬國翰《玉函山房輯佚書》所收諸多緯書輯本等均成書於《玉燭寶典》回流之前。而安居香山、中村璋八所編《緯書集成》雖然借鑒了《玉燭寶典》，但對此書所引的緯書佚文進行輯佚時仍有疏失。因此重視《玉燭寶典》所引緯書佚文的輯佚價値，可以爲緯書研究提供新材料。

---

① 孫詒讓《札迻》，北京：中華書局，1989 年，第 21 頁。
② 安居香山、中村璋八《緯書集成》，第 222 頁。
③ 武家璧《〈易緯·通卦驗〉中的晷影資料》，《周易研究》2007 年第 3 期，第 89～94 頁。
④ 班固《漢書》，北京：中華書局，1962 年，第 1294 頁。
⑤ 安居香山、中村璋八《緯書集成》，第 22 頁。
⑥ 孫詒讓《札迻》，第 2 頁。
⑦ 鄭玄注、孔穎達疏《禮記正義》，第 1001 頁。
⑧ 陳立《白虎通疏證》，北京：中華書局，1994 年，第 204 頁。

三、《玉燭寶典》與緯書校勘：保留別寫异文

諸家所輯緯書在文句上常常有差異，這與緯書屢遭禁毁有關。後人輯佚時多依據前代類書，但古代類書中的引文頗多轉引。如緯書輯佚中常用的《太平御覽》便大量因襲前代類書。《直齋書録解題》認爲："或言國初古書多未亡，以《御覽》所引用書名故也。其實不然，特因前諸家類書之舊爾。以《三朝國史》考之，館閣及禁中書，總三萬六千餘卷，而《御覽》所引書多不著録，蓋可見矣。"① 胡應麟也指出："《太平御覽》，蓋因襲唐諸類書《文思博要》《三教珠英》等，仍其前引書目，非必宋初盡存也。亦有宋世不存而近時往往迭出者，又以抄拾類書得之。此皆余所自驗，故知之最真。"② 在抄撮前代類書的過程中，大型類書的品質勢必會受到影響，存在誤字、誤標出處、誤將注釋竄入正文等訛誤。有鑒於此，在使用由唐宋大型類書中輯録出的緯書佚文時，需要特別關注校勘問題。此外，古注中所徵引的緯書條目也是後人輯佚的重要材料來源之一。但古人引書頗多意引、節引，因此其中所引的緯書條目往往存在諸多歧異，亦有對其進行校勘的必要。《玉燭寶典》所引緯書條目保留了諸多的別字异文，具有重要的校勘價值。

《玉燭寶典》卷二引《易緯通卦驗》："驚蟄，雷電，候雁北。鄭玄曰：電者，雷之光，雷有光而未發聲。"《玉燭寶典考證》與此同，《緯書集成》作："驚蟄，雷，候應北。鄭玄曰：雷者，電之光，雷有光而未發聲。"③ 其中"雷電，候雁北"與"雷，候應北"的异文，孫詒讓《札迻》按語指出："寶典引作'雷電候雁北'，是也，當據補正。"④ 由注文"電者，雷之光"可知，正文中當有"電"字，《玉燭寶典》所引不誤。《禮記·月令》："東風解凍，蟄蟲始振，魚上冰，獺祭魚，鴻雁來。"⑤ 《吕氏春秋》作"候雁北"⑥。《七十二候考》："《通卦驗》作候雁北。"⑦ 綜合諸説，可知此處當爲"候雁北"，《玉燭寶典》所引爲確。而"電者，雷之光"爲"雷者，電之光"的异文，張惠言按語指出："雷當爲電，電當爲雷。"雷，《説文解字》作"陰陽激耀也"，段玉裁注"陰陽相薄爲雷。陰激陽爲電。電是雷光"，"自其餘聲言之謂之霆。自其光耀言之謂之電"。⑧ 此處《緯書集成》顯爲倒文，《玉燭寶典》未倒，當據乙正。

由上述例證可以看出，將《玉燭寶典》所引的緯書條目與《緯書集成》相關條目對

---

① 陳振孫《直齋書録解題》，上海：上海古籍出版社，1987 年，第 425 頁。
② 胡應麟《經籍會通》，北京：北京燕山出版社，1999 年，第 53 頁。
③ 安居香山、中村璋八《緯書集成》，第 228 頁。
④ 孫詒讓《札迻》，第 19 頁。
⑤ 孫希旦《禮記集解》，北京：中華書局，1989 年，第 409 頁。
⑥ 許維遹《吕氏春秋集釋》，北京：中國書店，1985 年，第 2 頁。
⑦ 曹仁虎《七十二候考》，北京：中華書局，1985 年，第 4 頁。
⑧ 段玉裁《説文解字注》，上海：上海古籍出版社，1981 年，第 572 頁。

讀，往往可以訂正今見緯書輯本疏失，對其失校條目進行補正。在運用《玉燭寶典》引緯書所保留的別寫、異文等進行校勘時，應特別留意緯書本身所具有的思想史特徵，注意結合運用思想史、文化史知識判別異文的正誤，這在易緯研究中表現得尤爲突出。

《玉燭寶典》卷一引《易通卦驗》鄭玄注：“萬物方生，而艮氣見於大寒之地，故霜。”《玉燭寶典考證》與此同，《緯書集成》作“萬物之生”。① 孫詒讓指出《玉燭寶典》的引文“‘萬物之生’，‘之’作‘方’”，並認爲“文較今本爲備”②。《周易·乾》“萬物資始”，荀爽曰：“謂分爲六十四卦，萬一千五百二十册，皆受始於乾也。册取始於乾，猶萬物之生稟於天。”③《白虎通》：“東方萬物之生，故怒。”④ 則“萬物之生”與震卦、東方有關，而此條所注爲“艮，東北也”，與文意不合。《莊子·天下》“日方中方睨，物方生方死”，《經典釋文》引李軌：“睨，側視也。”“物方生方死”，成玄英疏解之爲：“猶生死也，生者以死爲死，死者以生爲死”，“物亦死生無异也”。⑤ 所謂“日方中方睨”所指乃“謂日方中而景已復昃，謂景方昃而光已復没，謂光方没而明已復升。凡中昃之與升没，若轉樞循環，自相與爲前後，始終無别，則存亡死生與之何殊也”。而“日方中方睨”“物方生方死”乃對文，“物方生方死”句中“方”之意當與上句中“方”意同。《詩經·小戎》“方何爲期”，朱熹系傳“方，將也”，馬瑞辰傳箋通釋：“方之言將也，‘方和爲期’猶云將何爲期也。方、將音近而意同。”⑥《素問》：“天複地載，萬物方生。”⑦ 結合諸家注疏可知，“方”有“即將”類含義，“萬物方生”即萬物初生，與此條文意相合，當爲確。

《玉燭寶典》所引諸多緯書佚文的校勘價值早在清代就已爲人所推重，孫詒讓《札迻》運用《玉燭寶典》引緯文考校了《易緯乾鑿度》《易緯通卦驗》《易緯是類謀》的輯佚文本。但孫詒讓所校勘的乃四庫館臣所輯、乾隆年間武英殿聚珍版本《易緯八種》和張惠言《易緯略義》，未將其他諸家輯本予以匯校，也未考論《玉燭寶典》中曾經引用的《易緯坤靈圖》。因此運用《玉燭寶典》所引緯文和清儒所輯諸多輯本、《緯書集成》自他書所輯得條目進行對觀精審，往往可以正其訛誤、補其闕文，更大程度地恢復文獻原貌。

四、《玉燭寶典》與緯書語詞考釋

緯書作爲漢代神秘思想的産物，其在遣詞造句上也“事豐奇偉，辭富膏腴”，具有

---

① 安居香山、中村璋八《緯書集成》，第 210 頁。
② 孫詒讓《札迻》，第 15 頁。
③ 李道平《周易集解纂疏》，北京：中華書局，1994 年，第 35 頁。
④ 陳立《白虎通疏證》，第 389 頁。
⑤ 郭慶藩《莊子集釋》，北京：中華書局，1961 年，第 1102～1103 頁。
⑥ 馬瑞辰《毛詩傳箋通釋》，北京：中華書局，1989 年，第 377～378 頁。
⑦ 王冰《黃帝內經素問》，北京：人民衛生出版社，1963 年，第 48 頁。

大量的特殊語詞，往往有諸多難解之處。東漢學者尹敏稱"讖書非聖人所作，其中多近鄙別字，頗類世俗之辭，恐疑誤後生"，可見時人已經指出讖緯著作在語言特點上近於世俗。而鄭玄、宋均等人爲緯書所做的注解往往關注與經學文獻、思想内核相關的詞語，致使緯書中的部分詞語難得確解。而《玉燭寶典》在徵引緯書條目及鄭玄、宋均的注文時，也往往以"今案"的形式闡述個人的理解。杜臺卿在按語中對所引緯文的部分闡釋，往往可以用以考釋緯書語詞，爲緯書文獻語言研究提供參考。此處以杜臺卿對緯書名物詞的考釋爲例，對《玉燭寶典》在緯書語詞考釋中的作用與價值予以析論。

《玉燭寶典》卷一引《易通卦驗》"獺祭魚，鶬鴳鳴，蝙蝠出"，《緯書集成》引作"鶬鶊鳴"①。張惠言曰"當作鶊"，孫詒讓《札迻》按語"《寶典》引'鶊'作'鴳'，注云'倉，鴳蒼狀也。'杜氏又引《爾雅·釋鳥》'鳻鶬'經注以釋之，云：'鶊字與鴳字不同。'則緯本自作'鴳'字，張校誤，注有訛，未詳"②。《古微書》作"倉庚鳴"。《玉燭寶典》在引用鄭注後，又在"今案"中旁徵博引，對"鶬鴳"一詞予以解説：

> 今案《爾雅》曰"雇鴳"，犍爲舍人注云："趣民牧麥，令不得晏起也。"李巡云："鴳，一名鳻，鳻，雀也。"郭璞云："今鴳雀。"《國語·晋語》曰："平公射鴳。"韋照注："鴳雇，小雀也。"又《莊子》曰："斥鷃笑之。"郭象注云："斥，小澤。鷃，鴳雀。"阮氏義疏曰："鴳，小雀。"《春秋傳》曰："青鳥氏司啓。"杜預注云："青鳥，倉鴳也。立春鳴，立秋去。"《字林》曰："雇鴳，農桑候鳥。"《廣志》曰："鴳常晨鳴如雞，道路賈車以爲行節。出西方，今山東亦有此鳥。鼉時早鳴，黑色，長尾，俗呼鷃雀。但倉黑既异，鴳字與鷃字不同，或當有二種耳。雀、鳻字兩通。"

"鶬鴳"一詞古籍鮮見，而由杜臺卿引文可知，時人認爲其與"倉鴳""鶬鶊"等關係密切，當爲一種候鳥。《禮記·月令》："始雨水，桃始華，倉庚鳴，鷹化爲鳩。"③《七十二侯考》："《月令》仲春之倉庚鳴，《夏小正》作有鳴倉庚，《通卦驗》作鶬鶊鳴。"④《左傳》"青鳥氏"，注作"青鳥，鶬鶊，《爾雅》無文，先儒相説耳"。⑤《埤雅》："青鳥，鶬鶊也，以立春鳴，立夏止，故司啓。"⑥《太平御覽》引《周書時訓》："鶬鶊鳴，時訓云若不鳴即下不從上。"⑦《玉燭寶典》注文中對"鶬鴳"的描述，以及引用前代字書、

① 安居香山、中村璋八《緯書集成》，第 224 頁。
② 孫詒讓《札迻》，第 19 頁。
③ 鄭玄注、孔穎達疏《禮記正義》，第 471 頁。
④ 曹仁虎《七十二侯考》，北京：中華書局，1985 年，第 4 頁。
⑤ 洪亮吉《春秋左傳詁》，北京：中華書局，1987 年，第 727 頁。
⑥ 陸佃《埤雅》，北京：中華書局，1985 年，第 168 頁。
⑦ 李昉《太平御覽》，北京：中華書局，1985 年，第 96 頁。

古注中對此詞的解釋，也可用爲佐證，證明"鶬鶊"便是《禮記》中所稱的"倉庚"。"倉庚""鶬鶊""倉鶊""鶬鶊"等稱，實爲聯綿詞，"聲隨形命，字依聲立，屢變其物而不易其名，屢易其文而弗離其聲"，常有一詞多形的情況，依照《玉燭寶典》注文對其進行的解説，可以將這些形式不同的聯綿詞系聯爲一。

古籍中的名物詞研究對於準確理解文本含義具有重要作用，但古籍中的名物詞往往在後人傳抄的過程中予以改易。陸德明曾經以《爾雅》中名物詞被更改的事實說明這一現象："《爾雅》本釋墳典，字讀須逐五經，而近代學徒好生異見，改音易字，皆采雜書，唯止信其所聞，不復考其本末。且六文八體各有其義。形聲、會意寧拘一揆？豈必飛禽即須安鳥，水族便應著魚，蟲屬要作蟲旁，草類皆從兩中？"① 這種改易使得本來就因爲時代、文化背景不同而不易理解的名物詞更加難以被探尋本義。特別是緯書中的名物詞，因注文中往往未加訓釋，而緯書又散佚頗多，難以尋找本證，故而難以理解。《玉燭寶典》因其民俗類書性質，將諸多古籍按照時間和事類抄撮爲一，因而保留了諸多故訓材料。參照杜臺卿在抄錄緯書佚文後所加的按語中輯錄的諸多前代典籍和杜氏自己的理解與觀念，可以厘清部分因文字惑亂而難解的名物詞的本義，爲更好地理解緯書文意提供參照。

五、結語

誠然，《玉燭寶典》所録存的與緯書相關的部分内容也存在不足，例如所徵引的緯書條目存在部分訛脱之字、倒錯之文，這要求我們在運用《玉燭寶典》一書進行緯書輯佚工作時要特別注意參照多書，並綜合運用文獻學和語言學知識予以剖析。此外，《玉燭寶典》對緯書的注解也間有泥於舊説、不加辨析，因而致誤的情況。如《玉燭寶典》卷十引《易通卦驗》："立冬，不周風至，始冰，薺麥生，賓爵入水爲蛤。"其注文對"賓爵"一詞予以解説："今案高誘《淮南》注'九月鴻鴈來，賓爵入大水爲蛤'，已分'賓'字下屬。且張叔《反論》云：'賓爵下萃。'又《古今鳥獸注》：'爵，一名嘉賓，言栖集人家，亦有賓義，故兩傳焉。'"可見杜臺卿贊同高誘將《淮南子》中相應條目讀爲"候鴈來，賓雀入大水爲蛤"，並注爲"賓雀者，老雀也，栖宿於人家堂宇之間，如賓客者也，故謂之賓"的處理方式。《玉燭寶典考證》也支持這一觀點，認爲"通行本乃云雁以仲秋先至者爲主，後至者爲賓，與此不合，是知通行本不特芟節，已失其本旨"。按《禮記·月令》"鴻雁來賓，爵入大水爲蛤"，鄭注："來賓，言其客止未去也"，孔穎達疏："上仲秋直云'鴻雁來'，今季秋云'來賓'，以仲秋初來則過去，故不云賓。今季秋'鴻雁來賓'者，客止未去也，猶如賓客，故云'客止未去'也。"② 《逸周書·

---

① 陸德明《經典釋文》，上海：上海古籍出版社，1984 年，序録。

② 鄭玄注、孔穎達疏《禮記正義》，第 533 頁。

時訓解》："寒露之時，鴻雁來賓。又五日，爵入大水，化爲蛤。"① 《逸周書·時訓解》近於《吕覽》和《淮南子》，所載節候又與《大戴禮記·夏小正》和《禮記·月令》相近②，因而《逸周書》所反映的曆法觀念可以佐證時人對此的理解。《逸周書》稱"鴻雁來賓"，鄭注、孔疏也皆以"來賓"連讀，而不與"爵"相涉。《毛詩多識》也曾關注高誘注中這一問題，指出"今之讀《月令》者，皆以'鴻雁來賓'爲句，此將'賓'字連下句讀以示異。然仲秋已云'鴻雁來'，若季秋又以'鴻雁來'爲句，則嫌繁複，故高説人鮮從之"③，從語言的形式化特徵方面論述了高誘注所存在的弊端。"來賓"爲秦漢時人常用連語，如《孔子家語》"是以蠻夷諸夏，雖衣冠不同，言語不合，莫不來賓"④，亦可作爲佐證，説明"賓爵"不應連讀，"爵"當屬下。此處杜臺卿未能判别出所見緯書文本的錯訛，且拘泥於高誘注，進而曲爲解説，這是不可取的。

綜合來看，《玉燭寶典》成書於隋前，其中所徵引的讖緯相關文獻、古注等一定程度上保留了古籍原貌，叢書集成本《玉燭寶典》的底本毛利高翰影抄本，乃加賀藩主前田家所藏古寫本，而前田家藏本在抄録時恪守古本，因而其中所徵引的諸多緯書條目及相關注解在緯書佚文的輯佚和校勘工作中具有重要價值。此外，《玉燭寶典》一書大量引用古代語言學著作及其注解，其所徵引的部分著作就已散佚不傳。故而從漢語史研究的角度看，其資料性價值較强。在相關緯書條目後的注文中所徵引的説解性文字、古注，往往保留了漢魏時期經師對名物、詞彙的訓釋，對於我們理解緯書詞彙，特別是部分難得確解的名物詞頗有幫助。至於《玉燭寶典》中的部分解説疏失，乃杜臺卿過分拘泥於前人舊注所致，對這一點也應有清晰的認識，並在運用《玉燭寶典》研究緯書時予以特別注意。

今見諸多緯書輯本中所輯録的緯文往往帶有"層壘性"特徵，後人在輯佚、編纂的過程中往往雜入某些異質性成分。如《緯書集成》本《易緯乾鑿度》卷下有"至唐虞世南舉曰：不讀易，不可爲宰相"，這顯然是後人雜入其中者。而《玉燭寶典》成書年代甚早，較爲完整地保留了隋代之前的讖緯文獻傳本原貌，對於其中所收録的緯書佚文與他本所輯者予以精校，可以補正《緯書集成》這一緯書輯佚集大成之作中的部分疏失。

《玉燭寶典》一書早已散佚不傳，自清末回流以來，多有學者予以關注。李慈銘曾言及此書"舛誤多不可讀，當更取它書爲悉心校之，精刻以傳，有裨民用不少也"⑤，但此書迄無精校之本，給閱讀研究帶來較大的阻礙。就目前所能見到的《玉燭寶典》諸多版本來看，尊經閣文庫藏舊鈔卷子本的書寫年代較早，所保留的《玉燭寶典》文本原

① 黄懷信《逸周書校補注譯》，西安：三秦出版社，2006年，第258頁。
② 蔣善國《尚書綜述》，上海：上海古籍出版社，1988年，第440頁。
③ 多隆阿《毛詩多識》，《續修四庫全書》經部第72册，上海：上海古籍出版社，2002年，卷二。
④ 王肅《孔子家語》卷一，濟南：山東友誼出版社，1989年。
⑤ 李慈銘《越縵堂日記》，揚州：廣陵書社，2004年，第11139頁。

貌也最爲切近其原本面貌。而迄今爲止對這一版本的《玉燭寶典》進行整理影印的著作僅有臺北藝文印書館"歲時文獻集成"中的影印本，並無較好的整理本文獻可資參照。因而綜合運用諸多版本的《玉燭寶典》對其進行校正、整理，爲學界提供一個可資參考的精校本，也可作爲未來《玉燭寶典》研究工作之一端。

On the Research Value of Weishu in *Yuzhubaodian*

Jiang Funing and Li Jinze

Abstract：*Yuzhubaodian*，written by Du Taiqing，a scholar of Sui Dynasty，is a folklore work with the nature of specialized cyclopedia，in which many augury book materials are preserved. In this paper，*Yuzhubaodian*，the First Series of Book Integration photocopied the version proofread by Mori Tachiyuki and his son，is taken as the basic material to analyze the augury book materials included in it. It made up for the mistakes in the quotations of "Wei Shu integration"，and to explore its important value in the study of document linguistics.

Key Words：*Yuzhubaodian*；Foreign Chinese Classics；Augury Book；Collection and Collation

［姜復寧，山東大學文學院博士研究生；李金澤，山東大學文學院碩士研究生］

絲綢古道上的鮮卑歷史及佛教

才吾加甫

提　要：公元 3 世紀活躍於我國北方歷史舞臺上的鮮卑是早期東胡之後裔。本文以大量史料爲依據，參閱了浩如烟海的文獻，系統闡明了古道“絲綢之路”的歷史、古代鮮卑的歷史及其佛教信仰概況。

關鍵詞：絲綢古道　鮮卑　佛教

我國是一個歷史悠久，由 56 個民族組成的統一的多民族國家。“中華先民一百多萬年的從蒙昧走向文明的歷程、五千年的有文字可考的文明史、兩千多年來統一的多民族國家的發展史，以其偉大、獨特、輝煌，彪炳於人類史册……中華民族在其艱難曲折的歷史演進過程中，經過無數大動蕩、大分化、大改組，由大遷徙、大融合而走向大統一和大發展。”① 我國各民族已成爲相互依存的，統一且不可分割的政治共同體和文化共同體，故“中華民族”乃我國多源多流之各民族多元一體的總稱。早期生活在我國北方的匈奴、東胡、月氏、鮮卑、烏孫、柔然、丁零、吐谷渾、吐蕃、突厥、回鶻、党項、契丹、女真、蒙古各族與目前遊牧耕耘於我國北部的各兄弟民族（包括部分漢族）的祖源一脉相承。在我國古代北方，諸民族、各綠洲城邦國與西域絲綢之路、草原絲綢之路有著千絲萬縷的聯繫。我國歷代較爲强大的北方遊牧民族的政治文化中心均位於蒙古高原一帶，但其西翼的少數民族大都占有天山和阿爾泰山各草原牧區。這些早期北方遊牧民族大都與定居於絲綢之路上的塔里木盆地綠洲的各城邦國有密切的交往，這在很大程度上有助於保持北方遊牧民族和西域農耕民族之間長期的經濟貿易與文化交流，進而保證了草原絲綢之路與西域絲綢之路的暢通無阻。

“絲綢之路”既是我國古代中原地區與東南西北各方經貿往來、商品流通、文化交流的要道，也是自古以來對連接亞洲、非洲、歐洲之交通道路的雅稱。在古代東西方文化交流史上，絲綢之路是交換商品、發展貿易、建立友誼、傳承文化的金橋。歷史上，

---

① 盧勛、楊保龍主編《中華民族凝聚力的形成與發展》，北京：民族出版社，2000 年，前言，第 1～2 頁。

通過這條古道，祆教、佛教、道教、摩尼教、景教、伊斯蘭教等宗教先後傳入我國西域與中原地區。

舉世聞名的絲綢之路可分爲陸路和海路兩類，其中陸路有三條，分別是穿越戈壁綠洲的西域絲綢之路、跨越北方沙漠和草原的草原絲綢之路、翻越西南巍峨高山的西南絲綢之路。西域絲綢之路和草原絲綢之路是早期東西文化交流史上的重要通道，基本上經歷了我國歷史上從漢至清的中原朝代更迭以及匈奴汗國、鮮卑汗國、柔然汗國、突厥汗國、吐蕃汗國、回鶻汗國、契丹汗國、蒙古諸汗國等我國古代北方民族之草原汗國更替——絲綢之路在中原、西域以及北方走過了 2000 餘年的輝煌歷程。

在我國古代，河西走廊一直居於絲綢之路的咽喉之處，漢朝初期在這裏設置了武威、酒泉、張掖、敦煌四郡。除河西走廊以外，吐谷渾統轄的青海境內之樂都、湟源、都蘭、烏蘭等地也是絲綢之路的孔道。而新疆屬於“西域”，在早期便享有“小西天”“佛教的第二故鄉”之美譽。“西域”是我國古代新疆以及中亞地區的統稱，面積廣大，自古就是東西方的商貿主道，更是宗教文化交流要道。歷史上西域的絲綢古道聞名於世。

一般情況下，絲綢之路主要是指綠洲之路。這條絲綢之路從我國長安出發，經過河西走廊到達新疆，然後分北路、中路、南路西行。其中北路經伊吾（今新疆哈密）、北庭（今吉木薩爾）、阿力麻裏（今伊寧），西至裏海沿岸。中路經車師前王庭（今新疆吐魯番西），過焉耆（今焉耆西南）、烏壘（今輪臺東）、龜茲（今庫車）、姑墨（今温宿）、疏勒（今喀什），越過帕米爾高原，直到地中海東岸地區。南路從陽關出發，沿塔克拉瑪干大沙漠南緣，經鄯善（今新疆若羌）、且末（今且末西南）、精絕（今民豐北）、扜彌（今于田東）、于闐（今和田南）、莎車（今莎車）等地，然後越過世界屋脊，過阿姆河到達伊朗，直抵伊斯坦布爾（東羅馬帝國）。

兩漢時期，絲綢之路主要分爲南、北兩道，敦煌是南、北兩道的起點，因前方有塔克拉瑪干大沙漠的阻隔，所以此路很自然地沿著大沙漠的南北兩側分開，這是分道的根本原因和南北兩道命名的由來。兩漢時期的南道從陽關（今甘肅敦煌西南）西行，沿著南山（今崑崙山脉）北麓，經鄯善（今若羌東）、且末（今且末西南）、精絕（今民豐北）、扜彌（今于田東）、于闐（今和田南）、皮山（今皮山一帶）、莎車（今莎車）等地，越過帕米爾高原，到達大月氏、安息（伊朗）。北道從玉門關（敦煌西北）西行，沿著北山（今天山山脉）南麓，經車師前王庭（今吐魯番西）、焉耆（今焉耆）、尉犁（今焉耆南）、烏壘（今輪臺東）、龜茲（今庫車）、姑墨（今阿克蘇）、疏勒（今喀什）等地後，越過帕米爾高原，到大月氏、康居（今撒馬爾罕）、奄蔡（今鹹海一帶）。

兩漢以後，絲綢之路分爲三道。兩漢時期的北道成爲中道，又在天山山脉以北增闢了一道，稱爲北道。南道和中道在帕米爾高原以東的路線與兩漢時期大致相同，在帕米爾高原以西，路綫的終點則比兩漢時期延伸得更遠了。兩漢以後的南道在竭盤陀（今塔什庫爾干）越帕米爾高原，經護密、吐火羅、恒怛（均在阿富汗北部）等地，至北婆羅門（主要在今巴基斯坦境），達於西海。中道在經疏勒之後，攀登帕米爾高原，經鈸汗（今贊爾干納）、康國（今撒馬爾罕）、大小安國（今布哈拉）等地，至波斯（今伊朗），達於西海。北道從敦煌出發，經伊吾（今哈密）、蒲類海（今巴里坤湖）、渡北流河水（今伊黎河等），至拂林國（東羅馬帝國），達於西海。以上三道所説的西海，含義各不相同，南道所達之"西海"指印度洋，中道的終點指波斯灣，北道則達地中海。

《隋書•裴矩傳》載："發自敦煌，至於西海，凡爲三道，各有襟帶。北道從伊吾，經蒲類海鐵勒部，突厥可汗庭，度北流河水，至拂菻國，達於西海。其中道從高昌、焉耆、龜茲、疏勒，度葱嶺，又經鏺汗，蘇對沙那國，康國，曹國，何國，大、小安國，穆國，至波斯，達於西海。其南道從鄯善，于闐，朱俱波，喝槃陀，度葱嶺，又經護密、吐火羅、挹怛、帆延、漕國，至北波羅門，達於西海。其三道諸國，亦各自有路，南北交通。其東女國、南婆羅門國等，並隨其所住，諸處得達。故知伊吾、高昌、鄯善，並西域之門户也，總湊敦煌，是其咽喉之地。"[1] 這是西域早期關於南、中、北三道最詳細的記載。

關於上述三道，武伯綸指出："絲綢之路由漢到唐經過今新疆境内的有三條。《漢書•西域傳》：'自玉門、陽關出西域有兩道。從鄯善傍南山北、波河西行至莎車，爲南道；南道西踰葱嶺則出大月氏、安息。自車師前王庭隨北山、波河西行至疏勒，爲北道；北道西踰葱嶺則出大宛、康居、奄蔡焉。'這是漢代的兩條交通大道，都在天山之南，以塔里木河爲界，分爲南北二道。《隋書•裴矩傳》：'發自敦煌，至於西海，凡爲三道，各有襟帶。北道從伊吾，經蒲類海、鐵勒部、突厥可汗庭，度北流河水，至拂菻國，達於西海；其中道從高昌、焉耆、龜茲、疏勒，度葱嶺，又經鏺汗、蘇對沙那國、康國、曹國、何國、大小安國、穆國，至波斯，達於西海；其南道從鄯善、于闐、朱俱波、渦槃陀，度葱嶺，又經護密、吐火羅、挹怛、帆延、漕國，至北波羅門，達於西海。其三道諸國，亦各自有路，南北交通……故知伊吾、高昌、鄯善，並西域之門户也。總湊敦煌，是其咽喉之地。'《隋書•裴矩傳》所説中道、南道與《漢書•西域傳》説的南、北二道基本相同，只是《漢書•西域傳》説的南道是通到安息（波斯），《隋書•裴矩傳》説的南道是通到北波羅門，達於西海（可能是孟加拉灣）；《漢書•西域傳》説的北道是通到奄蔡（在里海、黑海之間）；《隋書•裴矩傳》説的中道（即漢的北道）是通到波斯，達於西海（可能是波斯灣）。隋代新增加的北道，通往拂林（東羅馬），達於西海（可能是地中海）。"[2] 這是近代學者根據歷史所作的最全面、最完整、最

① 原載於（隋）裴矩《西域圖記•序》，原書已佚，其序見載於《隋書》。引自（唐）魏徵《隋書》卷六七"裴矩傳"，北京：中華書局，1974 年，第 1579～1580 頁。

② 武伯綸《傳播友誼的絲綢之路》，西安：陝西人民出版社，1983 年，第 77～79 頁。

詳細的論證。

唐代在天山山脉以北又開闢了一條新道。從北庭（今吉木薩爾北）都護府治所庭州，向西經伊犁到達碎葉。唐賈耽所言“邊州入四夷道”[①]較爲詳細地記載了這段道路。

絲綢古道上的西域諸國的密切關係不僅表現在經濟貿易上，也表現在文化交流上。東方的中國，南方的印度，西方的波斯、阿拉伯、希臘、羅馬等不同文明的交流以交通往來爲前提。在航海技術發達以前，西域絲綢之路是東西交通最常用的通道；即使在海路通達以後，如取陸路也必須經過此處。不僅從波斯、阿拉伯、歐洲東來中國必須取道西域，就是從南印度來華，通常也是先北上進入西域，然後再折向東方。甚至在更爲久遠的時期，這一地區也是中西交通的咽喉要道。比如在我國北方地區，大興安嶺以西，阿爾泰山、陰山以南，燕山、祁連山、阿爾金山以北，有一條内陸的草原地帶。這條草原地帶由東向西延伸，經西亞南俄草原，直達南歐黑海沿岸。在遥遠的古代，這是一條極其遼闊的草原谷地。騎馬遊牧活動產生以後，特別是遊牧國家開始形成之時，諸遊牧國家東西馳騁於這條草原地帶上，從蒙古高原逾西域之阿爾泰山脉或準葛爾盆地進入哈薩克斯坦，經里海北岸、黑海北岸到達多瑙河流域。綜上所述，在東西交通史和文明傳播史上，這些地區都具有重要的歷史意義。隨著東西方貿易往來的增加，東西方文明也聚焦、融會於此，相互影響、滲透，並由此產生了豐富的文化成果。西方的音樂、舞蹈、繪畫、雕塑、建築等藝術，天文、曆算、醫藥等科技知識，從此地進入中原，對中國文化的發展產生了深遠影響。

草原之路也是北方草原遊牧民族的一條重要交通道路，它開拓於匈奴時期，到元代達到鼎盛，又稱“草原絲綢之路”。但事實上，絲綢並不是這條道路所運輸的主要物品，皮毛、珠寶、金銀等纔是草原商路的主要貿易物，因此，這條路又被稱爲“皮貨之路”和“珠寶之路”，與其稱之爲“草原絲綢之路”，不如稱爲“草原商路”更確切些。

一、鮮卑历史

東胡的後裔——鮮卑是我國歷史上重要的古代北方民族之一。自東漢三國以來，鮮卑族不斷南遷西進，據有匈奴故地，東起遼東，西至隴右。鮮卑是一個相當複雜的遊牧民族結合體，各部之間發展很不平衡。按其發源地和後來遷徙分布及與其他諸族、部落的融合情況，大致可分爲東部鮮卑、北部鮮卑和西部鮮卑，總人口數兩百多萬。東部鮮卑經檀石槐、軻比能等部落聯盟時期，逐漸發展爲慕容氏、段氏、宇文氏的結合體。北部鮮卑主要是指拓跋鮮卑。西部鮮卑主要由河西禿髮氏、隴右乞伏氏以及青海、甘肅等地區的吐谷渾組成。其中慕容氏、乞伏氏、禿髮氏在南北朝的十六國時期分別於中原

---

① 唐代賈耽撰有《邊州入四夷道理記》十卷，原名《皇華四達記》，原書已佚，其佚文略見於《新唐書·地理志》。

和河隴地區建立前燕、後燕、西燕、南燕、西秦、南涼；拓跋氏建立代國，後又建立北魏，並統一北方；宇文氏建立北周；吐谷渾在今甘南、四川西北及青海等地區建國，一直延續到隋唐之後。

江應梁認爲："鮮卑即古代的東胡。《三國志·魏書·鮮卑傳》說：'鮮卑者，亦東胡之餘也，別依鮮卑山，因號焉。'這裏所說鮮卑是東胡的'餘部'或'支脈'是正確的；但說'因山爲號'則未必恰當。事實上應先有鮮卑人，才有以鮮卑爲名的山，不是因山爲族名，恰恰相反，是'以族名山'。……到戰國時，東胡强盛，山戎淪爲其部眾，不再用山戎的名號，而入於東胡部落聯盟，統稱爲東胡。山戎、東胡、烏桓、鮮卑的序列顯示其間當存在淵源關係。鮮卑不僅是東胡之後、東胡別種，也是山戎之後。山戎後來融於東胡，東胡又分爲烏桓、鮮卑兩支。"[1]

楊建新認爲："關於鮮卑族的形成，據《魏書》記載，其先祖，特別是鮮卑族中以拓跋爲姓氏的這一支的先祖可以追溯至夏、商時代。可見鮮卑族的形成，實際上是以拓跋氏族爲核心，融合了東胡的其他氏族部落而逐漸形成的。拓跋部最早活動的地區在大鮮卑山（今大興安嶺北段，内蒙古鄂倫春自治旗阿里河鎮的嘎仙洞），自西漢末，始由大鮮卑山遷至鮮卑山，並成爲鮮卑族的核心。"[2]

田曉岫認爲："鮮卑是東胡的又一支。漢初，東胡被匈奴擊敗，餘眾部分退居鮮卑山（今内蒙古科爾沁右翼中旗西），因以爲名。《後漢書·鮮卑傳》記：'鮮卑，亦東胡之支也。別依鮮卑山，故因號焉。'鮮卑在烏桓之北。初，遊牧於饒樂水（今西拉木倫河）以北地區。東漢初年始聞其名。建武二十五年，鮮卑始附漢。建武三十年，鮮卑大人於仇賁率種人詣闕（宮門外）朝貢，封於仇賁爲王。終漢之世，鮮卑對漢或附或叛，又常與匈奴、烏桓相攻擊。"[3]

錢伯泉認爲："鮮卑是東胡後裔。冒頓單于擊破東胡，兼併其領土，其中有一個名叫'毛'的首領，率領一部分民眾，遷徙到大鮮卑山（大興安嶺北段）的大石室（在今内蒙古呼倫貝爾盟鄂倫春自治旗阿里河鎮西北 10 千米，俗稱'嘎仙洞'）中居住。毛聰明勇敢，周圍的 99 個家族，36 個部落的民眾都擁護他，於是建立了一個部落聯盟，稱這個聯盟中的人爲'鮮卑'，這是因爲毛的居地爲鮮卑山而得名。"[4]

吕思勉認爲："鮮卑出於東胡，讀史者無異詞。近人或曰：'通古斯（Tung－us）者，東胡之音轉也。不譯爲東胡，而譯爲通古斯，則何不稱孔子曰可夫沙士也？'竊有疑焉。《後漢書》曰：'烏桓者，本東胡也。漢初，匈奴冒頓滅其國，餘類分保烏桓山，因以爲號焉。''鮮卑，亦東胡之支也。別依鮮卑山，故因號焉。'然則東胡之亡，眾分

---

①　江應梁主編《中國民族史》，上册，北京：民族出版社，1990 年，第 163 頁。
②　楊建新《中國西北少數民族史》，北京：民族出版社，2003 年，第 216~228 頁。
③　田曉岫《中華民族發展史》，北京：華夏出版社，2001 年，第 210 頁。
④　錢伯泉編著《新疆民族史》，烏魯木齊：新疆人民出版社，1999 年，第 54 頁。

爲二。烏桓，鮮卑，大小當略相等。"①

王文光認爲："鮮卑是在匈奴分裂並南下、西遷後進入北方大草原的。《後漢書·烏桓鮮卑列傳》載：'和帝永元中，大將軍竇憲遣右校尉耿夔擊破匈奴，北單于逃走，鮮卑因此轉徙據其地。匈奴餘種留者尚有十余萬落，皆自號鮮卑，鮮卑由此漸盛。'則北匈奴的西遷，給鮮卑創造了一個極好的機遇，他們乘勢進入匈奴故地，成了北方的主要民族。西晋時期，鮮卑與漢族、匈奴、烏桓、丁零等相混雜而又分別形成許多部。東晋十六國、南北朝期間，鮮卑族中的慕容氏、乞伏氏、禿發氏、拓跋氏、宇文氏等，都先後在吸收漢族經濟文化的情況下發展了起來，建立了前燕、後燕、南燕、西秦、南涼、北魏、北周等政權。"②

北匈奴西遷後，鮮卑日益强大，爲適應統治蒙古草原的需要，解決各部落生計、協調諸部關係及與漢地互市、軍事徵伐、掠邊搶奪等問題，其政治組織也發生了一系列變化。至 2 世紀中葉，以檀石槐爲首的鮮卑軍事聯盟應運而生，東敗夫余，西擊烏孫，北逐丁零，南擾漢朝邊郡，盡有匈奴故地，"東西萬二千餘里，南北七千餘里，網羅山川，水澤、鹽池甚廣"③，並將統轄地分爲東、中、西三部，約六十邑，各置大人爲首領，總歸他統轄，擁兵十萬，較匈奴尤盛。

東漢靈帝光和四年（181），檀石槐死，子和連繼立，其"才力不及父，亦數爲寇抄，性貪淫，斷法不平，衆畔者半"④，此爲聯盟分裂之始。旋和連被人射死，兄子魁頭立。後來，和連子騫曼長大，與魁頭爭位，衆益離散。魁頭死，弟步度根立。其時，西部大人相繼叛去，聯盟瓦解。曹魏"文帝初……自高柳以東，濊貊以西，鮮卑數十部，比能、彌加、素利割地統御，各有分界"⑤。自雲中郡（治今内蒙古托克托東北）以東，漠南分裂爲三個集團：一是檀石槐後裔步度根集團，擁衆數萬，據有雲中、雁門、北地、代郡及太原等郡的全部或一部分；二是被稱爲小種鮮卑的軻比能集團，擁衆十餘萬騎，據有高柳（治今山西陽高西北）以東的代郡、上穀邊塞内外各地；三是屬於東部大人彌加、素利等所領的若干小集團，分布在遼西、右北平、漁陽塞外。⑥ 同時，在這三個集團的西面和北面，還有其他鮮卑部活動的足迹。

在上述三個集團中，軻比能集團最爲强盛，史稱："軻比能本小種鮮卑，以勇健，

① 吕思勉《中國民族史》，上海：中國大百科全書出版社，1987 年，第 78~79 頁。

② 王文光《中國民族發展史》，上册，北京：民族出版社，2005 年，第 318 頁。

③ （晋）陳壽《三國志·魏書·鮮卑傳》，中華書局校訂，香港：中華書局香港分局，1971 年，第 843 頁。本文所引《三國志》皆同此本，並與百衲本景宋紹熙刊本對勘，以下不重復出註。《後漢書·鮮卑傳》作"東西萬四千餘里"。（南朝宋）範曄撰，（唐）李賢等注《後漢書》卷九〇《烏桓鮮卑列傳第八十》，北京：中華書局，1965 年，第 2989 頁。本文所引《後漢書》皆同此本，並與百衲本景宋紹熙刊本對勘，以下不重復出註。

④ 《後漢書》卷九〇，《烏桓鮮卑列傳第八十》，第 2994 頁。

⑤ 《三國志·魏書·田豫傳》，第 727 頁。

⑥ 《三國志·魏書·牽招傳》："懷來鮮卑素利、彌加等十餘萬落，皆令款塞。"第 731 頁。似東部所屬也有十餘萬落。

斷法平端，不貪財物，眾推以爲大人。部落近塞，自袁紹據河北，中國人多亡叛歸之①，教作兵器鎧楯，頗學文字。故其勒御部眾，擬則中國，出入弋獵，建立旌麾，以鼓節爲進退。"② 軻比能集團漢化程度較深，勢力日益增長，遂有兼併其他各部之志，早在建安二十三年（218）就已露端倪。當時，原來投附曹操的烏桓大人無臣氏叛東漢，轉附屬於鮮卑大人扶羅韓（爲步度根兄，領兵數萬駐扎於代郡桑乾河一帶）。時曹操之子曹彰領兵伐無臣氏，扶羅韓不能救，轉向軻比能乞兵。軻比能率萬餘騎與其會合，共相盟誓，擊退曹兵。隨後，軻比能乘機殺扶羅韓，占領代郡，兼併了這一帶的鮮卑部眾。但爲了集中力量統一漠南，軻比能還是儘量避免與曹魏發生正面衝突。

在這一時期，鮮卑諸部與東漢及曹魏之間，既有朝貢、互市、册封等和平往來，又有掠邊、徵伐戰爭。建安中，曹操定幽州，步度根、軻比能與素利、彌加、厥機等隨烏桓校尉閻柔"上貢獻，通市"；對東部大人，"太祖皆表寵以爲王"③。軻比能還曾率三千餘騎隨閻柔前往鎮壓河間郡民田銀、蘇伯起事。曹魏黃初元年（220），文帝曹丕即位，軻比能、步度根遣使獻馬，軻比能受封爲附義王，步度根也被封爲王。東部大人素利、彌加等各遣使貢馬，均被封爲歸義王。翌年，文帝並以牽招爲護鮮卑校尉，田豫爲護烏丸校尉，持節屯昌平，進行鎮撫。當時，軻比能志在剪滅諸部，統一鮮卑，所以對曹魏表示恭順。同年，軻比能交出漢人在鮮卑者五百餘家，還居代郡，以示修好。黃初三年（222），軻比能等以牛馬七萬餘口與魏交市，並遣魏人千餘家居於上穀，與曹魏保持友好關係，以盡其兵力展開兼併步度根及東部大人素利等的戰爭。在兼併步度根及東部集團的過程中，軻比能日益強盛，控弦十餘萬騎，且頗得人心，"每鈔略得財物，均平分付，一決目前，終無所私，故得眾死力，餘部大人皆敬憚之，然猶未能及檀石槐也"④。軻比能死後，東部鮮卑先後興起了宇文部、段部、慕容部，並乘機南遷，占有烏桓故地。拓跋部也逐漸遷居漠南，占有軻比能故地，與魏晉加強了聯繫。

拓跋鮮卑，準確地説，應當包括建國前的拓跋部，建國後的代、魏，建立南凉的河西鮮卑禿發部等，但習慣上，往往僅指北部鮮卑。

關於拓跋氏的起源問題，眾説紛紜，莫衷一是，主要有以下幾種説法：一則根據《魏書·序紀》説拓跋氏爲黃帝少子昌意之後始均的苗裔⑤；二則説拓跋出於匈奴，《南

---

① 例如，東漢末初平二年（191），袁紹取冀州，部分黃巾、黑山軍潰散者就逃入鮮卑。
② 《三國志·魏書·鮮卑傳》，第 838 頁。
③ 《三國志·魏書·鮮卑傳》，第 840 頁。東漢時，護烏丸校尉不僅監領烏丸，同時也監領鮮卑，掌管對烏丸、鮮卑的賞賜、質子和互市等。
④ 《三國志·魏書·鮮卑傳》，第 839 頁。
⑤ （北齊）魏收《魏書·序紀》："昔黃帝有子二十五人，或内列諸華，或外分荒服。昌意少子，受封北土，國有大鮮卑山，因以爲號。"北京：中華書局，1974 年，第 1 頁。本文所引《魏書》皆同此本，並與清乾隆武英殿刻本互勘，以下不重復出注。

齊書·魏虜傳》説"魏虜，匈奴種也，姓托跋氏"①；三則説拓跋出於李陵之後，《宋書·索虜傳》載"索頭虜姓託跋氏，其先漢將李陵後也"②；四則説拓跋出於東胡之後，爲鮮卑"別部"③；五則説拓跋出於"雜種"④，與他族融合而成；六則説拓跋與都播（都波）或圖瓦（圖巴）同源，初活動於葉尼塞河上游，南唐努山、北薩彥嶺之間⑤；七則認爲"魏人不應該是如一般所常説的是東胡，而是突厥或蒙古人"⑥；八則認爲拓跋來源於通古斯⑦。凡此種種，不勝枚舉。

值得一提的是，關於鮮卑蒙古一説有如下几家：

朱学渊認爲："先秦時東胡是蒙古語民族的祖先部落的統稱；秦、漢兩代匈奴則占盡北方諸族的風頭；東漢時期鮮卑又取代匈奴的强權。由於北方諸族在長期的遷徙過程中，不斷地析離和融合，因此在各個時代和各個地區，東胡－鮮卑語的後裔語言也不會是完全一樣的，現代蒙古語中就融含了大量的突厥語和通古斯語成分。因此，將東胡－鮮卑語稱爲'蒙古原語'（proto－Mongolian）較爲貼切。東胡－鮮卑的後裔——拓跋鮮卑、契丹、蒙古曾數度入據中原或統一中國，因此蒙古語族的活動是中國歷史不可或缺的部分，它們的血緣是漢語民族的重要組成部分。……東胡－鮮卑系語言不僅是蒙古語的先祖，也是遍布歐亞大陸的突厥語的重要組成部分。"⑧

林幹認爲："鮮卑的語言屬阿爾勒語系中的蒙古語族。……清末著名蒙古史學者沈增植，經過用鮮卑語和蒙古語互相比較之後認爲：'蒙古語與鮮卑語相去無幾。'"⑨

孟達來認爲："關於東胡族系的語言情況，在古籍文獻中留存下來了一些鮮卑語單詞。後人的研究和考釋，主要是根據這些語料進行的。其中，尤其是附有釋義的一些單詞，爲探索鮮卑語的一些特徵以及判斷其語源提供了較爲可靠的依據。學者們將這些語料同蒙古語進行比較分析，大體上證明了鮮卑語和蒙古語有共同性。……它（烏桓語）同蒙古語有共同的祖源。"⑩

法國魯保羅認爲："鮮卑人是匈奴人的自然繼承人……其他人則聲稱他們是古蒙

---

① （南北朝）蕭子顯《南齊書·魏虜傳》，北京：中華書局，1972年，第983頁。《梁書》卷五《文帝紀》："世祖馳檄告四方曰：賊臣侯景，匈奴叛臣。"此也指北魏爲匈奴。

② （南北朝）沈約《宋書·索虜傳》："索頭虜姓託跋氏，其先漢將李陵後也。"清乾隆武英殿刻本。

③ （唐）杜佑《通典·邊防·北狄·拓拔氏》，清乾隆武英殿刻本。

④ 劉知幾《史通》卷四提到"魏本出於雜種"；卷六説"自雜種稱制"。

⑤ 陶克濤《氈鄉春秋·拓跋篇》，呼和浩特：內蒙古人民出版社，1977年，第109～131頁。

⑥ （法）格魯塞（Grousset, R.）著，龔鉞譯，翁獨健校《蒙古帝國史 L'Empire Mongol》，北京：商務印書館，1989年，第324頁，注引伯希和語。

⑦ （蘇）巴托爾德著，羅致平譯《中亞突厥史十二講》，北京：中國社會科學出版社，1984年，第20頁。

⑧ 朱學淵《中國北方諸族的源流》，上海：華東師範大學出版社，2010年，第73～74頁。

⑨ 林幹《中國古代北方民族通論》，呼和浩特：內蒙古人民出版社，2007年，第192頁、197頁。

⑩ 孟達來《北方民族的歷史接觸與阿勒泰諸語言共同性的形成》，北京：中國社會科學出版社，2001年，第29頁、31頁。

古人。"①

日本内田吟風認爲："和帝永元中，大將軍竇憲遣右校尉耿夔擊破匈奴……匈奴餘種留者尚有十餘萬落，皆自號鮮卑，鮮卑由此漸盛——匈奴王朝，在蒙古的統治到此中斷。鮮卑王朝暫時代替了它，以前稱做匈奴人的蒙古人，采取了鮮卑的族名。"②

周偉洲認爲："總之，從目前研究情況看，主張東胡以及其後分出的烏桓、鮮卑、吐谷渾、柔然等大致屬於後來的蒙古語族的結論，爲一般中外學者所贊同，是正確的。"③

由此觀之，早期鮮卑與蒙古族的祖先有緊密的關係。

不少學者認爲，鮮卑是一個非常複雜的部落集團，其族源也有著多元化的呈現。而北部鮮卑與東部鮮卑同族稱、同語言習俗，經濟生活也大致相同，但其地域不同，至於是否同源，尚待深入探討。從文化類型和歷史地理遷徙等方面考察，二部同源的可能性是存在的。首先，從考古學上看，在離東部鮮卑發源地的鮮卑山不遠的烏蘭察布盟察右旗二蘭虎溝和達爾罕茂明安聯合旗墓群，可能爲檀石槐至軻比能時期東部鮮卑的遺迹。這兩處墓群的墓式、頭向，皆與屬於北部鮮卑的完工、札賚諾爾等墓群相同。並且，屬於東部鮮卑文化的，哲理木盟科爾沁後旗茂道鄉舍根村出土的一些陶罐，也與完工、札賚諾爾出土的大致相同。④ 再從歷史地理方面考察，東部鮮卑源於遼東塞外的鮮卑山，北部鮮卑發源於大興安嶺北段之大鮮卑山。鮮卑南下或西進，每到一處駐牧屯居之山區，往往稱爲鮮卑山。據《十六國春秋》載，鮮卑山有二，一在燊城（也作棘城，今遼寧錦縣，一說在義縣西北），一在遼西（郡治陽樂，初在今遼寧義縣西，後移治今盧龍縣，後燕時移治今遷安縣東北）西北一百里。⑤《隋圖經》載："鮮卑山在柳城縣（今遼寧朝陽）東南。"《讀史方輿紀要》卷十八據舊志稱，在"柳城東二百里有鮮卑山……東胡因以爲號，或曰鮮卑山即青山也"。⑥《水經注》引《釋氏西域記》説在敦煌東南也有一鮮卑山。但是，被冠以"大"字的，只有大興安嶺北段的鮮卑山。因此，很可能在鮮卑首領毛出現以前，有鮮卑族的一支沿大興安嶺東麓和嫩江流域南下；也有可能在推寅或鄰以前曾沿伊敏河上溯越嶺，再折而南下西遷。總之，根據目前所掌握的資料分析，東部鮮卑和北部鮮卑也許同源，但越到後來差別越大。鮮卑在南遷西進過程中，復與匈奴、丁零（高車）、烏桓、漢人等混血而形成許多新部別。一説北部鮮卑進入匈奴故地

---

① （法）魯保羅著，耿昇譯《西域的歷史與文明》，烏魯木齊：新疆人民出版社，2006年，第121頁。
② （日）内田吟風等著，余大鈞譯《北方民族史與蒙古史譯文集》，昆明：雲南人民出版社，2003年，第318頁。
③ 周偉洲《吐谷渾史》，桂林：廣西師範大學出版社，2006年，第9頁。
④ 鄭隆《察右旗二蘭虎溝墓群》，《内蒙古文物資料選輯》；張相忠《哲里木盟發現的鮮卑遺存》，《文物》1981年第2期；宿白《東北、内蒙地區的鮮卑遺迹》，《文物》1977年第5期。
⑤ （宋）李昉《太平御覽·地部·鮮卑山》，《四部叢刊三編》景宋本。
⑥ （清）顧祖禹《讀史方輿紀要·直隸·青山》，清稿本。［五代］劉昫撰《舊唐書·北狄傳·契丹》則云："臣突厥好與奚鬥，不利則遁保青山及鮮卑山。"清乾隆武英殿刻本。鮮卑山與青山又爲兩山。

後，與匈奴餘部融合，成爲所謂鮮卑父胡母之拓跋氏。① 但有的學者根據《魏書·序紀》記載，拓跋鮮卑毛之遠祖可追溯至夏末商初，故認爲"拓跋"一名乃駐牧於大鮮卑山的鮮卑人自遠祖以來的自稱，並非在東漢末因鮮卑人與匈奴人發生婚媾關係，以"鮮卑父匈奴母"之後裔而稱"拓跋"②。

拓跋鮮卑進入匈奴故地後，與留居故地的匈奴逐漸融合。始祖神元皇帝拓跋力微時（220—277 年在位），在 75 個"内入諸姓"（异姓部落被拓跋部兼併或徵服者）中，屬於匈奴的就有賀賴氏、須蔔氏、丘林氏、破六韓氏、宿六斤氏等。③ 這些匈奴部落加入拓跋鮮卑聯盟之後，雜居共處，相互通婚，逐漸鮮卑化。關於"拓跋"二字之含義，據《魏書·序紀》所載，拓跋氏爲黃帝之後裔，而"黃帝以土德王，北俗謂土爲托，謂後爲跋，故以爲氏"④。但據有些學者研究，"拓跋"的含義乃北人謂鮮卑父、胡（匈奴）母所生後代之意。《魏書·序紀》談到力微是其父詰汾與匈奴故地之天女結合所生，並進行了繪聲繪色的描述。其曰："初聖武帝（即詰汾）嘗率數萬騎田於山澤，欻見輻輬自天而下。既至，見美婦人，侍衛甚盛。帝異而問之，對曰：'我天女也，受命相偶。'遂同寢宿。且，請還，曰：'明年周時，復會此處。'言終而別，去如風雨。及期，帝至先所田處，果復相見。天女以所生男授帝曰：'此君之子也，善養視之。子孫相承，當世爲帝王。'語訖而去。子即始祖也。故時人諺曰：'詰汾皇帝無婦家，力微皇帝無舅家。'"⑤ 這個神話實際上給鮮卑與匈奴通婚增添了一抹神秘的色彩，同時也爲"王權神授"製造了輿論。此後，有不少晉人和烏桓等部眾也成爲其"新民"。

拓跋鮮卑的權力集中在"宗室八姓"，八姓之內又以拓跋氏爲核心，其他七姓拱衛於拓跋氏周圍，輔佐拓跋氏子孫對内延續權位，對外統治各部落牧民。"宗室八姓"的主要功能之一，表現在祭祀、推選盟主和輔佐皇帝即位上。祭祀時，由拓跋氏主祭，其他七姓要隨祭，祈望祖宗保佑他們世代繁盛。拓跋鄰"七分國人"後，部落盟主的推選物件集中到八個宗室的姓氏之内，形成一種世選制，逐漸出現了世襲貴族。這種祭祀和世選制反映在後來皇帝即位的儀式上，就是用黑氈蒙七人頭部，以示推選。據《資治通鑒》所載，北魏末年孝武帝元悟即位儀式，其中就有頭蒙黑氈捉認"盟主"之舉。⑥

晋永嘉元年（307），祿官病卒後，倚猗盧繼位，總攝三部，成爲塞北的一支強勁力量。當時，正值西晉"八王之亂"，劉淵、石勒角逐山西、河北之際。因而晋人如衛操、衛雄、姬澹、莫含、劉遵等歸於拓跋氏，並遊說猗盧等，招納晋人，"於是晋人附者稍

① 馬長壽《烏桓與鮮卑》，上海：上海人民出版社，1962 年，第 3、30、247 頁。
② 林幹《鮮卑拓跋、禿髮、乞伏三部的早期歷史及其南遷路綫的初步探索》，《北方文物》1989 年第 3 期。
③ 《魏書·官氏志九》，第 2791 頁。
④ 《魏書·序紀》，第 1 頁。
⑤ 《魏書·序紀》，第 2~3 頁。
⑥ 《資治通鑒·梁紀·高祖武皇帝》："孝武帝即位，於東郭之外，用代都舊制，以黑氈□七人，歡居其一。"

眾"①。他們帶來了漢族的文化、生產技術和政治制度，有力地促進了拓跋部的封建化。

淝水之戰後，前秦政權衰亡，鮮卑慕容垂稱帝於中山，建立後燕。東晉太元十一年（386）正月，什翼犍嫡孫、慕容垂外甥拓跋珪乘機召集舊部，在牛川（内蒙古錫拉木河，呼和浩特東南）召開部落大會，並即代王位。同年四月，改稱魏王，建元登國。天興元年（398），正式定國號爲"魏"，取其"夫'魏'者，大名，神州之上國"意②，史稱北魏或後魏。遷都平城，改元天興，即皇帝位，是爲魏太祖道武帝。

當時，北方局勢甚爲複雜。北魏不僅面臨柔然、高車、庫莫奚以及後燕、西燕的威脅，而且還有企圖擁立其叔窟咄的守舊勢力。於是，拓跋珪首先擊敗了窟咄，"悉收其眾"③，剪除内患，接著嚮外擴展。登國二年（387），拓跋珪率軍大破其南邊的獨孤部，迫使劉庫仁之子劉顯逃奔西燕。翌年，擊敗其東邊西拉木倫河一帶的庫莫奚部，獲雜畜十餘萬頭。又破嫩江解如部，獲男女、雜畜十餘萬。四年（389），攻高車部落，大破之。次年，襲擊高車袁紇部，獲生口、馬、牛、羊二十餘萬。又討紇突鄰、紇奚、豆陳、賀蘭、叱奴等部。六年（391），西討黜弗部，北征柔然，又破劉衛辰部。共獲名馬三十餘萬匹，牛羊四百餘萬頭。拓跋珪不僅獲得了大量土地，擄獲了大批戰馬和牛羊，而且還收降了不少部落，成爲塞外強國。十年（395），與後燕慕容寶會戰於參合陂（今内蒙古涼城北），大破後燕軍，獲俘士卒四五萬，皆坑殺之。皇始二年（397），拓跋珪乘慕容寶新死，親率六軍四十餘萬，進兵中原，先後攻取晉陽、中山、鄴等名都重鎮，擁有黃河以北之地，隔河與東晉相峙。

經拓跋珪及其子拓跋嗣的經營，至泰常八年（423），拓跋珪孫、拓跋嗣子燾繼位後，憑藉鮮卑驍勇的騎兵，四處征伐。神䴥元年（428），俘殺夏主赫連氏，滅夏國。太延二年（436），攻占龍城（今遼寧朝陽），滅北燕馮氏。五年（439），兵取涼州，俘北涼沮渠牧犍。大平真君三年（442），收服西涼李嵩之孫李寶，並屢次出兵擊敗柔然、高車，獲戎馬數萬匹，部眾數十萬。又遣將襲吐谷渾，使慕利延敗走白蘭（青海黃河源西北）。同時，還采取鎮撫兼施的策略，使西域諸族及東北契丹等族遣使朝貢。赫連氏遂完成統一北方的大業，結束了十六國割據的局面。他又於十一年（450）率軍十萬南下進攻劉宋，經略江淮，圍懸瓠（今河南汝南），直抵瓜步（今江蘇六合東南）。後遭宋軍頑強抵抗，掠淮南五萬餘户而返，轄區擴大到淮河以南，形成南北朝長朝對峙的局面。其疆域東北起遼西，西至新疆東部，南達秦嶺、淮南，北抵蒙古高原，與柔然、敕勒毗鄰。關於這一段歷史，楊茂盛認爲："淝水之戰後，什翼犍的孫子拓跋珪乘前秦戰敗而瓦解之機，於 386 年在盛樂重建代國，改國號爲魏，史稱北魏。當時的北魏，既面臨柔

---

① 《魏書·衛操列傳》，第 599 頁。
② 《魏書·崔玄伯傳》，第 621 頁。
③ 《魏書·帝紀·太祖紀》，第 21 頁。

然、高車、庫莫奚、契丹、後燕、西燕、西秦的威脅，又存在内部的分裂。拓跋珪依靠祖先'七分國人'建立起'八部'和宗主督護制，消除内患，打敗柔然、高車等族。395 年，北魏戰勝後燕，占據了黄河以北的廣大土地。12 年後，北魏遷都平城（今山西省大同市）。399 年，拓跋珪正式稱帝，史稱北魏太祖道武帝。……在北魏逐漸强盛起來的過程中，十六國時期的各個政權，經過長期的戰亂吞併，僅剩北燕、北凉兩個小國。424 年，太武帝拓跋燾即位，依靠鮮卑驍勇的騎兵，四處征伐：先後滅北凉、北燕；多次出兵打敗高車、柔然，掠獲戰馬百萬匹、民眾數十萬；派兵襲擊吐谷渾，迫使吐谷渾王逃至白蘭；與此同時，采用征撫兼施的策略，迫使西域各族和東北契丹、庫莫奚等族，紛紛派遣使者朝貢。"①

二、鮮卑的佛教

根據史書記載與佛教研究，在我國古代北方民族史上，繼匈奴之後，最早正式信奉佛教的民族就是鮮卑。東晉十六國時期，鮮卑族先後建立了許多大小不等的國家。其中慕容鮮卑建立的政權有前燕、後燕、西燕和南燕。隴西鮮卑、河西鮮卑、拓跋鮮卑前後建立的政權有西秦、西凉、代、北魏、東魏、西魏和北周。此外，其他少數民族建立有了前秦、後凉、前趙、後趙、北凉等大小各異的政權。當時這些鮮卑建立的各諸侯國與其他少數民族創立的諸侯國均信仰佛教。

早期的鮮卑諸部信崇巫術，祭祀日月星辰、天地山川，進入中原及西遷關隴河西後逐漸改信佛教，有的兼奉道教。早在遷都洛陽前，北魏統治者已在平城建築寺塔，所造佛像規模宏大，開鑿了舉世聞名的大同雲岡石窟。十六國和北魏時期，鮮卑封建主在龍門耗費大量人力物力開鑿石窟造像。當時寺宇林立，石窟遍布，著名的有大同雲岡石窟、洛陽龍門石窟、敦煌千佛洞、天水麥積崖、鞏縣石窟寺、響堂山石窟、炳靈寺石窟等。這些雕塑繪畫藝術既創造了佛、菩薩、金剛、梵天王、飛天之類栩栩如生的形象，又展示了鮮卑文化、中原文化及西域文化交融之璀璨畫卷，並爲後人了解當時社會生活的各個方面提供了珍貴的資料。

才吾加甫認爲："據研究，佛教在東晉時期形成南北區域。北方有匈奴、羯、鮮卑、氐、羌五胡民族所建立的二趙、三秦、四燕、五凉及夏、成（成漢）等十六國。各國均提倡佛教。……特別是五凉、三秦、後趙統治的河西、敦煌、酒泉、張掖、武威、臨夏、天水、蘭州、西峰等隴右地區佛教尤其流行。"②

《蒙古人民共和國歷史》記載："甚至慕容（鮮卑）、拓跋（鮮卑）國時期，佛教全

---

① 楊茂盛《中國北疆古代民族政權研究》，哈爾濱：黑龍江教育出版社，2014 年，第 407 頁。

② 才吾加甫《新疆古代佛教研究》，北京：社會科學文獻出版社，2011 年，第 44 頁。

面傳播。寺廟林立，高僧倍增"。①

阿木爾巴圖認爲："鮮卑民族與麥積山石窟關係很大，麥積山是一個極重要的塑像寶庫。……内蒙古發現多處鮮卑遺址。……烏蘭察而盟出土的鎏金銅釋迦佛和鹿角冠飾等，造型典雅，製作工藝精湛。"②

黃卓越指出："由於北魏諸帝奉佛的影響，朝野風從，私度出家爲僧者日增，另一方面因戰爭頻繁，假稱入道以避徭役者也不少。據《釋老志》《洛陽伽藍記》載，孝文帝太和元年（477）平城即有僧尼 2000 餘人，各地僧民 77258 人。到了魏末各地僧民多達 200 余萬人，出家之猥濫，前所未有。當時興造寺塔的風氣也極盛，孝文帝太和元年，平城新舊佛寺約有 100 座，各地 6478 座。但到了魏末，洛陽就達 1376 座，各地寺院多達 30000 多座。足見魏代佛教之一斑。"③

卢勋等認爲："十六國、南北朝時期是我國佛教發展史上的一個重要階段，特定的歷史條件，爲佛教的傳播興盛提供了肥沃的土壤。'五胡'統治者出於後進民族入主中原的自卑心理，對於外來文化佛教有一種認同的親切感。他們以'佛是戎神，所應兼奉'爲名，大力弘揚。加之，一個統治階級必須在政權之外選擇某種信仰作爲統治的理論依據和精神支柱。'五胡'在入主中原以前，其信仰大多是原始巫術和萬物有靈崇拜，這種低級的信仰實不足以作爲在中原立國的統治理論和精神力量，於是紛紛選擇有著完整教義的佛教爲頂禮膜拜的對象。後趙石勒、石虎建寺廟 800 餘所；前秦符堅發兵 10 萬攻襄陽以迎名僧道安；後秦姚興出征西域奪得鳩摩羅什。這些都表明北方各族君主佞佛之甚。到北魏時，佛教信仰更爲興盛。太和元年（447）時，'京城内寺新舊且百所，僧尼二千餘人，四方諸寺六千四百七十八，僧尼七萬七千二百五十八人'。又 50 年後，則僧尼 200 萬人，寺院 3 萬多所了。佛教之盛，真是'自中國之有佛法，未之有也'。舉世聞名的敦煌、雲岡、龍門三大石窟也是始於北魏時開鑿。佛教在南朝廣爲傳播，表現之一是寺院林立、遍布江南。"④

陳致平指出："北魏文成帝后爲獻文帝，由馮太后臨朝稱制，太后與獻文帝均好佛，這以後佛教乃臻於全盛。文成即位之初，即於平城起造永寧寺構七級浮圖，高三百餘尺。又於天宮寺造釋迦立像，高四十三尺，用赤金十萬斤。獻文帝信佛最篤，性喜清静，厭聞政治，常引諸沙門談論佛理。到孝文帝繼續弘揚佛法，因爲孝文嚮往漢學，於儒玄釋三者都有研究，而同理並尊。遷都洛陽之後，更廣建廟宇，諸高僧如道順、慧覺、僧顯、僧義等，雲集京師，多被聘爲諸寺主持。僧道登且爲孝文之師，經常爲孝文

---

① 蒙古人民共和國科學院歷史所編《蒙古人民共和國歷史》，第一冊，呼和浩特：内蒙古人民出版社，1986年，第 186 頁。

② 阿木爾巴圖編著《蒙古族美術研究》，沈陽：遼寧民族出版社，1997 年，第 162 頁。

③ 黃卓越等主編《中國佛教大觀》，哈爾濱：哈爾濱出版社，1994 年，上册，第 65 頁。

④ 盧勛等《中華民族凝聚力的形成與發展》，北京：民族出版社，2000 年，第 169 頁。

講經，圓寂時，孝文親爲施帛設齋。孝文又爲佛陀禪師於嵩山之少室山建立少林寺，佛陀弟子慧光爲北魏一代經學大師。而少林寺歷代修葺，僧侶最多，成爲著名之大禪林。北魏佛教自文成復興之後，逐漸發展，到宣武帝與胡太后時而極盛。洛陽之伊闕石窟即從宣武帝時所開始營造。宣武帝元恪永平二年、梁天監八年（509）親臨式乾殿，集諸僧及朝臣講《維摩詰經》。西土沙門自西域來者三千餘人，特修永明閑居兩寺，供沙門居住，永明寺有一千多間。從永平到延昌年間（508—515）北魏境內有一萬三千餘寺。宣武帝卒後，孝明帝即位，胡太后更好佛，在洛陽一帶大規模修建佛寺，仿照平城的永寧寺，更造新永寧寺於洛陽城。中有九層浮屠，去地千尺，百里外已能望見（參見前章七節建築項）。浮屠北有佛殿一所，形如太極殿，中有丈八金像一，中長金像十，繡珠金像三，作工奇巧。寺中亦有僧房樓觀千餘間，與永明、景明、瑤光諸寺，爭奇制勝。孝明帝熙平元年，詔遣沙門惠生、宋雲到西域取經，越流沙西行，至乾羅國取得佛經一百七十部，於正光二年還國（516—521）以前中土沙門之赴西方求法，都是私人行動，唯此乃爲國家正式派遣佛教留學生的開始。北朝佛教之盛，一直延長到東西魏與北齊北周之際（北齊時曾鑿晉陽西山爲大佛像，即天龍山造像，與雲岡伊闕齊名）。推厥其原因，除了帝王的提倡與社會的風尚，主要是北魏時西域交通之大開，有許多天竺的沙門直接從天竺穿越西域與涼州而來到中國，陸續不斷。"[1]

近代在我國甘肅發現的鮮卑文化遺迹以佛教藝術爲主。永靖炳靈寺石窟始建於西秦，而慶陽北石窟寺，涇川南石窟寺、王母宮石窟、嵩顯寺、禪佛寺、羅漢洞石窟、丈八寺石窟、千佛寺石窟，華亭石拱寺石窟、莊浪雲崖寺石窟、陳家洞石窟，合水保全寺石窟、張家溝門石窟，西和法鏡寺石窟，甘穀大像山石窟，武山魯班山石窟、靖遠法泉寺石窟，景泰沿寺石窟，肅南文殊山石窟，民樂童子寺石窟，敦煌西千佛洞，肅北五個廟石窟等，都興建於北魏或西魏。而關於馬蹄寺石窟群的創建年代，學術界存在不同意見，一說北魏，一說北涼。總之，甘肅現存的多數石窟是鮮卑政權於北魏時期建造的。而敦煌莫高窟、天水麥積山等十六國時期開鑿的石窟中，開鑿於北魏、西魏、北周時期的洞窟也非常多，其數量大大超過十六國時期。這與北魏一些統治者大力提倡佛教，以及當時坐禪觀相思想的盛行有密切關係。

炳靈寺石窟第 169 窟第 6 龕至今保存有全國最早的石窟紀年題記——西秦"建弘元年歲在玄枵三月廿四日造"，還保存有西秦皇族成員"乞伏□罡集"和高僧"大禪師曇摩毗"的供養人像榜題，以及西秦建造的窟龕形制（如第 169、第 172 窟）和塑像、壁畫、供養人服飾等珍貴資料，爲我國各地早期石窟的斷代提供了尺規，也爲研究西秦佛教的盛況提供了可與炳靈寺西秦石窟藝術相互印證、補充的實物。如以西方三聖（無量壽佛和大勢至菩薩、觀世音菩薩）爲主的净土信仰、維摩詰經變、造像的犍陀羅風格

---

[1] 陳致平《中華通史》，廣州：花城出版社，1996 年，第 3 卷，第 465~467 頁。

（如第 169 窟第 18 龕的大立佛）等，以及隋費長房《歷代三寶記》《高僧傳·習禪》《開元釋教録》記載的高僧聖堅、玄高、曇弘、曇摩毗等到西秦弘揚佛法和翻譯佛經十五部等，都極具史料價值。

麥積山石窟存有北魏時期的題記，即第 78 窟佛壇下供養人畫像題記中的"仇池鎮"三字，"仇池鎮"始建於北魏太平真君七年（446）。第 115 窟亦有北魏景明三年（502）張元伯發願文。而且，其中最早的現存窟龕塑像也屬於北魏。據研究，麥積山石窟現存北魏窟 70 多個，占總數的 40% 左右，保存都比較完整。北魏前期，受西域影響，佛像造型主要的藝術特點有健壯渾厚和修長扁平兩類，薄衣透體。佛像健壯莊嚴，髮髻上有淺而規律的波紋，富於裝飾性；菩薩則平貼壁畫，以突出佛的高大。造像的衣褶有疏密變化，並加陰刻綫，比莫高窟的平行貼泥條式褶紋更爲豐富自然，如第 74 窟、第 78 窟。北魏後期，受南朝影響，佛像造型爲秀骨清像，開始注意突出人物的峭健氣質和生活情趣。菩薩穿長裙或褒衣博帶，如第 115 窟等。西魏時期的造像風格仍是秀骨清像，褒衣博帶，技術水準比北魏高，更世俗化，如第 44 窟、第 160 窟等。北周時期，造像風格又有較大變化，造型開始向敦厚、豐滿過渡，突出對生命力的表現，如第 113 窟等。麥積山石窟以雕塑見長，被譽爲"東方雕塑館"。據研究，這些雕塑都是鮮卑政權時期的，但各地石窟各有特色："雲岡宏偉粗獷，龍門圓潤、雄健，敦煌規整豔麗，麥積山秀麗生動。"敦煌的彩塑重工藝、色彩，細膩豔麗，但對内心刻畫較爲淡漠；麥積山石窟造像則注重人物情感刻畫，形神兼備。

南石窟寺是北魏涇州刺史奚康生於永平三年（510）創建的，有《南石窟寺之碑》爲證。寺中原有五個石窟，現僅存兩窟，其中 1 號窟是北魏時期的，5 號窟是唐代的。1 號窟規模較大，高 11 米、寬 18 米、深 13.2 米，盝頂，方門，門上設明窗，窟内周壁塑 7 尊立佛、14 尊脅侍菩薩，佛高達 6 米，菩薩高達 3.5 米，惜其造像的頭與身不太符合比例，窟頂浮雕佛傳故事。總的來説，信奉七佛，便於禪觀。慶陽北石窟寺，由奚康生於永平二年（509）首建，現存窟龕 295 個。其中，屬鮮卑政權的有北魏 16 個、西魏 22 個、北周 20 個。第 165 窟是奚康生建造的，也是最大、最有代表性的，規模超過南石窟寺。此窟高 14 米、寬 21.7 米、深 15.7 米，石窟形制、塑像以及浮雕的題材和信仰，與南石窟寺基本相同，但規模更大，藝術水準也較高。此外，建於北朝的還有中心柱窟（北 1 號窟）、三佛窟（第 240 窟，北周）和方形天幕式龕等。

敦煌莫高窟有北魏前後期石窟 26 個，西魏窟 12 個，北周窟 17 個，窟形多樣，有中心柱窟、禪窟、殿堂窟、龕形窟等，也有大窟，如北周瓜州刺史建平公於義修建的428 窟，面積達 178.38 平方米。窟中塑像主要是禪定、苦修、降魔、説法等姿勢的釋迦、交脚彌勒和菩薩等。各窟都有壁畫，多遵循一定的格式——上部爲天宮伎樂，中部乃千佛和本生、因緣故事，下部繪金剛力士，象徵天、人、地三界。壁畫有兩種形式，一是單幅畫，把不同時間、地點發生的事壓縮在一幅畫中，如捨身飼虎本生故事；二是橫幅，把故事的每個情節一一繪出，如"沙彌守戒自殺緣"，繼承了漢代畫像磚石的技法，又加以創新，把同時發生的兩件事，分別從橫幅的兩端起畫，到中部匯合，展開衝突，又如九色鹿本生故事畫等。窟中還有藻井、邊飾圖案。特別值得注意的是，這時的塑像、壁畫已經較多地中國化、情趣化，展現出中國藝術家融合中西文化藝術進行再創作的高超水準，如第 438 窟西壁南側的北周時期彩塑脅侍菩薩像，已是健美、俏麗的中國女性，略顯沉思而微笑，使人感到親切和善。第 257 窟後部北魏時期平綦的"天人裸泳"畫，繪一方形蓮池，池中有四位天人各保持一定間隔，形成一個圓圈，他們雙手向兩側平伸，略微向上，各持一朵蓮花；兩腿伸直併攏，全身筆直；只有腰部略微向上彎曲，漂游在水面上，輕鬆愉快。畫家著意表現了他們丰滿的胸部、收縮的腹部和健壯的四肢，讓人欣賞他們健美的身體；畫中人體綫條流暢，池中之水好像也跟著游泳者回旋，動感極強，富有生活氣息和感染力，在神秘的宗教世界裏，這樣生動有趣而藝術性極高的作品實在難能可貴。人物的服裝、舞蹈、武術、技藝，既有天竺、西域的，也有中國的，體現了佛教藝術因適應中國傳統文化而發生變化。

壁畫中多有供養人的形象，男女分列成行，一般是僧尼在前，世俗之人在後。在人物服飾上，官與民、不同民族以及男女之間都有差別。國王穿戴漢族帝王的褒衣博帶和袞冕，且其大袖長袍已遠超漢族早期的深衣制度，如第 285 窟國王像，頭戴通天冠，前有博山，後有卷梁，身穿皂色或緋色深衣，領袖鑲白綠，並有曲領。官員像如第 288 窟所繪西魏貴族官員，身形高大，面相長方，頭戴籠冠，身穿對襟開領大袖長袍、蔽膝，頸加曲領，腳穿笏頭履。婦女則頭梳一兩個高髻，身穿大袖襦和間色長裙。其他如第 285 窟西魏的男女供養人則穿胡服，男子頭戴卷沿氈帽，身穿褲褶（小袖窄衫，白布小口袴），腰系束帶，垂掛蹀躞七事（打火石、刀子、磨刀石、解結錐、針筒、繩子等），腳穿烏靴。第 428 窟所繪的供養人多達 1186 個，是莫高窟，可能也是全國所有石窟所繪供養人數之最。

據研究，這一時期的供養人像已出現典型的藝術造型特徵——面目清秀，眉骨高聳，眸子烏黑，嘴角含笑，體態瀟灑，神情微妙，具有魏晉南北朝文人"秀骨清像"的氣質。車馬出行的圖景也常繪入供養人行列之中。

甘肅還發現了很多造像塔、造像碑以及各種質地的佛像和佛經、佛畫。下面各舉一個有代表性的例子。

北魏曹天護造像塔，出土於酒泉，是三簷樓閣式方塔，有塔剎、三層塔身和基座，共五層。塔身每層每面都有一大二小三個龕，中間大龕多雕一尊坐佛，個別龕雕釋迦、多寶並坐，或交腳彌勒，或無龕而雕樹下誕生故事，或雕六龍灌頂故事，或雕雙樹下苦修像。兩側小龕多雕上下兩層的小坐佛，或供養人，或一身供養菩薩。基座有"信士曹天護"的發願文，中有紀年"己卯歲"。根據塔的形制和雕像的題材、風格、書法等判斷，此塔建造於北魏太和二十三年（499）。這座佛塔有重要價值，其一，它是從印度覆鉢式塔轉變成中國樓閣式塔的最早實物；其二，它與山西曹天度塔形似，兩位造塔人又似乎有近親關係，對研究山西與甘肅河西佛教藝術的互相交流、影響頗爲重要。

西魏權氏造像碑，甘肅省博物館收藏，碑首爲四龍蟠交。正面碑首中央上端有一獸面，口含龍身；下端開一個外方内圓拱形龕，龕内雕一佛二弟子二菩薩。龕下有一排七個小尖拱形龕，龕内各有一尊禪定坐佛。碑身正面上部是十排三千個小千佛；下部是四列供養人像：上列是八個站立的供養人，二三列是車馬出行圖，下列又有十個站立的供養人。背面碑首開一個圓拱形龕，内雕一佛二弟子二菩薩。龕外兩側各刻一頭護法獅子和馭獅奴，龕上端飾飛天兩身。碑身上部是成群的小千佛；下部是發願文，其中有"大魏大統十二年□□弟子權早□供養佛"等字。碑左側雕小千佛，右側上部雕小千佛、下部刻供養人。供奉小千佛也是北朝盛行禪觀的證據。造碑時間爲西魏大統十二年（546），功德主權氏是天水大姓，屢出高官（唐代宰相權德輿即出此家族）。此碑對於研究北朝的服飾、車馬制度和權氏家族史都有重要價值。

北魏鎏金銅佛像，高22釐米，慶陽地區博物館藏。佛結跏趺坐，手作禪定印；有螺旋紋高肉髻；面相長圓，微露笑容，鼻隆直，眼長而突，耳長大；身穿通肩大衣，衣紋弧形，凸起、細密、布滿全身；披巾在胸前折一次，經兩肩，繞到兩臂後面，穿過腹前兩手腕，下垂於佛座前邊兩角上，披巾上也密布褶紋；大桃形背光中淺雕七尊坐佛和火焰紋；背面淺雕拱形龕，龕内雕三世佛，下麵雕兩身"S"形的天王，龕外刻火焰紋。佛座束腰四足床趺，自上而下雕滿菱格，水波紋、忍冬紋和三角垂幛紋；座足上還有淺刻供養人兩身，兩手攏袖，懷抱長莖蓮蕾。這件佛像是甘肅收藏的各種流散佛像中犍陀羅因素最爲顯著的，鑄造精細，是一級珍品。

敦煌藏經洞中發現了不少隋唐以前的寫經，如 P.4506，北魏皇興五年（471）張氏主寫《金光明經記》，距今1500多年，記載了武威人因戰亂遷到定州中山郡居住，現抄佛經，要寄回家鄉供鄉親誦讀流通之事，反映了各地人員的流動和佛教的傳播，甚爲珍貴。

絲質刺繡佛畫，發現於莫高窟第125窟、第126窟的裂縫中，是北魏太和十一年（487）廣陽王及其眷屬供奉佛寺的，在絲織品上刺繡説法圖、供養人、發願文和花邊圖案。王頭戴黑色圓頂高帽，腦後垂帶，足穿烏靴。王妃和其他女眷戴紫褐色高冠，腦後垂帶，上身穿對襟長衫，飾朱紅色桃形忍冬和卷草忍冬；長裙覆腳後曳。此畫對於研究鮮卑貴族的服飾和佛事活動、刺繡工藝都很有價值。

東晉十六國及北魏時期，是民族矛盾和民族鬥爭最尖銳、最複雜的時期，同時也是我國歷史上民族大遷徙、大融合的時期。自西晉懷帝永嘉之亂以後，漢族封建地主政權衰落，北方各少數民族統治者逐鹿中原，力圖在鬥爭中建立政權，取得統治地位，彼此之間進行了殘酷的廝殺，使民族矛盾白熱化。永嘉五年（311），劉曜、王彌功破洛陽、晋懷帝司馬熾被俘時，"害諸王公及百官以下三萬餘人"①。接著，劉曜進攻長安時又進行了大規模的屠殺，導致"長安城中，户不盈百，牆宇頹毁，蒿棘成林"②。范文瀾先生説："民族鬥爭是民族融合的必經過程，歸根還是民族融合。"③ 公元 220 年至 581 年是我國歷史上的魏晉南北朝時期，在這 360 多年的歷史中，中原地區政權更迭頻繁，一個個王朝如走馬燈般一掠而過，其中有割據鼎立的魏、蜀、吴三國，有短暫統一的西晋，也有匈奴、羯、鮮卑、氐、羌等民族所建立的二趙、三秦、四燕、五凉及夏、成（成漢）等南北對峙的五胡十六國和東晋、西晋以及北齊、北周等王朝，中原處於大動盪、大分裂和民族大融合的時期。一般認爲，在這三個半世紀的歷史長河中，我國中原，尤其是北方地區，成了漢文化、印度文化、波斯文化、希臘羅馬文化以及遊牧文化的薈萃之地。

三、鮮卑的佛教特點

文獻研究表明，在我國北方地區，鮮卑人活躍的時代正是我國歷史上的魏晉南北朝時期。這一時期也是我國中原與北方歷史上民族大遷徙及民族大融合的時期，大量少數民族入居中原，許多漢族人民爲了躲避戰亂進入西域。社會發展水準較低的各少數民族在漢族封建經濟文化的影響下，先後完成了封建化過程。漢族在自身發展中也從各少數民族那裏吸收了許多有益的東西。北周時代，鮮卑及其他久居內地的少數民族，在經濟生活和語言、宗教、習俗等各方面，已大致與漢族融合。各民族的統治階級實際上也已經渾然一體。各民族之間的這種融合，不僅有利於整個社會經濟的進一步發展，也爲我國內地各諸侯國和北方各城邦國佛教的發展興盛奠定了基礎。自東漢末年開始，北方諸地的二十餘國在魏晉南北朝 360 多年複雜的歷史演變過程中，由相互兼併走嚮相對統一，在天山南北形成了十多國對峙的局面。與此同時，柔然、吐谷渾、高車、日厭噠四個遊牧國及其民族也進入北方各地，它們與北魏在北方進行的長期爭奪戰促進了北方各民族的大融合，同時也進一步促進了北方諸地文化的豐富與繁榮。在這一時期，除佛教之外，在北方各地還流行著婆羅門教、摩尼教、祆教、景教，這些宗教與佛教相比，在北方諸地勢力甚弱，但在不同程度上爲占北方信仰統治地位的佛教注入了新的血液，豐富了其文化內涵。在這一時段，北方諸地的佛教傳播與兩漢時代不同，整個北方社會出現了前所未有的大變化，主要表現爲鑄造佛像、建寺、立塔、鑿窟、舉行浴佛和施食等活動。佛教在禮儀方面比兩漢時更爲鼎盛，北方僧眾天天燃香念經，月月道場，年年舉行盛大的佛會，佛事活動頻繁。佛教造像活動也達到了高潮，在官吏、僧侶和平民信眾

---

① （唐）房玄齡等撰《晋書·載記·劉聰》，上海：上海古籍出版社，1986 年，第 1555 頁。清乾隆武英殿刻本作"已下"。

② 《晋書·帝紀·孝愍帝》，上海：上海古籍出版社，1986 年，第 1261 頁。

③ 范文瀾《中國歷史上的民族鬥爭與融合》，《歷史研究》1980 年第 1 期。

中，釋迦造像、彌勒造像、觀音造像、無量壽造像運動特別流行。

在我國北方，十六國晚期與北朝系由少數民族建立的諸政權統治。這些少數民族在建立政權的過程中，都或多或少、或遲或早地接受了漢文化的影響，從而加速了民族大融合的步伐。民族的融合與文化的交流是相互促進的，在這一過程中，佛教也起到了積極的作用。總體來看，北方社會在動蕩中走向了融合，北方的佛教也在動蕩中闊步發展。

魏晉以來，我國南北學風各有差異。北朝上承漢儒，南朝則多談玄理。所謂"北人學問，淵綜廣博。……南人學問，清通簡要"①。也有人稱："南人約簡，得其英華。北學深蕪，窮其枝葉。"② 加之北方為少數民族統治，政治情況也與南方不同，受上述種種因素的影響，北方佛教呈現出不同於南方的若干特點。

第一，北方佛教的發展規模之大為中國歷史所罕見。據《辯正論》卷三、《法苑珠林》卷一〇〇，北魏（包括東魏、西魏）有僧尼二百餘萬。據《續高僧傳》卷八，北齊有僧尼二百餘萬。北周僧尼數量不明，但論述北周武帝滅齊後廢佛的資料稱，"三方釋子減三百萬"③。據《通典》卷七《食貨·歷代盛衰戶口》載："後周靜帝末，授隋禪。有戶三百九十九萬九千六百四。"④《文獻通考》卷一〇《戶口考一》載："（後周）大象中，有戶三百五十九萬，口九百萬九千六百四。"⑤ 所以，當時北方的總人口只有一千萬上下，而僧尼在總人口中的比重是相當驚人的。限於篇幅，本文無法一一探討佛教如此迅速發展的詳細原因，但北方佛教的諸種表現與特點，都可以從其規模之大這一基本事實中得到部分解釋。

第二，佛教信仰形態在北方更加突出，釋迦佛、觀世音菩薩、彌勒、無量壽信仰特別流行。不少人在功德思想的驅使下，修寺、造塔、塑像、寫經、開石窟等，企圖通過這些行為，追求今生與來世的利益。當時人們的這種思想狀況可從留存至今的許多造像題記、寫經題記中看出。如敦煌遺書《律藏初分》卷一四有北魏東陽王元榮的題記："大代普泰二年歲次壬子三月乙丑朔二十五日己丑，弟子使持節散騎常侍都督嶺西諸軍事車騎大將軍開府儀同三司瓜州刺史東陽王元榮，惟天地妖荒，王路否塞，君臣失禮，於滋（茲）多載。天子中興，是得遣息叔和，早得回還。敬造《無量壽經》一百部：四十部為毗沙門天王、三十部為帝釋天王、三十部為梵釋天王。造《摩訶衍》一部百卷：四十卷為毗沙門天王、三十卷為帝釋天王、三十卷為梵釋天王。內律五十五卷：一分為毗沙門天王、一分為帝釋天王、一分為梵釋天王。造《賢愚經》一部，為毗沙門天王。

---

① 余嘉錫《世說新語箋疏·文學第四》，北京：中華書局，2016 年，第 237 頁。
② （唐）李延壽《北史·列傳·儒林上》，北京：中華書局，1974 年，第 2709 頁。。
③ （隋）費長房《歷代三寶記》卷一一，《大正新修大藏經》第 49 冊，No. 2034，第 94 頁中。
④ （唐）杜佑《通典》，卷七，食貨七，"歷代盛衰戶口"註引，清武英殿刻本。
⑤ （元）馬端臨《文獻通考·戶口考一·歷代戶口丁中賦役》，清浙江書局本。

《觀佛三昧》一部，爲帝釋天王。《大雲》一部，爲梵釋天王。願天王等早成佛道。右
（又）願元祚無窮，帝嗣不絕。四方附化，惡賊退散。國豐民安，善願從心。含生有識
之類，減（咸）同斯願。"王昶在《北朝造像諸碑總論》中説："綜觀造像諸記，其祈禱
之詞，上及國家，下及父子，以至來生，願望甚賒（奢）。"① 可謂的評。

　　第三，教團的修持，重視坐禪、持戒。與南方佛教重視義理不同，許多禪學高僧都
知名於北方。《洛陽伽藍記》卷二記敘了當時流傳的一個故事，生動地反映了北方的這
種風習：

　　　　崇真寺比丘惠凝死，一七日還活。經閻羅王檢閱，以名錯，放免。惠凝具説
　　過去之時，有五比丘同閱。一比丘云，是寶明寺智聖，坐禪、苦行，得升天堂。有
　　一比丘，是般若寺道品，以誦四（十卷）《涅槃》亦升天堂。有一比丘，云是融覺
　　寺曇謨最，講《涅槃》《華嚴》，領眾千人。閻羅王云："講經者，心懷彼我，以驕
　　凌物。比丘中第一粗行。今惟試坐禪、誦經，不問講經。"……敕付（有）司……
　　送曇謨最向西北門、屋舍皆黑，似非好處。有一比邱（丘），云（是）禪林寺道弘，
　　自云："教化四輩檀越，造一切經，人中像十軀。"閻羅王曰："沙門之體，必須攝
　　心守道，志在禪誦，不干世事，不作有爲。雖造作經像，正欲得他人財物。既得他
　　物，貪心即起。既懷貪心，便是三毒不除，具足煩惱。"亦付（有）司，仍與曇謨
　　最同入黑門。有一比邱（丘），云是靈覺寺寶明，自云："出家之前．曾作隴西太
　　守。造靈覚寺成，即弃官入道。雖未禪誦，禮拜不缺。"閻羅王曰："卿作太守之
　　日，曲理枉法，劫奪民財，假作此寺，非卿之力，何勞説此。"亦付（有）司，青
　　衣送入黑門。……（胡）太后聞之……即請坐禪僧一百人，常在殿內供養之。……
　　自此以後，京邑比丘，悉皆禪誦，不復以講經爲意。②

　　第四，北方沒有像南方那樣發生諸如沙門拜王的爭論，相反却出現了法果這樣依附
政權的人物："（法果）每言：'太祖明叡好道，即是當今如來。沙門宜應盡禮。'遂常致
拜。謂人日：'能鴻道者，人主也。我非拜天子，乃是禮佛耳。'"③ 究其原因，有如下三
點：其一，北方較少南方那種以名士、隱士自詡的風氣；其二，北方的君權較南方集
中；其三，北方僧團繼承了羅什教團的傳統，有別於南方廬山慧遠那樣自立於方外的形
態。所以，北方的佛教教團大多依附於政權。

　　第五，由於北方少數民族政權的相對落後，並且北方儒、佛、道三家都急於得到政

---

① （清）王昶撰：《金石萃編》卷三十九《王女暉等造像記》所附 "北朝造像諸碑總論"，清嘉慶十年刻同治
錢寶傳等補修本。
② （元魏）楊衒之《洛陽伽藍記》，《大正新修大藏經》第 51 册，No. 2092，第 1005 頁。
③ （北齊）魏收《魏書·釋老志》第 3031 頁。

權的支持，三教矛盾便顯得更爲尖銳。因此，有時矛盾便以對抗性的形式爆發出來，釀成廢佛這樣的極端行爲。

當然，上面所講的特點僅就其總體傾向而言，如言北方佛教注重禪誦，並不等於説它根本不重視義理。

總而言之，這一時期鮮卑及北方地區的佛教大致有以下幾個特點：一是佛教石窟及寺院多，二是佛教譯經及佛教造像多，三是南北佛教高僧來往多，四是佛教信眾及佛教僧侶數量規模空前，五是社會生活中儒、佛、道三教信仰並存。

History and Buddhism of Xianbei in Ancient "Silk Road"

Caiwujiafu

Abstract：Xianbei，who actived in the northern historical stage of China in the third century A. D.，was a descendant of the early Donghu Dynasty. Based on historical materials，this paper discusses the history and Buddhism of ancient Xianbei in detail by referring to the substantial documents. It comprehensively and systematically expounds the history of the ancient road "Silk Road"，the history and the Buddhism belief of Xianbei.

Key words：Ancient Silk Road；Xianbei；Buddhism

［才吾加甫，新疆社會科學院宗教研究所研究員］

Book Reviews ——————————

新書評介

柳宗元儒佛道思想的全方位展現

——評張勇教授《柳宗元儒佛道三教觀新論》

王玉姝

　　張勇教授的《柳宗元儒佛道三教觀新論》（中華書局，2020 年）是一部詳盡闡述柳宗元儒佛道觀點的最新力作。全書由六章三十二節及導論、結論和兩篇附錄構成。著者將柳宗元的儒佛道思想置於唐代三教融合的背景下進行考察，詳盡鈎沉柳宗元儒佛道三教觀所形成的學理背景，並考述、分析其具體表現，在詳實的論述基礎上進行總結並追踪其影響。著者視角獨特，以縝密的思維詳盡論述，形成了完整的邏輯順序，内容豐富翔實且新見迭出。

　　20 世紀以來，學界對柳宗元的研究多從文學視角出發，相關研究數量之多、品質之高自不待言。對柳宗元的思想亦有很多前輩關注，但因時代的限制，未免有失公允，較少客觀的評價。尤其是關於柳宗元佛教思想的研究，由於研究者所處歷史時期的原因，政治色彩非常鮮明，明顯受到時代的局限。柳宗元本是儒家士大夫，其儒學思想因其本身儒家士大夫的身份常常被忽略。對於柳宗元道學思想的研究一直以來相對薄弱，未曾得到學界更多的關注。對柳宗元的佛教思想雖然學界研究較多，但有新見的成果並未多見，關於柳宗元三教思想的整體研究則幾乎無人涉足。因此，《柳宗元儒佛道三教觀新論》一書的出版，對於學界關於柳宗元的研究可謂意義重大。

　　該書以柳宗元爲“唐代三教融合思潮中的儒家代表”爲導論，將柳宗元對儒釋道三家所持觀點的背景、内容、性質、地位和作用等予以詳盡的闡述，視角新穎獨特。學術界對柳宗元的研究常常局限在文學範圍内，而張勇教授却將研究視角轉移到思想領域，這就需要在廣博的文學知識基礎上同時又兼具辯證的哲學思維，還有深厚的儒佛道方面的知識底蘊，從而打通文學和宗教的雙層壁壘，完善柳宗元的形象，建構文學與宗教互通的橋樑。該書研究視角的轉換，誠如洪修平先生所言：“對於理解儒學的發展，唐代的三教關係，乃至中國的學術思想發展，都顯示出極其重要的學術價值，也表現了作者把握中國思想文化發展的獨特的學術眼光。"① 如此中肯的評論，平實中內蘊贊揚，充分肯定了該書的學術價值，而正是著者獨特的學術視角奠定了該書的學術地位。《柳宗元儒佛道三教觀新論》的出版，不僅是對柳宗元研究的完善，更是對儒佛道思想和唐代三教關係的有益補充，進而與之形成了一個相互聯繫的有機學術整體。

該書從柳宗元所處時代出發，全面考述當時的文化背景。彼時的儒家學者，或急於做官，或忙於"數典"，所以當時儒學信仰出現危機，而佛道二教却迅猛發展，於是佛道理論漸强而儒學理論趨弱，三教鼎立的文化格局形成。這就交代了研究柳宗元儒佛道三教觀的可行性與必要性。緊承而來用三章的體量，分別闡述了柳宗元的儒教觀、佛教觀和道教觀，在條分縷析論證的基礎上總結了柳宗元的"三教融合觀"，並以三教張力下的宇宙論和三教融合視域中的心性論爲佐證。在論證宇宙論和心性論的過程中，著者又將二者置於三教爭辯和融合的大背景下進行考察。如儒道兩家在宇宙觀上有著大致相同的觀點，而佛家的宇宙論則有其作爲佛教産物本身固有的特點，與因果論緊密相連，也就是眾生的現世生活是由自己所造之"業"決定的，帶有明顯的信仰特徵。張勇教授爲論證佛教宇宙論的特徵，首先以佛教文獻爲依據，得出佛教宇宙論與"果報論"緊密相連這一結論，還按照時間順序列舉了佛教對儒道"氣化論"的批評，從慧遠到宗密，佛教高僧多如此，以對其的否定來佐證所持觀點的正確性。同樣，作者在論證柳宗元對禪宗的態度、對净土宗的觀點時都運用了這種方法。在對柳宗元道教觀進行論證的過程中，也是以道教的負面作用來反證其正面觀點，如柳宗元吸收道家的"自然觀"，"堅持天的物質屬性與自然性，反對天命論與有神論"，並把這種"天道自然"的理論應用於政治生活和社會實踐中，還有對道家恬淡人生態度的欣賞等。但著者亦指出柳宗元對道家學説的批判，諸如長生不死之説和服食煉丹之術等。可見該書在論證的過程中，將每一論證的物件都植根於唐代三教融合的時代背景中，並逐一展開論述。論證過程中多以正反兩方面進行對比，以反面來襯托正面，由此正確的結論不言而喻。在詳盡的論述後則及時進行總結和概括，這樣就形成了該書"總—分—總"這一完整的結構形式。以如此簡約的形式來駕馭一部關於思想方面的學術著作，即便非從事學術研究的人讀來也是一目了然，毫無違和之感。可見該書形式結構上的突出特點，以簡約的結構統率全篇，不能不説是該書的奪人之處。

這樣一部邏輯清晰、內容豐贍、結構嚴密的著作自然要有豐富的文獻作支撐，這就需要著者扎實的學術基礎。首先從研究物件本身來講，柳宗元作爲唐宋八大家之一，其文的貢獻要較其詩歌更爲卓越，內容涉及文學、思想、政治等多個方面，內容豐富，然篇幅也略嫌冗長，而只有在對文本進行整體把握的基礎上，才能在柳宗元煌煌四十五卷的作品中揀拾到與儒佛道思想相關的內容。不僅對柳宗元作品的把握是如此，同時因該

---

① 張勇《柳宗元儒佛道三教觀研究》，合肥：黃山書社，2010 年，序言。

書研究內容的特殊性，涉及儒佛道思想和學說，所以還需要具體掌握儒家經典、佛教典籍和道家著作，且要在其中發現有價值的文獻並能靈活而恰當地使用，這就需要文獻的識別能力。著者不僅具有收集、檢索文獻的能力，而且能够純熟駕馭，如該書在"柳宗元的禪思想"這一節中在論述柳宗元"會通禪教"的思想時，在浩如烟海的《大藏經》中發現《禪源諸詮集都序》中宗密論述頓漸之別是造成禪教之間"胡月之隔"的主要原因，即"今時弟子彼此迷源"是因"不知心佛正是經論之本意"。再如論述柳宗元對天台宗的評價時，以臨濟宗禪僧大慧宗杲對柳宗元的贊頌爲證："故柳子厚以天台教爲司南，言禪並最多，誠哉是言。"還有《隆興佛教編年通論》中對柳宗元的評價："古之縉紳者以翰墨外護法門，如子厚通亮典則誠，未之有也。"更有南宋宗曉的《樂幫文類》收集了柳宗元的《東海若》《岳州聖安寺無姓和尚碑》《永州龍興寺修净土院記》。一般研究者都是從柳宗元的作品中發現其與佛教相關的內容，較少對佛教典籍進行觀照，可見張勇教授對文獻的把握能力。在論述柳宗元的儒道思想時也同樣如此，發掘儒家經典和道家文獻中與之相關的內容。這就需要著者具有廣博的知識和寬廣的學術視野，通識儒釋道三家文獻，之後在其中選取能爲己用的材料。這就要求著者對文獻有超強的選取和駕馭能力，最終寫成視角獨特、論述詳盡、觀點新穎、在學界產生影響的一部學術著作。

同時，本書是在《柳宗元儒佛道三教觀研究》的基礎上經過增補修訂而成，因此該書不僅堅持了前著的觀點，同時又有所補充和完善。前著中作者認爲柳宗元可與佛教的宗密、道教的杜光庭並列而三，他們分別引領各家"三教融合"的方向，柳宗元可謂"唐代三教融合中的儒家代表"。此一觀點當時在學界引起了頗多爭議。對此，張勇教授在新著中即以"唐代三教融合中的儒家代表爲導論"，開門見山提出自己的觀點，即"不但明確提出了三教融合的總原則、總方向，而且批判提出了三教思想原則，完成了其儒家宇宙論和心性論的建構，成爲中唐'三教融合'思潮中的儒家代表"①，有力地回應了學界對此觀點的質疑。同時輔以嚴謹的論證，形成對舊有觀點的有力支撐，如尚永亮先生所言："這一結論是深刻的，論證過程也是頗具功力的。"② 不但如此，作者在新著中有"得"的同時亦有"捨"，主動捨去自己認爲已經"過時"的部分，例如原書基於博士學位論文的研究思路、研究方法及創新之處等，新書都未予收錄，故而形成了新著清晰嚴謹的邏輯和完整的結構。

本書以清晰完整的結構形式，輔之樸實平易的語言風格，如師者般循循善誘地叙述，簡單明了，毫無晦澀之感。本書的某些章節已經作爲單篇論文發表，出於對原刊的尊重，都以注脚的形式標明原刊出處，可見張勇教授爲學的嚴謹以及對學術的敬畏之

---

① 張勇《柳宗元儒佛道三教觀新論》，北京：中華書局，2020 年，第 1 頁。
② 張勇《柳宗元儒佛道三教觀新論》，序言。

心。當然，該書亦有不足之處，如第一章"柳宗元儒佛道三教觀形成的文化背景"，交代當時儒學的理論危機和三教鼎立的文化格局，如能適當對當時的政治背景和社會經濟狀況進行論述，則內容將更爲完備和充實，結構也將更爲完整，當然，以上只是一己之見。

　　[王玉姝，韓國東國大學東亞海洋文明與宗教文化研究所博士後研究人員；白城師範學院文學院講師，文學博士]